여기가 로도스다,
여기서 춤추어라

법을 꿈꾸는 젊은이들에게

여기가 로도스다,
여기서 춤추어라

천정배+차병직 대화

지도책과 마법사

　여행지에 도착하면 천정배는 먼저 지도를 펼친다. 지리적 정보나 여행 안내서는 이미 충분히 읽었고 길을 나서기 전에 알 만한 사람에게 묻는 일도 빼놓지 않는다. 지도를 펼친 뒤 책에서 읽거나 본 장소와 현장과 유적 따위가 자리잡고 있을 곳을 가늠하는 것이다. 대개 이때쯤이면 아내 서의숙은 반쯤은 조바심을, 반쯤은 체념하는 자세로 천정배를 바라보고 있기 마련이다.

　"여행을 공부처럼, 공부를 여행처럼."

　고체화된 정보가 아닌 동적 지식과 세계 이해에 대한 이 견해는 타당하지만 감성이 거세된 듯해서 다분히 빽빽한 느낌을 '공부를 여행처럼'이라고 함으로써 넘어서고 있다. 지식이 박제화되지 않고 쓸모가 있으려면, 요컨대 동적 구조를 갖게 하기 위해서는 지식 체계도 중요하지만 받아들이고 저장하고 표현하고 쓰는 사람의 자세가 결정적이다. 그런 점에서 지식이나 세계에 대한 탁월한 독도법이 있다면 당연히 권할 만하다.

"오래도록 내 독도법은 법이었고, 이윽고 정치였다. 둘은 따로 보이지만 내 안에서는 하나다."

변호사와 정치인, 이 둘은 직업적 방편이라기보다는 세상을 해명하는 데서 나아가 세상을 바꾸거나 고치고 끌어가는 데 필요한 선택이라는 뜻으로 들렸다.

독도법에서 읽을 수 있듯, 그는 먼저 추상하고 머릿속으로 준비하여 돌다리 설계를 마친 뒤 두드려보고 길을 가는 편이다. 그에게 행동이란 사고의 외화된 형태라고 단정지어도 좋으리라. 책이 나오도록 길게 이뤄진 대화에서 그러므로 충동은 완전히 사치였다.

대화에서도 이런 증세는 자주 발견되었다.

천정배는 늘 지도책을 요구했다. 우선 스스로에게 구했고 급할 때는 옆 사람에게 보여달라고 했다.

생각이 쉬 떠오르지 않으면 눈을 제법 오래 감고 명상에 잠기는 모습을 보이곤 했는데 때로 거의 조는 것처럼 보이기도 했다. 서의숙은 그럴 때면 도움을 주기보다는 함께 여행을 갔을 때처럼 웃으면서 기다렸다. 서의숙의 손길이 지나간 집 안은 깔끔했다. 책을 보거나 가족회의 할 때 쓰는 탁자에는 방금 데워 온 차말고는 아무것도 없었다. 차는 식지 않았다. 그것으로 서의숙이 함께 있음을 분명히 했다.

천정배가 독도법을 회복하는 방법은 생각 밖으로 싱거웠다. 프로야구 경기나 코미디 프로그램 또는 K-1 경기—놀랄 것은 없다! 그에게도 일상은 있다—로 화제를 돌리더니 난데없이 다시 주제로 돌아가는 방식이었다. 이른바 두뇌 체조쯤으로나 이해해야 할 터이다.

대화 상대자인 차병직은 이런 천정배를 전혀 편잔하지 않았다.

그 차병직을 이해하는 지름길은 단 하나다.

강남 중심에 있는, 그와 동료변호사 30여 명이 모여서 일하는 사무실은 여느 법무법인과 다름없이 잘 정돈되어 있다. 처음 찾아가는 이라면 승강기를 타고 5층에서 내려 복도를 건너 유리문을 밀고 오른쪽으로 난 변호사 방을 몇 개 지나 사무직원들이 일하는 공간을 끼고 구석에 자리잡은 차병직의 방 앞에 이른 다음 잠시 멈춰 서야 한다. 보통 사람은 심호흡을 할 필요가 있다. 이제 손잡이를 잡고 천천히 문을 열어도 좋다. 그리하면 금방 깨닫게 된다. 그가 누구인지, 어떤 사람인지.

방에는 온통 책이 쌓여 있다. 헌책, 낡은 책, 찢어진 책, 구겨진 책, 새 책, 방금 배달된 책, 사 가지고 들어온 책, 회보나 우편물, 같은 사무실 변호사가 낸 책 따위가 한데 엉켜 햇볕 들어올 구멍조차 없다. 책장 대여섯 개가 벽을 가리고 있다. 겨우 발을 디딜 틈이 조금 있는 책상 주변에는 쓰다 만 쪽지서껀 구겨버린 종이컵 따위가 마치 오래전부터 그렇게 살고 있었다는 듯 형편없이 당당하게 사람을 맞는다. 대개 그는 그 틈바구니에서 자료를 찾고 글을 쓰고 소송을 준비하고 시민운동에 필요한 사색을 한다. 책상은 비좁고 거의 망가진 의자는 겨우 몸을 세우고 있는데, 먼지 풀썩거리는 그 안에서 대개 하루 남짓 일을 한다면 허리가 아주 틀어질 판이다.

"척추측만증이 문제가 아니라 지식이나 양심측만증이 문제 아이가."

이 방에만 들어오면 그는 소싯적 울산 말투로 돌아간다.

재판정이나 시민단체 사무실에서 회의하는 점잖고 좀처럼 흥분하지 않는 갈무리된 평소 차병직을 떠올리는 건 이런 그를 이해하는 데 아무런 도움이 되지 않는다.

차병직의 사무실, 아니 '차씨방'은 잘라 말해 지식환락가이거나 환락소다. 방 안에서 책과 함께 그는 해방자다. 설화에 나오는 마법사나 주술사의 비밀스런 방이 이와 다르지 않으리라. 하기야 이 책을 쓰는 일을 포함해서 차병직이 저지르고 감당하고 있는 숱한 일들 자체가 일종의 마법이기는 하다. 어쩌다 연락이 닿질 않는다면 이 상상의 공방에서 차병직은 책과 간음하고 있는 중이라고 보면 된다. 그 마법사는 하루에 한 번 이곳으로 망명하고, 이틀에 한 번 이 문명화된 각성된 오지로 투항한다. 마법사의 방에는 그 흔한 컴퓨터 한 대가 없다. 하기야 이 기이한 마법사는 수첩도 없어서 구질구질해진 종이묶음에 연락처 따위와 단상 등속을 끼적거리는 화상이다.

먼 길을 동행해보면 '차씨방'에서와 하등 다르지 않은 그를 발견하게 된다. 차병직은 마법이 달아나는 걸 막으려는 듯 씻지 않고 깎지 않고 밤마다 술을 들이켜대며 되지 않게 노래를 부른다. 곡조는 엇물리며 삼천포로 빠지는데 노랫말은 취중에도 까먹는 법이 없다. 좌중이 얼추 불콰할 쯤이면 어느 결엔가 그는 너부러져 있다. 황폐하게 평안한 낯으로.

"여가 쿠차가."

종로에서 다시 취했을 때 마법사는 오래전에 다녀온 비단길 옛 도시 쿠차 고성에 가 있었다. 그는 확실히 시공을 뛰어넘는 마법사다.

독도법 전문가와 마법사가 만나 긴 대화를 나누는 동안 서해성은 추임새를 넣었다. 흔히들 말하는 사회를 본 셈이다. 소리하는 데 북을 쳤다고 보면 되겠다.

서해성이 보기에 법 공부하고 변호사 노릇을 했다는 점에서 둘은 얼핏 같아 보이면서도 퍽 달랐다. 예의 그 독도법과 마법으로. 독도법은 구체성이 강한 현실 곧 정치와 가까웠고, 마법사는 포괄적 설득력과 시민사회를 대표하는 이상에 가까웠다.

글이나 말이 밥 같을 때가 있다. 밥 같은 대화는 살로 가고 뼈로 엉그는 법이다. 천정배와 차병직은 서로 번을 갈고 자리를 바꿔가며, 뼈가 되고 또 살이 되어 장단을 맞춰나갔다. '국민'이라는 말이 나올 때면 천정배는 목울대가 불거지는 편이었고, 차병직은 '시민'이라는 단어를 입에 올릴라치면 저음이 한껏 낮게 깔리는 축이었다. 천정배는 들려주고 싶은 이야기가 아니라 함께 나누고 싶은 대화라는 점에 못을 박았다. 차병직은 생산적이고도 민주적인 대거리의 본새를 만들어보자고 맞장구를 쳤다. 실천적 삶으로서 정치와 시민운동을 잇는 대화를 세상과 공유코자 하는 둘의 자세는 목마른 참에 단물을 만난 격이다.

이 현실과 이상을 한 가지 음식으로 혹은 한 상에 차려내는 일이 사람살이, 세상살이일 터이다. 이 책은 거기에 대한 현실적 논의와 도전이자 대안에 관한 모색이다.

독도법과 마법에는 다 자장이 있다.

대화를 통해 두 사람은 자장을 한데 모으거나 대결하거나 합의를 도출하거나 그도 안 되면 술로 해결했다.

지식과 정보는 대화로 생기를 얻는다.

두 사람은 '시대의 대화'를 위해 거듭 만났다. 만날수록 생기는 충전되었다.

이제 그 대화를 독자와 함께 나누고자 한다.

두 사람은 늦봄 여름 가을을 넘어 겨울 초입에 이르는 네 철 동안 나눈 긴 대화로 여행길을 동행했다(대부분의 대화는 천정배가 장관으로 있을 때 이루어졌다).

그사이 지난겨울부터 생인손 비슷한 증세를 앓았던 차병직의 손가락은 다 나았다.

천정배는 코받침이 부러져 던져두었던 금테 안경을 고쳐 새것인 양 쓰고 다닌다.

참, 이 말도 빼놓지 않아야겠다.

"산갈치라는 놈은 달이 차오르면 동해 물밑에서 나와 산으로 기어올라간다. 오늘은 바다, 내일은 산, 이렇게 옮겨다니면서 이야기로 놀아보자."

자세히 기억나지는 않지만 가끔씩 선문답도 주고받았던 거다.

서경선(천정배 보좌관)은 두 사람의 안경을 비롯한 소지품의 무게를 저울에 달았다. 저울에 달기 전에 그가 물었다.

"이런 짓을 왜 하는 거죠. 책표지 안쪽에 무게를 표시한다구요?"

그 의문이 책 읽는 사람들의 궁금증과 같으리라 여긴다.

윤석규(동북아연구소 정책실장)는 차병직과 두어 번 만나 나눈 책 이야기를 마치지 못하고 가벼운 뇌졸중으로 자리에 누워 있다. 어서 일어나 대화를 보탰으면 한다.

문건영(변호사)은 차병직이 쓴 글을 독해하고 보이지 않게 추임새를 넣었다.

박진미(법무법인 한결)는, 타자를 칠 줄 모르거나 마다하는 기계거부주의자, 손전화도 없는 완벽한 기계치 차병직이 손으로 함부로 쓴 것을 정리했다. 이 자리를 빌려 그네의 손가락과 손가락 관절에 경의를 표한다.

김중만과 권혁재는 사진으로 대화에 참여했다. 가수 비를 찍은 김중만의 시선은 천정배와 차병직을 여과 없이 황홀하게 해부하고 있다. 권혁재는 천정배가 양복을 벗은 뒤에야 카메라를 들었다. 나머지 사진은 하우성이 찍었다.

법 공부하는 강문숙은 문건영과 제주도 고향친구라는 이유 하나만으로 자료를 찾고 사방팔방으로 뛰었다. 연고주의에서 비롯된 전형적 양태다.

정홍수는 대화를 책으로 묶어내기 위해 이들에게 연락하고 또 이들끼리 선이 닿게 하고, 어긋난 내용과 글자를 고쳐 잡고 이따금 차와 밥을 샀다.

서해성(소설가)

| 차례 |

© 김중만

여기가 로도스다

미국의 연방대법원 판사를 지낸 법사상가 올리버 웬들 홈스는 이렇게 말했다. "말하는 것은 지식의 영역이며, 듣는 것은 지혜의 특권이다." 내가 변호사 업무를 할 땐 의뢰인을 대신해서 수사기관이나 법원에 대고 말하는 일이 일상이었다. 그러다가 정치를 시작하고부터는 국민의 말을 듣는 것이 의무가 됐다. 그런데 뛰어난 지식도 남다른 지혜도 제대로 갖추지 못한 나로서는 어느 일도 쉽지 않았다. 그때그때의 상황에 따라 현실이 요구하는 대로 열심히 하면 된다는 신념으로 살아왔을 뿐이다. 그런 삶의 과정을 돌이켜보면 성취도 있었지만 실수도 많았고, 성공과 실패가 얽히다보니 지난날의 방식을 성찰의 대상으로 삼지 않을 수 없게 됐다.

지금의 나로서는 맡은 일 때문만이 아니더라도, 사적인 생활보다는 공적인 과제에 더 관심이 많다. 국가와 사회를 위해 무언가 기여한다는 목표는 일방적으로 잘 듣기만 하거나 열심히 말한다고 달성되지 않는다는 것을 새삼스럽게 깨달았다. 모든 일은 대화에서 시작하고 서로의 원활한 의사소통과 이해를 통해 어느 정도 합의된 결론에 도달할 수 있다. 따지고 보면 누구나 알 수 있는 일이다. 가급적 많이 듣고 적게 말하더라도, 대화를 통해 새로운 길을 모색해야 한다. 그래서 어떤 화제를 앞에 두더라도 이야기를 나누는 기회를 연습 삼아 가지고 싶었다. 그런 생각에서 민변 시절부터 알고 지내던 후배 변호사 차병직에게 만나자고 전화를 했다.

대화는 그 자체가 목적이 되기보다는 다른 길을 찾기 위한 유용한 수단이다. 정치인으로서 내가 찾고자 하는 길은 우리 국민 모두가 합리적인 규칙 아래에서 인간다운 행복한 삶을 누릴 수 있는 방안이다. 우리의 관심이나 가치 그리고 행복의 조건은 아주 다양하지만, 최근에는 무엇보다 경제적인 안정이 공통된 희망인 것으로 드러나 있으니 그 예를 들어본다. 『부의 탄생』이라는 저서로 알려진 윌리엄 번스타인은 국부 창출의 조건으로 네 가지를 들었다. 재산권의 보장, 과학적 합리주의의 통용, 활기찬 자본시장 그리고 효율적인 수송과 통신이 그것이다. 그 말을 옳은 것으로 받아들인다면, 네 가지 조건을 충족시키기 위해 노력해야 할 주체는 시민사회, 지식인, 정부다. 그중에서도 정부를 포함한 헌법 기관이 해야 할 역할은 무엇보다 법적 안정성의 확보다. 바로 실질적 법치주의의 실현을 말하는데, 예를 들면 엄정한 법 집행으로 부정부패가 없는 투명사회를 만든다면 그 결과는 기업의 활동을 위해서도 좋은 환경이 될 수밖에 없지 않겠느냐는 것이다.

환경이 갖춰진다고 국부가 창출된다는 보장도 없고, 국가의 재력이 개인의 경제력 증가로 직결된다는 인과관계가 명확하지도 않을 뿐더러, 풍부한 재화가 최고의 가치 있는 삶을 확보해주는 것도 아니다. 그렇지만 건전한 기반과 경제 발전은 국민 생활과 국가 경영에서 가장 큰 비중을 차지하는 과제의 하나임에는 틀림없고, 그것조차도 기실은 법치주의와 떼놓을 수 없는 관계가 있다는 것을 확인한 것뿐이다. 그래서 우리를 둘러싼 만사를 법 이야기를 소재로 섞어 스케치하듯 대화로 묘사하며 더듬고 싶었다. 무엇보다 나 자신에게는 어디론가 출발점 같은 곳으로 돌아가는 기분이었다. 연습하듯 의견을 나누고, 그 이야기를 독자들이 읽는다면 한꺼번에 수천수만의 개별 대화를 누리는 행운의 결과가 되지 않겠는가.

　종달새 소리가 봄의 하늘에서 폭발하듯 쏟아지는 대화의 언어가 밀려오는 느낌이다. 그 속에서 나는 필요한 지식을 강화하고 국민의 심부름을 제대로 해낼 수 있는 지혜를 얻기를 기대한다. 우리는 이 시대의 아들이고, 우리의 의무는 이 시대를 위한 고뇌와 행동이다. 우리의 꿈을 이루어야 할 곳은 바로 이 땅이기 때문이다.

2007년 1월
안산의 집에서

프롤로그

유년의 기억, 금기의 세계

막대기로 개를 후려칠 때 나는 소리와

종을 두들길 때 나는 소리의 의미는

서로 다른가요?

법적 권리를 인간만이 누릴 수 있는 것으로 전제한다면,

"깨갱" 하는 소리나 "땡" 하는 소리가

서로 다를 게 없습니다.

그래서 법의 세계는 메마르다고 하는가보군요.

하지만 법은 생활의 바탕이자 배경이 되는 것이니,

그 속에는 인간다움과 아름다움이 섞여 있을 것입니다.

그러면 실제로 어떠한지 그 길로 들어서볼까요.

어떤 사람들에겐 그곳이 사막처럼 느껴질지도 모르겠습니다만.

사회 지금부터 두 분을 모시고 이야기를 시작하겠습니다. 내용은 우리의 삶이 될 것입니다. 우리의 삶은 국가와 사회라는 제도 속에서 이루어집니다. 그 제도는 나름대로 아주 정교하고 치밀하게 짜인 법의 그물망으로 형성돼 있기도 합니다. 그러니 법을 주제로 하건 소재로 하건, 우리의 생활과 떨어뜨린 채 이야기를 나누는 것은 별 의미가 없을 것입니다. 두 분은 정치가로 또 시민운동가로 자신의 역할을 따로 맡고 있으면서, 법률가라는 공통점을 지니고 있습니다. 그러니 자신이 서 있는 곳에서 상대방과 사회를 둘러보고 진단하면서, 우리의 인간다운 삶을 위해 합의하고 지향해야 할 지점들이 무엇인지 모색해보았으면 합니다.

우선, 두 분의 어린 시절 이야기로 시작하면 어떨까요? 어렸을 때, 사회와 어느 정도 거리를 둔 눈으로 바라보고 경험한 규범에 대해서요. 그리고 규범과 충돌했던 얘기도 해주시면 좋겠습니다.

천정배 제가 태어나 자란 곳은 암태도라는 작은 섬입니다. 목포에서 배를 타고 서쪽으로 두 시간 정도 가야 하지요. 배도 그냥 타는 게 아니었어요. 작은 배를 타고 바다로 나가 대기 중인 연락선에 사다리로 기어올라야 했습니다. 부두 시설조차 없었던 아주 작고 때묻지 않은 섬이지만 일제 때 소작쟁의가 일어났던 의분의 마을이기도 합니다. 그때 사건을 송기숙 선생이 『암태도』란 소설로 그려서 조금 알려지기도 했습니다.

그런 시골 섬마을에도 일 년에 두세 번 가설극장이 찾아왔어요.

영화가 들어오면 뻘바탕 공터에 천막을 치고 보통 이삼 일 정도 상영했던 것 같아요. 당시 암태도에는 자동차가 전혀 없었으니, 영화 광고는 낮에 리어카를 끌고 다니면서 했어요. 리어카에 영화 포스터 몇 장을 덕지덕지 붙이고 누군가 끌고 가는데, 리어카에 떡하니 앉은 사람이 손마이크에다 대고 소리를 지르지요. "문화 예술을 사랑하는 신석면민 여러분, 오늘 저녁 뻘둥에서 「오부자」를 상영하오니 부디 왕림하여주시기 바랍니다." 그러면 우리는 벌써 흥분해서 모의를 시작합니다. 영화를 보기 위해서는 돈을 내기도 했지만 곡식을 주기도 했어요. 하지만 어린애들은 공짜로 구경할 궁리를 했지요. 저 같은 초등학생은 중고등학생 형들만 잘 따라가면 해결됐어요. 해가 지면 천막 부근으로 접근했다가 적당히 눈치를 봐서 형들이 천막을 들치고 저를 먼저 밀어넣었어요. 성공할 때도 있었지만 실패할 때도 꽤 많았어요. 천막으로 기어드는 순간 잡혀서 꿀밤을 몇 대 맞고 쫓겨나기도 했지요.

차병직 잘 기억해보면, 우리의 유년 시절은 대부분 금기의 세계였습니다. 공간적으로는 자연 속에서 뛰놀던 때라 지금보다 훨씬 넓고 자유로운 무대를 누빈 것 같지만, 따지고 보면 여러 중첩적인 금지의 체계 속에서 자랐다고 하겠습니다. 가정도 그렇고 학교도 마찬가지였죠. 가족 관계는 가부장적이었고, 사소한 규칙들은 비민주적이기 일쑤였습니다. 살고 있던 고장을 벗어나는 일도 드물었습니다. 외국이란 정말 지도책에나 존재할 뿐이었지요. 따라서 그런 시절에는 누구나 금기 사항을 어긴, 그러니까 범죄행위에 해당하거나 그에 버금가는 일을 저지른 경험이 많을 것입니다.

악동들이 모여 결행하는 서리를 단순히 절도로 평가하지는 않을

테지요. 하지만 그것도 질과 양에 따라 경계는 있었습니다. 소나무 솔기를 벗겨 먹거나 목화를 따 먹는 일, 좀 번거롭게는 메뚜기를 잡거나 밀을 뜯어 구워 먹는 정도는 허용된 것이었습니다. 하굣길에 남의 밭에서 팔뚝보다 굵은 무를 하나씩 뽑아 베어 무는 짓도 크게 탓할 순 없었지요. 먹어봤자 한두 뿌리 이상은 무리였고요. 그러다가도 기적 소리가 들리면 얼른 양쪽 귀를 막고 엎드려서는 배를 흙바닥에서 뗀 채로 있었습니다. 그래야만 무독이 오르지 않는다고 했거든요. (웃음)

문제는 비닐하우스에서 생겼습니다. 당시 비닐하우스는 그 자체가 희귀한 건물이었어요. 크기도 얼마 되지 않았지만, 초등학교 1학년 시절 경상도의 시골 마을에선 어느 부잣집이 세운 하나뿐인 명물이었습니다. 고학년 누군가가 선동해서 저도 따라나섰어요. 문을 열고 들어가자 오이가 주렁주렁 달려 있었습니다. 오이는 무랑 달라서 부드럽고 맛있거든요. 얼마든지 많이 먹을 수 있었지요. 굶주린 어린것들에게 허망한 절제를 기대할 수 있는 사람은 주인 외에는 없겠지요. 어리지만 과한 욕심 때문에 범행 현장에서 머무는 시간이 길어졌고, 금방 덜미를 잡히고 말았어요. 네댓의 악동들은 전원 현장에서 붙들렸죠. 주인인지 일꾼인지 분명치는 않았지만, 현행범을 체포한 아저씨의 험악한 표정과 말 때문에 다들 얼어붙었어요. 그땐 학교 선생님이나 부모님께 알리는 게 가장 두려운 징벌이었다고 기억해요. 울며 사정한 끝에 모두 파격적으로 훈방됐습니다. 집이나 학교에 그 사실이 알려지지 않았다는 것만으로도 행복했지요.

사회 순식간에 과거 속으로 빨려 들어가는 느낌입니다. 비행이라기보다는 아름다운 정경으로 다가오는군요. 그 순수한 삶을 통해 조금씩 선악의 관념이나 사회규범을 인식하기 시작했는지 모르겠습니다. 이야기를 더 해주시겠어요?

천정배 암태도에서 목포 가는 배를 자주 탔습니다. 수학여행이나 견학 같은 행사 때 갈 수 있는 곳이라곤 목포밖에 없었으니까요. 게다가 부모님은 목포에 계셨고, 저만 암태도에서 할아버지와 살았기 때문에 목포로 가는 일이 잦았어요.

아마 암태도에 선착장이 생긴 이후가 아닐까 싶습니다. 초등학교에서 단체로 배를 탈 때 가끔 무임승선을 기도하기도 했습니다. 뱃삯을 아끼기 위해서였죠. 예를 들어 몇 명이 함께 가면 그중 일부는 몰래 배를 타는 거예요. 그럴 때마다 저는 예외였습니다. 모범생이니까 무임승선 게릴라조에선 항상 배제됐지요. 그런 관행에 자존심이 좀 상했어요. 언젠가 한번은 제가 자진해서 해결하겠다고 나섰습니다. 배표 받는 사람 앞에 가서 쭈뼛거리지 않고 당당하게 거짓말을 해야 성공할 수 있었어요. 마음속으로 수십 번 연습한 끝에 갔지요. 배에 타고 있는 엄마한테 잠깐 갔다 온다고 핑계를 댔더니 넣어주더군요. 제가 거짓말을 능숙하게 잘한 건지, 그 아저씨가 알면서 속는 척해주었는지는 알 수 없지만요.

차병직 옛날에는 불장난도 많이 했고, 화재도 자주 일어났습니다. 실화에 대한 기억도 누구나 가지고 있는 앨범의 한 장면입니다. 아마 초등학교 입학 직전이었던 것 같습니다. 큰 아이들과 함께 불놀이를 했어요. 말라버린 논두렁의 잡초를 태워 불이 번지는 걸 즐기면서 몸도 녹였지요. 그런데 어느 순간 그 불길이 작은 집채만한 두엄 더미에 옮겨 붙은 겁니다. 봄에 거름을 주기 위해 볏짚 사이에 쇠똥을 다져 넣어 만든 농촌의 재산이었지요. 제대로 불이 붙은 퇴비 더미는 장관이었습니다. 큰 불꽃과 함께 연기가 솟아오르자 마을 어른들이 물동이를 들고 달려왔어요. 저희들은 전속력으로 도망갔지요. 그런데 어디로 숨었느냐 하면, 각자 자기 집이었어요. 얼마 뒤에 일망타진당하고 말았는데, 그래도 아버지께 꾸지람을 듣는 정도였어요. 경찰서에 끌려가지 않았다는 것에 크게 안도했던 기억이 남아 있습니다.

사회 말 그대로 춥고 배고팠던 시절의 이야기입니다. 먹을거리가 부족했던 어려운 시기의 이런저런 서리나 아랫목이 거의 유일한 난방 시설이던 시절에 온기를 얻어보려던 장난을 범죄나 일탈 행위로 평가할 사람은 없을 것입니다. 하지만 도덕의 기준과 판단은 어려움 속에서도 쉽게 굴절될 수 없다는 함의가 느껴집니다.

차병직 비슷한 예는 또 있어요. 대학 1학년 때였죠. 입학식을 끝내고 얼마 되지 않았을 때니까, 날씨가 아주 건조한 3월 말이나 4월 초였을 겁니다. 제가 다니던 고려대학교 본관 앞 잔디 정원에 대여섯 명이 앉아 쉬고 있었습니다. 그중 한 친구가 담배를 피우다 꽁초를 바닥에 떨어뜨렸어요. 곁에서 보니까 동전 크기만큼 불꽃이 일더라고요. 누군가 손바닥으로 탁 치니 불꽃이 손바닥 크기만큼 커졌어요. 이번엔 책으로 후려쳤는데 또 그만큼 번졌어요. 깜짝 놀라 일어나서 웃옷을 벗어 진화 작업에 나섰는데, 정말 믿기 어려울 정도로 불길이 삽시간에 잔디밭을 훑었어요. 철쭉이었는지 모르지만 잔디밭을 둥그렇게 수놓았던 관목까지 깡그리 태워버렸어요. 그 본

우리의 유년 시절은 대부분 금기의 세계였습니다. 공간적으로는 자연 속에서 뛰놀던 때라 지금보다 훨씬 넓고 자유로운 무대를 누빈 것 같지만, 따지고 보면 여러 중첩적인 금지의 체계 속에서 자랐다고 하겠습니다. 가정도 그렇고 학교도 마찬가지였죠. 가족 관계는 가부장적이었고, 사소한 규칙들은 비민주적이기 일쑤였습니다.

관 앞 잔디밭은 학교의 상징이나 다름없었지요. 그런데 우리는 특별히 조사를 받거나 야단을 맞지도 않았어요. 누군가한테 건조한 봄철엔 담뱃불을 각별히 조심해야 한다는 말만 들었을 뿐이에요. 그건 나름대로 특이한 경험이었지요.

천정배 초등학교 5학년 땐가 6학년 땐가…… 6학년인지 모르겠네요. 어쨌든 본격적으로 수학여행을 떠났습니다. 목포를 거쳐 광주까지 간 거죠. 2박3일이었던 것 같은데, 정말 신났습니다. 잠도 제대로 못 자고 떠들며 놀았어요.

이틀째, 그러니까 마지막 밤이었습니다. 자기 직전 제각각 짐을 챙기는데 가관이었어요. 우리가 묵었던 여관방에서 가져갈 수 있는 물건은 하나도 남기지 않고 한두 가지씩 집어서 가방에 넣었어요. 집단 절도였던 셈이지요. 요즘도 젊은 사람들이 고급 카페에서 호기심으로 멋진 물건을 집어 온다는 얘길 들었습니다. 다만, 그땐 호기심 차원이 아니라 필사적인 면이 있었어요. 워낙 어렵고 물건이 귀하던 시절이라, 뭐든 하나만 들고 가도 집안에 큰 도움이 될 것 같았지요. 재떨이나 성냥은 당연한 품목이고, 식사 시간에 슬쩍해 둔 수저며 그릇까지 다양했어요. 심지어 한 친구는 창에 쳐놓은 커튼까지 뜯어 개켜 가더군요.

다음날 아침이었습니다. 바로 배를 타고 돌아오는 게 아니었어요. 알게 모르게 두둑해진 가방을 여관에 맡겨놓고, 오전에 또 어딜 구경하러 나갔어요. 그리고 점심때가 지나 돌아왔지요. 그런데 놀라운 일이 벌어졌습니다. 그 많은 절취품들이 감쪽같이 모두 제자리로 가 있는 겁니다. 우리가 마지막 구경을 나섰을 때, 여관집 주인은 섬꼬마들의 가방을 조용히 영장도 없이 수색해서 완전히 원상

회복을 해놓은 것이었어요.

사회 갈수록 흥미진진해집니다. 최근 고려대 본관 앞의 잔디밭은 더 푸른빛을 띠고 있던데, 그때 관용으로 감싸 안은 화재의 보상인 것 같습니다. 그리고 광주의 그 여관 주인도 대단한 사람이었군요. 타인의 잘못을 넌지시 지적하면서 자신의 피해를 막는 지혜가 느껴진다고 할까요. 더 재밌는 얘기가 많을 것 같습니다. 마지막으로 하나씩만 더 말씀해주십시오.

천정배 고등학교 때 가장 무서운 분이 학생주임이었어요. 학교마다 그런 분이 있을 때였죠. 좋게 말하면 호랑이 선생님이었지만 보통은 다른 망측한 별명으로 부르곤 했는데, 학생들이 규칙을 위반하면 어김없이 나타나 혼쭐을 빼놓지요. 간혹 가혹한 체벌을 하거나 무자비한 징계를 감행해 비난을 받기도 합니다만.

제가 목포고등학교에 다니던 시절, 그 역할을 맡은 교사는 상업 담당이었어요. 별명이 그냥 'F' 였는데, F가 무슨 의미인고 하니 FBI의 약칭이에요. 그 별명엔 물론 유래가 있지요. F가 비행 현장에 나타나면, 언제나 그렇듯이 학생들은 사방으로 흩어져 달아납니다. 하지만 F선생은 학생들을 뒤쫓지 않았어요. 그냥 서서 달아나는 놈들의 뒤통수만 눈여겨봐두는 거예요. 그리고 다음날 아침, 운동장의 전체조회 시간에 뒷짐을 진 채 도열한 학생들 뒤를 어슬렁거립니다. 뒤통수만 보고 간밤의 범인들을 찾아낸다는 거지요. 그래서 신통하단 의미에서 그 별명이 붙은 거예요. 제가 법무부장관이 되고 나서 미국으로 출장을 갔을 때 실제로 미연방수사국(Federal Bureau of Investigation)에 갈 기회가 있었습니다. 진짜 FBI 국장을 만나 고교 시절의 F선생 얘길 하며 감회가 깊다고 했더니, 그 사람들도 재미있어하며 웃더군요.

그런데 어느 날 F가 전교생에게 중대 선언을 했습니다. 그 내용이 뭔가 하면, 월말고사에서 전과목 평균 90점을 넘기는 사람은 치외법권자로 대우한다는 것이었어요. 모든 학칙으로부터 자유로울 수 있다는 칙령이었던 거죠. 그런데 그다음 월말고사에서 정말 제가 유일하게 평균 90점 이상을 받았어요. 공식적인 증표는 없었지만, 내심 내가 치외법권자인가 하고 기분 좋아했지요.

그러고는 얼마 후 그에 대한 특별한 의식 없이 어떤 모의를 하게 됐습니다. 제가 주동이 되어 다섯 명이 시내 극장에 몰래 영화를 보러 갔어요. 지금 학생들은 이해 못하겠지만, 당시엔 영화 구경이 음주나 흡연과 함께 가장 대표적인 비행으로 꼽혔지 않습니까. 나름대로 큰맘을 먹은 거지요. 그때 본 영화 제목도 기억납니다. 미국 영화였는데「도전 원 투 쓰리」라는 액션물이었어요. 영화는 신나고 재미있었지요. 하지만 즐거움이란 깜깜한 극장 안에서만 누릴 수 있는 것이었어요. 영화가 끝나고 밖으로 나오자 '땅개'라는 선생이 잠복하고 있었으니까요. 그 순간 우리는 또 뿔뿔이 흩어져 달렸지요. 땅개 선생은 다섯 명 중 제일 만만해 보이는 친구를 골라 추적한 끝에 체포에 성공했어요. 하지만 그 친구 역시 근성이 있어서 팔을 뿌리치고 다시 도망쳤어요. 그 짧은 틈에 노련한 땅개 선생은 그 친구의 이름표를 뜯어냈지요. 그 확고부동한 증거물 때문에 우리 일당은 다음날 전부 검거되고 말았습니다.

몰래 영화를 본 대가는 정학 일주일이었습니다. 지금 생각하면 양형부당[1]이지요. 그런데 실제로 저는 징계 대상에서 제외됐어요. F선생의 선언이 효력이 있었던가봐요. 나머지는 정학 처분을 받았는데, 글쎄 정학이라고 해서 집에서 노는 게 아니었어요. 오히려 일찍 학교에 나가 청소하고 반성문 쓰고 하면서 수업 시간에만 못 들어가는 거예요. 전 미안한 나머지 아침 청소 때는 함께 했지요.

차병직 장난이 지나쳐 정말 고의적인 범죄행위나 다름없는 일을 저지른 적도 있습니다. 초등학교 5, 6학년은 됐을 터이니, 형사미성년자[2]의 지위를 벗었는지 아닌지는 애매합니다. 친구와 집 앞의 벽돌 공장에서 자주 놀았어요. 한편엔 손으로 벽돌과 블록을 찍어내는 기계가 있었고, 다른 한편엔 말려놓은 벽돌과 말리는 중인 블록이 분리된 채 줄지어 있었지요. 그리고 그 밖의 공간엔 사막처럼 모래가 잔뜩 쌓여 있었습니다. 기막힌 놀이터였지요. 그런데 그 작은 공장 부지 안에 주인 가족이 사는 임시 건물 같은 게 있었어요. 그 집 블록으로 쌓아올린 집이었지요. 물론 조금 떨어진 곳에 세운 화장실도 마찬가지였고요. 주인아저씨는 다리를 절었는데, 우리는 그 불구의 모습에 몹쓸 별명을 붙여 우리끼리 부르며 놀았어요. 그리고 그 집엔 우리보다 조금 어린 아이 둘이 자라고 있었어요. 아마 그 꼬마들과 사소한 다툼이 있었나봐요. 우리는 가장 통쾌하게 골

---

1 유죄가 인정된 범죄 사실에 대하여 선고된 형이 너무 무겁거나 가벼운 경우를 말한다. 형이 너무 무거우면 피고인이, 너무 가벼우면 검사가 불만을 가질 것이다. 불만스러우면 항소할 수 있다.
2 정신적으로나 신체적으로 미숙하다고 판단해서 범죄를 저질러도 처벌하지 않는 책임무능력자를 말한다. 우리 형법은 14세 미만을 형사미성년자로 규정하고 있다. 형사미성년의 아이들은 아무리 심각한 범죄를 저질러도 속수무책인가? 그렇지는 않다. 12세 이상 14세 미만의 범죄자는 소년법을 적용해 소년원에 수용할 수 있다.

려줄 방법을 궁리하다, 화장실을 부숴버리기로 한 거예요. 블록으로 쌓아 올린 공중전화 부스 같은 화장실 벽은 큰 돌멩이와 발길질로 금방 파괴할 수 있었지요. 하지만 그 화장실은, 무허가였는지는 모르지만 엄연히 그 집의 네 가족이 사용하는 건물의 일부였지요. 당연히 재물손괴죄[3]에 해당하는 범죄행위였어요.

우리는 시치미를 떼고 그 다음날도 모래 더미에서 놀았어요. 아무도 본 사람이 없으니 화장실 파괴 책임을 우리에게 물을 수 없을 거라고 안심했지요. 하지만 잠시 후 주인아저씨가 다리를 절뚝거리며 우리 곁으로 다가왔어요. 이젠 틀렸구나, 생각했지요. 집이나 학교, 경찰서 중 한 곳으로 끌려가는 날엔 끝장이라는 생각이 들었어요. 게다가 전 그때 학교에서 반장이었으니까 파장이 크겠다는 느낌이 스쳤던 것 같아요. 주인아저씨는 아주 단호한 표정으로 우리가 한 짓이 얼마나 위험하고 큰 잘못인지 설명했어요. 그리고 크게 처벌받을 수도 있다고 경고했어요. 그러더니, 다음부터 그런 일을 절대 하지 않겠다면 모래터에서 계속 놀아도 좋다고 하면서 돌아갔어요. 우리는 고개를 푹 숙인 채, 주인아저씨가 들었는지 모르겠지만 짧게 잘못을 빌었어요. 그때의 기억이 지금도 강렬합니다. 비로소 우리의 행동을 진지하게 반성해볼 계기가 되었거든요. 한동안 새로 쌓아 올린 화장실을 보면서, 학교에 그 사실이 알려지지 않은 데 감사해했지요.

잘못된 행동을 인식하고 자성하는 계기를 만들어주는 데는 응징

---

3 타인의 재물이나 문서 등을 손괴 또는 은닉, 기타 방법으로 그 효용을 해치는 범죄다. 자기 집 앞에 주차했다고 다른 사람 소유의 차 타이어를 펑크 내는 행위만 손괴가 아니다. 옆집 개가 밉다고 약을 먹여 죽게 해도 손괴죄에 해당한다.

보다는 관용이 효과적이라는 기억이 지배적입니다. 옛 중국의 고사에도 이런 사례들이 많습니다. 송나라 때 조빈이란 사람이 서주(徐州)에서 지부(知府)로 있을 때였습니다. 관리가 죄를 지어 곤장형을 집행해야 했는데, 일 년을 유예한다고 결정한 것입니다. 그 관리가 결혼 적령기에 있었기 때문이죠. 형을 집행하면 시부모가 결혼하게 될 며느리가 불길하여 그런 일이 벌어졌다고 오해할 수 있다는 것이었어요. 그 관리는 크게 감복했겠지요. 또 통주(通州)의 호장령이란 사람은 조서를 변조하면서까지 절도범들의 형을 감해주었답니다. 『냉로잡식(冷盧雜識)』에 이런 기록이 있어요. 여러 명의 범죄자들이 함께 남의 대문으로 들어가 절도를 범한 사건이었어요. 조서의 기재대로라면 참수형도 가능한 중죄였지요. 그런데 알아보니 가난 때문에 불가피하게 물건을 훔치게 된 것이지, 본성이 나쁜 사람들이 아니었어요. 호장령은 고심 끝에 조서에서 '대문(大門)'의 '대'자에 점을 하나 찍어 '견문(犬門)'으로 고쳐버렸어요. 그 범죄자들은 개집에 들어가 뭘 훔쳐 먹은 꼴이 되어, 중형을 면하게 되었지요. 그다음 그들의 준법 의식은 그전과 크게 달라졌을 것입니다.

일그러진 거울

생활과 규범

천정배 '법이 왜 필요한가' 라는 질문은 아주 고전적이다 못해 고리타분한 느낌마저 듭니다. 마치 법과대학 신입생 면접시험관이 왜 법대에 들어오려 하느냐며 묻는 것과 마찬가지지요. 그렇지만 아무래도 이야기의 시작은 거기서부터라야 어울릴 것 같습니다.

차병직 그렇긴 합니다. 하지만 법철학 교과서에 열거된 학설을 더듬는 건 무미건조하겠지요. 그냥 지금 이 사회에서 살아가는 우리가 어떻게 생각하느냐를 되돌아보는 정도로 의미가 있다고 봅니다. 나와 우리 가족, 또는 이웃들이 왜 법이 필요하다고 생각하는지가 중요한 것 아닐까요?

천정배 법이 필요한 이유, 즉 법의 목적 중 하나는 '질서'입니다. 법에 대해 어떠한 사상을 가진 사람이라도, 부여하는 가중치의 차이는 있을지 모르지만 아무도 법의 목적에서 질서를 배제하진 않을 겁니다. 실용주의적 측면에선 사실 법이 필요한 이유는 정의보다 질서라고 할 수 있겠지요. 그렇게 보면 결국 현실에서 법은 국가를 전제하지 않고는 생각할 수 없는 존재입니다.

차병직 그렇게 따져가다보면 법은 지배의 수단으로 귀착되고, 국가 경영자의 위치에서 보면 정연한 질서가 곧 정의인 셈이죠. 아무리 사상적 근거를 들이대고 미사여구를 동원하더라도, 법의 그러한 근원적 속성을 무시할 수는 없는 노릇 아닙니까? 그리고 보면 마르크스의 통찰은 법철학적인 면에서도 탁월한 점이 있는 거지요.

법 없이 살기, 법과 함께 살기

사회 법 없이 산다는 말이 있습니다. 한국인들은 흔히 법 없이 살 수 있는 사람을 하나의 이상형처럼 생각하는 면이 있지요. 하지만 그 말은, 법이 국민들 편에 서 있을 때 가능할 것입니다. 즉 조건이 전제될 때 가능하다는 것입니다. 법이 무언가를 지켜줄 수도 있지만, 법이 민중에 순응했을 때 법 없이 사는 것이 가능하지 않을까요? 법 없이 살 수 있는 사람, 법 없이 살 수 있는 사회에 대해 어떤 의견을 갖고 계신지 천장관께서 먼저 말씀해주십시오.

천정배 법에는 두 가지 측면이 있습니다. 먼저 당위적인 모습으로, 선량한 사람을 보호하고 사회를 유지하는 데 필요한 최소한의 수단을 법이라고 부르지요. 그것을 통해 사회 구성원을 보호하는 측면이 있습니다. 하지만 역사적으로 법이라는 도구를 통해 권력자가 힘없는 사람들을 억눌러온 측면이 있었던 것도 사실입니다. 법 없이 사는 사람은 법을 잘 지켜서 반사회적인 행위를 하지 않는 사람이라는 뜻일 텐데, 다른 쪽으로 생각해보면 법 없이 살 수 있는 사람은 권력자가 될 수도 있는 거지요. 사실 복잡한 사회에서 법 없이 살 수 있는 사람이 있을까요?

차병직 보통 사람들이 이해하고 있기로는 법 없이 살 수 있는 사람이란 이상적 성품의 소유자로 바람직한 인간형이라는 것입니다.

만약 법 없이 살 수 있는 사람이 많아야 좋다면, 나아가 법이 아예 없는 사회가 바람직하다면 사실 법무부도 법무부장관도 필요 없겠지요. 하지만 그런 이상사회가 현실에서 불가능하다는 사실은 누구나 알고 있을 겁니다. 법은 사회생활을 하는 데 필요할 뿐만 아니라, 생활 자체를 편리하게 해줍니다. 이건 법이 지배 도구에 지나지 않는다는 인식에서 벗어날 수 있도록 설득하는 논리지요. 실제로 그러하기도 하고요. 그런 현실적이고 이론적인 설득 근거 없이 법이 법치주의의 형태로 자유민주주의의 핵심 요소로 자리잡을 수는 없겠지요. 그런 상투적인 논의는 결국 지배 도구와 생활의 도구라는 양면을 가진 법을 어떻게 운용하느냐에 달렸다는 합의점에 이르기도 합니다.

다른 한편에서 우리 현실을 보면, 사회 현상이 몹시 어지럽고 무질서하여 법치주의가 제대로 실현되지 않고 있다는 지적도 있습니다. 그것이 사실이라면, 법을 지키지 않는 사람이 많아서 그런 건지, 아니면 사회 구성원들 사이의 갈등을 법제도가 충분히 수용하고 해결할 수 있는 정도에 이르지 못해서 그런 건지 알 수 없습니다. 어쨌든, 조선 시대에 소송이 너무 많아 남소 방지를 위한 여러 장치를 둔 것을 보면, 우리 사회는 법 없는 사회와는 거리가 먼 것 같습니다.

천정배 동양에서는 법이 필요 없는 사회를 이상사회로 삼았던 측면이 있습니다. 국가나 정치가 법에 의존하기도 하지만, 사회가 발전할수록 인위적인 법질서를 넘어선다고 본 것 같습니다. 동양 사상에서 그런 일면을 엿볼 수 있지요. 최근 검사 임관식에서 '이형거형(以刑去形)'[1]이라는 말을 썼습니다. 율법주의를 넘어서서 사회

©하우성

구성원들이 도덕과 법 규범을 어기지 않고 살아가는 사회를 만들어 간다는 것입니다. 우리 누구나 마음속에 그런 이상적 사회를 담고 있는 것 아닌가요?

사회 법 없이 사는 것은 법망보다는 자연에 순응하는 인간형을 상정한 것인가요? 법 없이 사는 사람의 개념은 사실 없는 것 아닌가요?

차병직 천장관께서 말씀하셨듯이, 법 없이 사는 사회란 법을 무시한다는 의미가 아니라 모두 법을 잘 지키기 때문에 결과적으로 법이 필요 없다는 역설이에요. 그런데 그런 기계론적 이상형의 사회가 존재한다 해도, 막상 구체적 규범으로서의 법이 없어져버리면 다시 법을 지키는 사람이 줄어들지도 모르지요.

천정배 그러면 다시 법이 필요하게 되는 셈이고요. 그래서 저는 좀 다른 의미에서, 검사들에게 말할 때 법의 목적은 사람을 처벌하는 것이 아니라 사람을 살리는 데 있다고 말해왔습니다.

사회 한국인의 법에 대한 이해, 법감정은 어떠하다고 할 수 있겠습니까? 사실 한국인들은 법에 대해 두려움을 갖고 있습니다. '법대로 하자'는 말은 비인간적이고, 인간적 유대가 끝난 상태로 이해

---

1 형벌로써 형벌을 제거한다는 의미의 이 말은 엄격한 법가(法家) 사상을 나타낸다. 잘못된 행위를 엄하게 처벌하여 감히 법을 어기는 사람이 하나도 없도록 만들면, 궁극적으로 범죄가 사라지고 법도 필요 없게 된다는 주장이다.

하고 있습니다. 왜 한국인들은 인간관계를 정리할 때 법대로 하자고 하는 걸까요?

차병직 약간 의외이긴 합니다만, 사회자가 법에 대한 한국인들의 평균적인 감정을 그렇게 이해했다면 일반 시민들의 이해도 마찬가지가 아닐까 생각합니다. 그렇다면 그건 역사적인 이유 때문이 아닐까 싶은데요, 크게 군부독재와 민주화정부 시대로 나눠서 따져보면, 군부독재 시절에는 법률이 일방적인 지시나 명령으로 여겨졌기 때문에 국민들이 두려움의 대상으로 받아들였습니다. 말하자면 개인의 자유를 제한하는 지배 수단으로서의 성격이 강한 것으로 여길 수밖에 없었겠지요. 그 이후 민주화가 진행되면서 시민들의 법과 법치주의에 대한 감수성이 놀라울 정도로 민감해졌습니다. 예를 들면, 법이나 제도가 개인의 자유나 권리를 제한하는 눈치가 보이면 가만있지 않고 자기와의 이해관계는 물론 정당성의 근거를 따져보는 습관이 생긴 것입니다. 그런 점에서 본다면 지금의 일반 법감정은 자유주의적이고 개인주의적인 경향을 강하게 띠는 게 아닌가 생각합니다.

천정배 우리 근대화 역사가 식민지 시대의 역사란 점에서 억압적이고 탄압적인 관념이 자연스럽게 만들어진 것이라 생각합니다. 법은 사람을 보호해주기보다는 억압적이고 탄압적이란 생각이 저절로 형성됐을 수밖에 없지요. 일제 시대 때 순사가 바로 두려움의 상징으로 묘사되는 것이 그것이지요.

사실 법이란 사회 전체를 유지하고 발전시키기 위한 공적인 도구입니다. 하지만 우리 전통사회는 그것과 거리가 있었지 않나 싶어요. 이런 예를 들 수 있겠습니다. 옛 문헌 어딘가에 보면 이런 장면이 나옵니다. 신라의 한 관리가 길을 가던 중 가난한 농민을 보고는 국가 예산으로 적선을 합니다. 어떻습니까, 지금의 판단으로는 횡령이 되지 않는 게 이상하지요. 이런 예만 보더라도, 법이란 가족 중심의 우리 전통사회와 맞지 않는 면이 분명히 있어요. 원래 법치주의란 국가 권력의 행사와 관련한 헌법적 원리 아닙니까. 서양에서도 오랫동안 논의를 거친 역사적 산물이지요. 어느 나라든지 고유의 경험과 토양이 그 법제도에 배어 있는 것 같습니다. 하지만 오늘날은 어디서든 법이 문제 해결의 일반화된 수단이 되어버렸습니다. 재판하지 않고 오순도순 합의에 따라 분쟁을 해소한다는 건 오히려 예외가 되고 말았습니다. 서양의 어휘 용례로는 법과 권리가 같이 쓰이는 경우가 많은 것도 시사하는 바가 있지 않습니까? 법과 현실의 괴리라는 점에서만 본다면, 우리보다는 서양이 그 간극이 훨씬 작다고 하겠습니다.

차병직 법은 지배의 수단이면서 공동의 이익 실현을 위한 수단이라는 양면을 지니고 있습니다. 지배의 수단이라는 표현에 저항감이 있다면 통치의 수단이라고 해도 마찬가지지요. 하지만 좋은 방향으로 운용될 때 법은 국가 공동체가 지향하는 공동의 가치로 이해할 수 있습니다. 시민의 법치주의적 감수성이 높아지면 권리 의식은 고도화됩니다. 따라서 적법 절차가 강화되고, 소수자 보호에 대한 인식도 늘어납니다. 그런 과정은 점차 바람직한 방향으로 순화되어 무르익어갈 필요가 있습니다.

「도망자」와 두발 자유

사회 이제 구체적인 상황에서 얘기해보기로 하지요. 할리우드 영화든 한국 영화든, 범죄자를 다룬 것이 많습니다. 아마 대중이 범법자를 통해 카타르시스를 느끼는 모양입니다. 영화나 현실에서 이런 경우가 많이 있지 않습니까? 중범죄자가 탈옥하여 전국을 돌아다니는 경우 같은 것 말이죠. 대중들은 왜 그런 데 흥미를 느끼고, 또 언론은 그런 사건을 크게 보도하는 걸까요?

천정배 도망은 통쾌하지요. 인간이 원초적 자유를 찾아가는 행위가 도망 아니겠습니까? 사회 자체나 법제도는 두 가지 모순된 기능을 하고 있어요. 하나는 만인의 만인에 대한 투쟁 상태, 즉 자연 상태와 같은 무질서의 상황에서 개개인의 자유와 권리를 보호하는 역할을 하는 것입니다. 그리고 다른 하나는, 그와 동시에 자연 상태에서도 자유롭게 살아갈 수 있는 사람들에 대해서까지 법이 질서라는 이름으로 구속하고 억압하는 역할을 하는 것이지요. 모든 것이 그렇듯이 법망으로부터의 도망이란 것도 그 묘한 경계 사이에서 일어나는 갈등의 한 극단이라 할 수 있겠습니다.

물론 자유로우면서도 일정한 보호가 가능한 그런 사회를 만드는 것이 법의 궁극적 목표라고 해야 할 것입니다. 어쩌면 인간은 질서를 위한 어떤 형태의 규제도 억압으로 느낄 수 있는 것이지요. 제가 본 영화 중에 이대근 주연의 「뻐꾸기는 밤에도 우는가」라는 게 있습니다. 남자 주인공이 산림법 위반으로 걸렸는데, "내 산과 내 나무를 내가 알아서 하는데 법이 무슨 문제냐"고 따지는 장면이 있습니다. 저에게는 아주 인상적이었지요. 법의 역할이 무엇인지 근본

©하우성

적으로 생각하게 하는 장면이었거든요.

사회 차변호사께선 도망자에 대해 어떻게 생각하십니까?

차병직 도망자 하면 금방 해리슨 포드의 영화 「도망자」가 생각나는군요. 그 영화에서 주인공은 살인 누명을 쓰고 체포되어 사형선고까지 받지요. 호송 버스 안에서 몇몇 죄수가 탈주를 시도하는 바람에 버스가 전복되고 열차와 충돌하는 사고가 일어납니다. 그 와중에 산속으로 탈출하게 된 주인공은 도망자 신분으로 진범을 찾아나섭니다. 일반적으로는 이중 삼중의 감시가 작동하는 감옥에서 탈출하는 경우가 더 스릴이 있어 보일지 모르겠습니다. 여담입니다만, 법무부에 근무하는 사람들은 감옥이란 표현을 아주 싫어하더라고요. 교과서적으로 교도소나 구치소란 명칭을 강요하더군요. 하지만 구금과 구속의 상징성은 감옥이라는 보통 사람들의 어휘에서 더 실감이 나는 까닭에 그냥 감옥이라고 하겠습니다. 감옥이란 탈출을 전제할 때 존재하는 것 아니겠습니까? 너무 역설적으로 들린다면, 그때 탈출의 의미에 적법한 석방까지 포함하면 쉽게 수긍이 될 것입니다.

사람들이 도망자를 보고 쾌감을 느낀다, 반드시 그런 건 아니겠지요. 도망자가 흉포한 범죄자라면 대부분은 불안감을 가지는 게 일반적입니다. 하지만 사회적 의미를 지니는 확신범[2]이라면 다를 수도 있겠습니다. 어쨌든 일부 시민들이 특정한 도망자에 대해 쾌감을 느끼는 경우는 반드시 있을 테고, 그런 이유는 일종의 대리만족이 가능하기 때문이라 생각합니다. 따지고 보면 일상의 삶 자체를 속박으로 느낄 수 있기 때문이지요. '법은 규제하는 수단이므로 가급적 축소하거나 없애버리는 것이 우리에게 편하다' 는 의식이 잠재되어 있기 때문에 탈옥자가 잡히지 않았으면 하는 사람이 생기는 것이죠. 그리고 또 역설적으로 생각해보면, 도주나 탈출의 현상에 대해 쾌감을 느낀다는 것은 법의 무시라기보다 법에 대한 친밀성의 표시라 할 수도 있습니다.

그렇게 비틀어놓고 살펴보면 뭔가 미묘한 함정이랄까 진실이랄까, 색다른 사실을 발견할 수 있습니다. 법과 인간에 대한 새로운 가능성의 실마리가 될 수 있는 관념인데, 이런 논리입니다. 법, 특히 형사법 체계를 금지 규범이라는 부정적인 측면에서만 바라볼 게 아니라는 겁니다. 법이란 그 자체가 우리가 실현해야 할 가치 체계라고 생각할 수 있겠습니다. 국민들이 법의 긍정적 측면을 드러내놓고 이해할 수 있어야 한다는 것이 우리 모두의 공동 과제인 셈이지요. 그것을 저는 도망자와 관객의 쾌감이 주는 교훈이랄까요, 그렇게 말하고 싶은 겁니다. 따라서 법이란 것이 나날의 삶에 필요한 조건일 뿐만 아니라 함께 실현해가야 할 공통의 가치라는 점을 부드럽게 이해하도록 하는 것이 법무부와 법무부장관의 임무 중 하나가 아닐까 합니다. 반대로 준법정신과 공권력의 권위만 걱정한다면 더 많은 사람들이 도망자에게 갈채를 보내리라 생각합니다.

---

2 범죄를 저지른다는 의식이 없는 범죄자를 부르는 말이다. 이대로라면 할 말 많은 사기꾼이나 강도범도 모두 확신범이 될 수 있다. 하지만 보통 말하는 확신범이란 자신의 행위가 정당하다는 신념을 가진 범죄자를 말한다. 엄격하게 구분되기는 하지만 양심범, 정치범, 사상범 등의 용어도 유사한 의미를 지니고 있다. 이론가들은 양심범이나 확신범에 대한 가장 바람직한 처리는 처벌하지 않는 것이라고도 한다.

© 하우성

천정배 아니, 법무부장관에게 너무 지나친 요구를 하는 것 아닙니까? (웃음) 현실에서 필요한 것은 강제 규범이고, 그것이 필요한 까닭은 사회 구성원들이 불완전한 인간이기 때문이지요. 따라서 강제 금지 규범은 필요악적 존재입니다. 법의 현실적 중요성은 거기에 있는 것 아니겠습니까? 물론 그것을 법 자체의 궁극적 목표라고 하기에는 아쉬움이나 부족함이 있습니다. 이상적 목적은 다시 법가의 사상인 이형거형, 형벌로 형벌을 제거하여 법 없이도 잘살 수 있는 인간과 사회를 만드는 것이지요. 그런 궁극의 목표를 전제하면 법이라는 도구적 수단만으로는 불가능하겠지요. 사회 전체가 한 차원 높은 단계로 발전하기 위한 인간성의 도약 또는 고양 같은 게 일어나야 하지 않겠어요? 그래서 실정법을 책임지고 있는 법무부로서야 겸손하게 기존의 법이 잘 지켜지는 정도를 기본의 임무로 생각해야 합니다. 경우에 따라선 그 선에서 만족할 수밖에 없기도 합니다.

차병직 법의 궁극적 목표를 그렇게 이상적으로 설정할수록 실정법을 단순한 도구적 수단으로만 삼는 것보다 그 자체의 목적적 가치를 부각할 필요가 있지 않을까요?

천정배 밖에서 볼 때 할 수 있는 일과, 안에서 행하려 할 때 할 수 있는 일에는 꽤 차이가 있습니다. 법무부장관이라는 정치성 때문에 갖는 근본적 한계가 있지요. 하지만 법무부의 일반 정책 대개가 그러한 법의 목적적 가치를 인식시키기 위한 노력으로 보아야 할 것입니다.

사회 그러면 또 다른 구체적 문제로 잠시 넘어가보지요. 얼마 전 중학생들이 머리의 자유를 달라고 4·19 이후 처음으로 데모를 한 적이 있습니다. 솔직히 신선한 반면 답답하기도 하였습니다. 아직도 머리를 자르느냐 마느냐로 싸워야 할까요? 중고생의 두발 자유에 대해 어떻게 생각하십니까?

천정배 한마디로 이해가 되지 않지요. 지금이 어느 시대인데 그런 소동이 일어납니까? 어린 학생들의 교육이야말로 미래지향적이어야 하는데, 두발을 일률적으로 제한하려는 건 19세기적 발상이라고 할 수밖에 없겠습니다.

차병직 제 생각도 같습니다. 머리를 자유롭게 가꿀 수 있다는 데에는 모두 인식을 같이하면서, 그래도 교사들은 정도의 문제에서 달리 생각하는 모양입니다. '너무 길면 안 된다, 염색을 해선 곤란하다' 는 등의 기준인데, 그 한계를 납득할 수 없는 아이들이 있는 것이죠. 물론 구체적인 사안에서 따져보면 아이들이 옳습니다. 어른들은 자신이 겪었던 지난날의 과정을 아이들에게 그대로 반복하려 합니다. 반면 아이들은 그런 건 필요 없다고 생각합니다. 어른들은 아이들이 자라서 자기들처럼 되기를 바라는 모양이지만, 미래는 아이들의 것이고 어른들이 전혀 예측할 수 없는 세계일 수 있는 것이지요. 그래서 아이들이 뭐라고 하는지 아십니까? 어른들이나 교사들의 그런 태도를 직업병이라고 꼬집습니다.

사회 중학생들의 데모는 어떻습니까?

천정배 두발 문제로 데모를 했다면 너무나 당연한 일입니다. 중학생이라고 해서 데모를 못하란 법은 없지요. 교사가 교육 과정의 하나로 선도할 수는 있겠습니다. 머리가 지나치게 길면 보기에 흉하다든지 비위생적이라든지 의견을 제시할 수는 있지요. 하지만 일률적으로 기계나 가위로 잘라버리는 행위는 법적으로도 문제가 돼요. 강제로 머리를 미는 행위는 폭력이나 상해 아닙니까.

사회 단답형의 질문 하나 드리겠습니다. 세상에서 가장 오래된 규범 중의 하나가 십계명 아닐까요? 십계명에 대한 짧은 의견 한마디씩 부탁합니다.

차병직 종교적 요소는 고려하지 않더라도, 금지 규범의 상징이라 할 수 있겠지요. 그런데 현재 우리 삶에서 요구되는 계명은 수천수만 가지로 늘어났습니다. 미래에는 금지 규범이 더 다양화하고 복잡해지리라는 게 일반의 예상이겠지요. 하지만 개인적으로는, 인류의 목표는 미래에 범죄의 빈도수를 어떻게 줄이느냐에 있다고 봅니다. 그래야만 한다고 생각합니다.

천정배 십계명뿐만 아니라 함무라비 법전도 법이 없는 상태가 이상적 질서의 상태라고 전제하고 있는 것 같습니다. 이상적 질서의 상태에선 분명 법이 필요 없는데, 일탈 행동이 발생하니까 강제 규범이 생긴다는 거죠.

차병직 도대체 누가 한 말이지요? "존재는 범죄다. 그 총목록은 세계다. 세계는 범죄의 소산이고, 인생은 그 범죄자였다"라는 말이 떠오릅니다.

사회 짧은 질문 하나 더 드리겠습니다. 동서양을 막론하고 위계질서의 사회임을 부인할 수 없습니다. 무릉도원에도 계급과 질서가 있습니다. 천국에도 법이 있다고 생각하십니까?

차병직 어떤 사회에도 완벽한 논리 체계는 없습니다. 천국은 유일하게 완벽한 공간이라고 해버린다면야 할 말이 없지만, 그렇지 않다면 천국에도 사람이 사는 한 법이 있을 것입니다. 법이 있으면 감옥도 있을 법하군요.

천정배 법이 있으면 유토피아가 아니라고 생각합니다. 우리가 막연히 천국이나 유토피아를 그려보는 일도 지금의 현실에 근거한 상상이지요. 복고주의적으로 보면, 과거에 이상형으로 생각했던 것이 인류 역사의 경험적 사실과는 일치하지 않아요. 인류는 계속 진보해오면서 인권 사상이니 법치주의 원리니 하는 것을 함께 발전시켜 왔습니다. 소크라테스 시대에도 노예가 있었어요. 고대 그리스의 민주주의는 아주 한정된 계급의 남자만 참여한 정치제도였지요. 이른바 4대 성인이라 하더라도 당시의 세계관에 기초한 삶일 수밖에 없었다고 할 수 있지 않을까요? 따라서 지금을 살아가는 우리가 과거보다 더 나은 가치를 추구하고 있다고 생각합니다. 마찬가지로 미래에 사는 사람은 우리보다 더 나을 것이고요. 더 나은 유토피아를 그릴 수 있다는 건 유토피아에 더 가까이 간 것이라고 해도 좋을 것입니다.

차병직 체계적인 말씀이긴 하지만, 반론의 여지는 꽤 있을 것 같습니다. 만약에 법이 전혀 필요 없는 유토피아와 지금의 우리 현실 둘 중에 선택하라면, 천장관께선 어느 곳에서 사실 생각이십니까?

천정배 유토피아가 좋긴 하겠지만, 우리 같은 사람은 피곤해지겠지요.

차병직 저는 좀 시끄럽더라도 복잡한 현실이 더 좋을 것 같습니다. 물론 유토피아는 불가능하다는 개인적 믿음이 깔려 있습니다만.

천정배 하지만 법 없이도 즐겁게 살 수 있는 일은 많습니다.

오래된 회초리

형벌제도

사회 법의 의미나 필요성, 그리고 형사재판 절차나 양형에 이르는 문제들은 다른 주제로 말씀하셨거나 하실 예정입니다. 여기서는 우선 형벌제도만 따로 떼어놓고 몇 가지 생각을 해봤으면 합니다. 형벌은 무엇인가요?

천정배 형벌의 역사는 바로 법의 역사와 같을 것입니다. 아리스토텔레스가 "사회가 있는 곳에 법이 있다"라고 했는데, 그 법에는 형벌이 포함됩니다. 특히 고대에는 형사법과 민사법이 제대로 분리되지 않았으니 형벌은 어떤 법체계에도 존재했던 것이지요. 요즘의 민사분쟁 성격의 재판이라 하더라도, 채무가 확인된 자가 빚을 갚지 못하면 매를 맞거나 감옥에 들어갔어요. 형벌은 범죄에 대한 응징뿐만 아니라 채무의 강제집행 방법으로도 사용된 셈입니다. 찰스 디킨스의 아버지도 채무자 감옥에 들어가 있었다지요.

차병직 형벌은 인간 사회에선 근원적이면서 필연적이었던 모양입니다. 흔히 "사회가 있는 곳에 복수와 형벌이 있다"는 말이 있습니다. 그 말은 다시 "인간이 있는 곳에 복수가 있다"는 표현으로 변주됩니다. 원래 형벌의 원초적 형태는 복수였다고 생각하는 것 같아요. 고대에 복수는 여러 가지 이유에서 반드시 필요한 제도였을 겁니다. 예컨대 사람을 살해하면 그것으로 모든 게 끝나지 않습니다. 비로소 사건이 시작되는 셈이지요. 죽은 사람은 사라지는 게 아니라 영혼으로 돌아오고, 그 유족들은 여전히 남아 있어요. 그러니 어떤 형태로든 '살인 행위'에 대한 해소의 방식으로 보복이 요구됐을 거고요. 모세의 법률도 모두 복수에 관한 것입니다. 복수할 수 있는 행위와 복수할 수 없는 행위를 규정해놓았다고 볼 수 있겠죠. 그리고 그 복수가 제도적으로 세련되고 정제된 모습으로 바뀐 것이 형벌일 것입니다.

천정배 형벌이나 복수도 마찬가지겠습니다만, 그 목적은 역시 법의 목적과 같이 질서 유지겠지요. 보통 서양에선 형벌의 역사적 이유도 거기서 찾지 않습니까? 거친 환경, 자연적 재앙 그리고 종교를 형벌의 기원으로 삼지요. 인간의 힘으로 이겨내야 할 자연 환경, 그리고 계속되는 자연 재해, 그 정신적 극복을 위한 수단으로서의 종교가 무엇을 의미하겠습니까. 결국 생존을 위해선 엄격한 질서의 유지가 필요하고, 그 위반자에 대해서 응징할 수밖에 없었던 것이죠.

차병직 재미있는 것 중 하나가 지금의 우리는 과거를 이렇게 해석한다는 것입니다. 말씀하신 내용 중 자연 재해에 대한 것인데, 원시인들은 자연 재해를 자연의 탓으로 돌린 게 아니라 그 원인을 자기 자신에서 찾았다는 거죠. 내가, 또는 우리 중 누구에겐가 잘못이 있기 때문에 그런 재앙이 닥쳤다고 믿었다는 겁니다. 그러니 그에 대한 해결책으로 벌을 받아야 할 희생양이 필요했던 거지요. 누군가를 희생시킴으로써 연대책임감에서 해방될 수 있었던 겁니다.

사회 어느 사회 조직이나 국가에도 벌은 존재하는 것 같습니다. 그중에서도 국가의 형벌권은 바로 국가의 힘을 상징하기도 합니다.

©하우성

지금 우리의 형벌제도에 대해 먼저 말씀해주십시오.

천정배 이론상 국가는 주권자인 국민들로부터 권리를 부여받았습니다. 형벌권도 그중 하나입니다. 국민 개개인이 조금씩 양보한 권리의 총화로 이루어진 국가의 형벌권은 질서 유지라는 명분으로 다시 국민에게 강제력을 행사하는 것이죠. 현대 국가의 형벌제도는 대체로 비슷합니다. 우리나라는 모두 아홉 종류의 형벌이 있는데, 무거운 것부터 순서대로 하면 사형, 징역, 금고, 자격상실, 자격정지, 벌금, 구류, 과료, 몰수입니다.

사형은 생명을 빼앗는 것이어서 생명형이라 하지요. 징역, 금고, 구류는 감옥에 가두어두는 것이어서 신체형이라 부르는데, 구류는 30일 미만이고 징역과 금고는 그 이상입니다. 징역은 구금 장소에서 일까지 시킬 수 있는 것이고, 금고는 가두어만 두는 형식인데 큰 의미는 없습니다. 자격상실이나 자격정지는 공무원이나 법인의 이사 등 일정한 직무를 맡을 수 없게 하는 것이어서 명예형이라고 합니다. 벌금과 과료는 돈을 내게 하는 것이니 재산형이지요. 과료는 2천 원 이상 5만 원 미만이고, 벌금은 5만 원 이상입니다. 과태료는 형벌이 아닙니다. 이제 뭐가 남았죠? 몰수는 부가형이라 해서 다른 형을 선고할 때 함께 부과하는 형벌입니다. 몰수할 수 없을 때는 그에 해당하는 액수의 돈을 내게 하는데 추징이라고 합니다.

차병직 방금 교과서처럼 친절하게 설명하신 것이 9종의 형벌입니다. 그런데 형벌이란 국가 권력이 개인의 자유와 권리를 합법적으로 침해하는 것을 내용으로 합니다. 아주 역설적인 제도지요. 권력자 또는 질서 유지자의 입장에서야 말 듣지 않는 사람을 가두어버리는 것만큼 손쉬운 방법도 없을 겁니다. 그러다보니 형벌권은 옛날부터 권력자에 의해 항상 남용과 악용의 수단으로 전락할 수 있는 처지에 있었기도 합니다.

사회 집행유예나 선고유예는 왜 없지요?

천정배 집행유예는 아까 말한 9종의 형벌 중 선고된 형의 집행을 유예한다는 것이죠. 선고유예는 선고 자체를 보류한다는 뜻이고요. 그리고 기소유예는 검사가 아예 재판에 넘기지 않는 처분이니까 형벌과는 거리가 먼 것입니다.

사회 그리고 왜, 군대에서 영창 간다는 말을 많이 하잖습니까? 영창은 군대에서만 선고하는 형벌입니까?

차병직 실제로 병사들 중에 영창 가는 사람들이 많지요. 영창이란 군부대에 설치한 유치장이나 구치소 같은 구금 시설입니다. 그래서 보통 영창을 형벌로 알고 있는 사람들이 많아요. 심지어 군인들도 그렇게 알고 있지요. 하지만 영창은 형벌이 아닙니다. 영창은 두 가지 의미가 있습니다. 우선 영창은 군대에서 행하는 병사들에 대한 징계 종류의 하나입니다. 병사를 군 인사법에서는 병(兵)이라고 표현하는데, 장교, 준사관과 부사관을 제외한 군인을 말합니다. 병에 대한 징계의 종류로는 강등, 영창, 휴가제한, 근신 네 가지가 있습니다. 그중 영창은 아이들이 잘못하면 매를 때리는 경우와 비슷하지요. 부대나 (해군의 경우) 함정에 설치한 구금 시설에 15일 이내의 기간 동안 가두어두는 벌입니다. 그런데 사람을 며칠씩 구금

© 권혁재

하는 행위는 형벌에 가까워 징계로서는 문제가 있습니다. 위헌의 가능성도 많고요. 그다음으로 영창이란 용어는 군부대 내에서의 유치장 같은 구금 시설의 의미로 쓰입니다. 영창(營倉)이란 글자 그대로 병영 내의 건물이란 뜻인데, 어떤 국어사전에는 군인에 대한 형벌이라고 잘못 설명해놓기도 했더군요.

사회 지금의 형벌이 그렇다면, 과거의 형벌은 어땠을까요?

잔혹한 혹은 친절한 형벌의 역사

차병직 형벌의 제도나 종류도 역사가 깊어 원시 시대부터 현재에 이르기까지 시간의 구분에 따라, 공간적으로는 지역에 따라 다를 것입니다. 그러나 대강으로는, 복수형의 성격이 짙었던 것이 점점 시대정신에 부응하는 형태로 변화해왔다고 보면 될 것입니다. 그러니 그 엄청난 형벌의 역사적 사연을 다 훑을 도리는 없고, 우선 가까이서 살펴봐도 좋을 것 같아요. 우리 조선 시대의 형벌제도가 어떨까요? 그건 아무래도 고등학교 시절 국사에서 만점을 받으셨을 것 같은 천장관께서 말씀해주셔야겠습니다. (웃음) 그리고 장관께서 사법시험을 치르셨을 땐 2차 시험 과목에 국사가 들어 있기도 했지요. 그 뒤 바로 국사가 빠지고 대신 국민윤리가 들어갔어요.

천정배 맞습니다. 2차 시험 첫날 첫 시간 과목이 국사였습니다. 그런데 잘 기억이 날지 모르겠어요. 조선 시대 형벌 하면 고등학교 다닐 때 달달 외우던 게 있지 않습니까? '태장도류사'로 외우고 다

넸지요. 태형(笞刑), 장형(杖刑), 도형(徒刑), 유형(流刑), 사형(死刑)인데, 지금하고 같은 건 사형밖에 없군요. 그 다섯 가지가 형벌의 기본이었지요. 기본이었다는 말은, 그 밖에 다른 형벌도 있었다는 의미입니다. 기본 형벌 다섯 가지를 정형(正刑)이라고 하면, 그러한 전형적이고 정상적인 형벌 이외에 횡행한 형벌은 보통 법외형이라 부르기도 하지요. 법외형에는 린치 같은 사형(私刑)도 포함됩니다.

태형과 장형은 매를 때리는 형벌이지요. 흔히 요즘 사람들은 곤장이라고 부르는데, 곤장은 볼기를 치던 형벌 기구 자체를 일컫는 말입니다. 우리말에 '곤장을 낸다'는 게 있는데, 곤장을 치는 것처럼 왕창 때려부순다는 의미지요. 도형은 지금의 징역형과 유사합니다. 일정한 곳에 붙잡아두고는 소금을 굽거나 쇠 달구는 고된 일을 시켰지요. 기간은 일 년에서 삼 년 사이였으니, 지금 생각하면 짧은 편인가요? 반면 유형은 중형입니다. 유배지에 보내서 고향으로 돌아오지 못하게 한 것이지요. 그리고 사형에는 목을 매다는 교수형과 칼로 베는 참수형이 있었고요.

사회 조선 시대만 하더라도 형벌이 상당히 잔인하고 비인도적인 면이 있었다고 할 수 있겠군요.

차병직 지금을 기준으로 하면 그렇게 볼 수 있겠지요. 하지만 당시의 시대적 상황에서 보면 반드시 그렇게만 볼 것은 아니라고 생각합니다. 아주 인도적인 면이 많이 엿보이기도 한다는 겁니다. 태형이나 장형은 가시나무로 만든 회초리를 사용했습니다. 그런데 회초리를 만들 때 반드시 옹이나 눈은 깎도록 했습니다. 그리고 다른 것들은 부착하지 못하게 했고요. 회초리를 칠 때에는 형대에 엎드리게 하여 묶었는데, 반드시 볼기를 때렸다고 해요. 볼기를 때리는 원칙도 재미있습니다. 남자는 옷을 벗겼는데 여자는 그렇게 하지 않았어요. 하지만 간음을 이유로 벌할 때엔 여성도 벗기고 때렸답니다. 어느 시대든 그 정황에 맞는 인도적인 면은 있는 법 아니겠습니까?

사회 그러면 태형과 장형은 서로 어떻게 구분되지요?

차병직 회초리의 굵기가 다릅니다. 태형에 사용한 회초리는 지름이 0.5센티미터에서 0.8센티미터였어요. 장형용은 0.7센티미터에서 1센티미터 정도로 더 굵었지요. 그리고 길이는 모두 세 치 오 푼이었으니, 약 1미터가 조금 넘지요. 따라서 당시의 형벌이라고 하면 '곤장'이란 걸 떠올리며 무시무시하게 생각하겠지만, 실제로는 그야말로 학생들 벌주는 회초리에 불과했습니다. 저와 바로 밑의 남동생이 어릴 때 아버지에게 중벌을 받을 때 매를 맞았어요. 그때 아버지께서 사용하신 회초리는 큰고모가 통영여고 졸업할 때 상으로 받은 자개가 박힌 재단용 자였어요. 조선 시대 태형과 장형에 사용한 것과 규격이 비슷하지요. 그렇지만 그 자는 각이 져 있어 더 아팠을 거예요.

사회 영화에서 보듯 어마어마한 몽둥이로 가격한 줄 알았더니 그게 아니군요. 그럼 그 회초리로 몇 대씩이나 때렸지요? 몇백 대씩 쳤다면 엄청나게 고통스러웠을 것 같습니다만.

천정배 태형은 10대부터 50대까지 다섯 등급, 장형은 60대부터 100대까지 다섯 등급이었습니다.

사회 도형도 자세히 살펴보면 재미있는 부분들이 있겠군요.

천정배 태형과 장형이 그렇듯이 도형도 유형이 비슷합니다. 기본 골격은 어디론가 보내서 거기에 머물게 하는 것이지요. 도형은 일정한 장소까지 끌고 간 다음 거기서 강제노동을 시키는 것입니다. 보통 염장에 간 죄수는 하루에 석 근의 소금을 굽고, 야철장에 간 죄수는 석 근의 쇠를 불렸답니다. 그런데 그 노역장까지 갈 때도 그냥 여행 떠나듯 간 것은 아니지요. 목에 나무칼을 쓰고 걸어서 갔습니다. 그것도 게으르게 걸어서 기한을 넘기면 3일에 20대씩 매를 쳤습니다. 사극에서 많이 본 장면들이지요.

유형의 특징은 멀리 있는 유배지로 보낸 다음 죽을 때까지 거기 머무르게 하는 게 원칙입니다. 흔히 귀양이라고 부르는 형벌인데, 말하자면 지금의 무기징역이나 다름없었지요. 임금의 사면이 없는 한 거기서 죽어야 했습니다. 재미있는 것은 유배지까지 가는 거리입니다. 2000리형, 2500리형, 3000리형이 있었어요. 그런데 서울을 기준으로 그렇게 먼 곳이 없잖습니까. 땅끝까지 가도 기껏해야 1000리 남짓이지요. 그래서 그럴 경우엔 가던 길을 돌아와 반복해 걷거나, 빙 돌아서 가게 했답니다. 유배형은 조선 시대에 가장 흔했던 형벌이라 하겠는데, 특히 가까스로 사형을 면한 정치범들에게 행해졌어요. 그런 형벌이 조선 말기에는 지금의 징역형처럼 감옥에 가두는 형식으로 바뀌었고, 정치범 등은 섬으로 유배시키게 됩니다.

© 권혁재

차병직 유형에도 보면 인간적인 데가 없지 않습니다. 정치범에겐 유배지를 다스리던 수령이 식량과 생활필수품을 공급해주었습니다. 그리고 가족들도 원하면 모두 따라갈 수 있게 했고요. 물론 처와 첩은 의무적으로 따라가게 한 것 같은데, 지금의 관점에서 보면 반여성적입니다만 당시로서는 인도적인 조치의 의미를 가졌다고 보아야 할 것입니다.

사회 차변호사께선 계속 과거 형벌제도의 잔혹성보다는 인도적인 면을 강조하시는군요.

천정배 그런 면은 찾아보면 있을 것입니다. 하지만 우리뿐만 아니라 동서양 어디든 형벌은 가혹한 형태에서 점점 인도적인 방식으로 바뀌어왔다고 하겠습니다. 사회와 함께 형벌제도도 발전해온 것이지요.

차병직 보통 발전해왔다고 보는 것 같습니다. 하지만 궁극적으로 따지면 반드시 그럴까요? 부분적으로는 옳지만 부분적으로는 회의적입니다. 무슨 말인가 하면, 지금의 관점에서 보면 형벌제도는 당연히 과거보다 지금이 인도적이고 인권을 존중하는 측면이 고려되어 있습니다. 하지만 그것은 그때그때의 정치 문화적 사정에 부응하면서 변화한 것이지, 자체적으로 절대적 발전을 이루어낸 결과라고 보기는 어렵다는 것입니다.

이렇게 생각해보십시오. 과거에 능지처참한 사형 집행 방법은 지금에 비해 비인도적일까요? 20세기 사형 집행의 역사를 더듬어보면 결코 그렇다고 장담 못할 것입니다. 한두 가지 예를 들어보지요.

미국에선 전기로 사형 집행을 하는 주가 있습니다. 2000볼트의 전기를 15초 동안 사형수 몸에 흐르게 했다가 500볼트 낮춘 다음 다시 전압을 올리는 모양인데, 3분을 넘기지 못한다고 합니다. 이론으로는 전류가 뇌의 반응 속도보다 무려 70배나 빠르기 때문에 사형수는 전혀 고통을 느끼지 않는다는 것입니다. 그런데 이런 일이 있었습니다. 어느 사형수는 전기의자가 고장 나 앉은 채로 무려 한 시간을 대기하다 심리적 긴장으로 졸도했습니다. 다시 보통보다 세 배나 전압을 올렸는데 살이 타는 냄새가 나기 시작했어요. 그런 소동 끝에 결국 그 사형수는 한 시간 뒤에 사망했습니다. 현대판 화형을 행한 셈이죠.

천정배 그건 아주 극단적인 예가 아닌가요?

차병직 사형 폐지론을 주장하는 사람들이 수집한 사례는 얼마든지 있습니다. 우리의 경험도 있지 않습니까? 어느 날 오후에 여덟 명의 양심수들에게 무리한 사형 선고를 합니다. 그리고 만 하루가 다 지나기도 전인 다음날 아침에 처형합니다. 인혁당 사건[1]을 '사법 살인'이라 부르는데, 이건 잔인하지 않습니까? 또 이런 경우는 어떻습니까. 군대나 학교에서 기합을 준답시고 엎드리게 한 다음 야

---

1 인민혁명당 사건의 약칭으로, 1964년 중앙정보부가 인민혁명당이라는 대규모 지하조직에 의한 국가전복기구가 있었다고 발표하고, 그후 1974년 4월 유신반대투쟁을 벌였던 '전국민주청년학생연맹'의 배후세력으로 인혁당을 지목하여 관련자 8명에 대해 사형을 집행한 사건이다. 대법원의 확정판결 18시간 만에 전원 사형이 집행되어 국제사회로부터 '사법 살인'이라는 비난을 받았다. 2002년 의문사 진상 규명 위원회에 의해 중앙정보부에 의한 조작극으로 밝혀졌다.

구방망이로 후려갈깁니다. 조선의 태장형보다 더 무식한 짓이지요. 우리가 당했던 중고교 교사들의 체벌을 가장한 린치는 어떻게 평가할까요. 요즘은 새로운 형벌이 등장했습니다. 진정한 파렴치범이건 억울한 양심범이건 구분 없이 흥미로운 혐의자로 낙인찍히면 인터넷에서 거의 초주검을 만들어놓습니다. 어떤 경우엔 명단을 공개하기도 하지요. 공중파 방송이나 종이 언론도 피의자의 프라이버시는 무시한 채 선정적으로만 보도합니다. 이런 폭력이 어디 있으며, 이보다 비인간적이고 몰인격적인 형벌이 어디 있겠습니까.

어떤 형벌이건 스스로 성장하듯 개량되는 건 없지 않을까요? 시대 상황에 맞추어 그 수준에서 바뀌는 정도인 것 같습니다. 또 어떤 시대라 하더라도 반인권적이고 폭력적인 형벌은 항상 존재하는 것 같아요.

사회 사형제도는 잠시 후에 말씀 나누기로 하고, 그 밖에 정말 잔인한 형벌에는 어떤 것이 있었는지 한번 살펴보면 어떻습니까?

천정배 조선 시대에 본형을 집행하면서 함께 부과하는 부가형에 자자(刺字)라는 게 있습니다. 팔뚝이나 얼굴에 죄명을 새기는 형벌이에요. 고대 중국의 묵형(墨刑)에서 유래했다고 하는데 이것이 나중에 더 잔혹해집니다. 팔뚝에 새기면 잘 보이지 않는다고 해서 예종 원년(1468년)에 모든 자자를 얼굴에만 하도록 했어요. 그 제도를 경면(黥面)이라 불렀는데, 다행히 실제로 시행하지는 못했답니다. 결국 영조 16년(1740년)에는 자자에 필요한 모든 도구를 불태워 없애고, 그런 짓을 시도하는 자를 벌하도록 했어요.

차병직 그런 정형과 부가형 외에 잔인한 형벌이 많았지 않습니까? 말하자면 비공식 형벌 같은 것이죠. 관습에 따른 형벌일 수도 있고, 린치일 수도 있겠습니다만.

천정배 예, 오히려 정형보다 많습니다. 법 밖의 형, 즉 법외형이라 할 수 있겠죠. 주리를 트는 주리형(周牢刑) 또는 뇌형(牢刑)이나, 볼기가 아닌 등을 내려치는 태배형(笞背刑)이 있었는데, 주로 고문에 많이 사용한 것 같아요. 압슬형(壓膝刑)은 무릎 위에 무거운 물건을 올려놓는 벌이고, 난장(亂杖)은 여러 사람이 몽둥이로 무차별 가격을 하는 것이었습니다. 단근질이란 말이 있죠? 불에 달군 쇠를 몸에 대고 지지는 것인데 낙형(烙刑)이라 했어요. 칼을 사용하는 형벌은 더 잔인합니다. 의비형(劓鼻刑)은 코를 베어버렸지요. 단근형(斷筋刑)은 복숭아뼈 부근의 근육을, 월형(刖刑)은 발뒤꿈치의 아킬레스건을 잘라버리는 끔찍한 벌이었지요. 비공입회수형(鼻孔入灰水刑)은 거꾸로 매단 뒤 콧구멍에 잿물을 부어넣는 고문 방법이었는데, 우리에겐 생소하지 않을 것입니다. 고족형(刳足刑)은 정말 잔혹합니다. 발을 끊었습니다. 마지막이 팽형(烹刑)입니다. 자형(煮刑)이라고도 했는데, 잘 아시다시피 가마솥에 넣고 삶아 죽이는 형벌이지요. 가장 잔인한 형벌이 되겠습니다.

그런데 실제로는 어떻게 했을까요? 정말 재미있고 상징적입니다. 이렇게 했답니다. 종로 거리에 큰 아궁이를 만들어 솥을 걸고, 죄인을 그 솥의 나무뚜껑 위에 앉힙니다. 포도대장이 엄숙하게 유죄판결을 선고하는데, 그 즉시 죄인을 솥 안으로 밀어넣는답니다. 그럼 그 솥 안에는 무엇이 들었을까요? 보통 미지근한 물을 채워두거나 아예 텅 빈 채로 둔답니다. 그리고 아궁이에 불을 땔 때는 시늉만 하는 거죠. 마치 쇼 같은 이런 행위가 끝나면 죄인은 가마솥에서 끌려 나와 가족에게 넘겨집니다. 그때 중요한 것이 무언가 하면, 죄인은 철저하게 시체처럼 행동해야 한다는 것이죠. 그리고 가족들도 시신을 옮기듯 집으로 데려간 다음 빈소를 차리는 등 장례 준비 절차를 다 갖춥니다. 가짜 장례식이 끝나고 나면 그 죄인은 공민권 없이 집 안에 갇혀 죽은 듯 살아가야 한다는 것입니다. 이런 팽형은 구한말까지 존속한 것으로 추정하고 있어요.

차병직 아, 그건 정말 몰랐군요. 그렇다면 보십시오. 팽형조차도 지금보다 그때가 더 인간적이었지 않습니까. 요즘 정치인들 보십시오. 토사구팽(兎死狗烹)이라고들 스스로 떠들잖습니까. 요즘 정치인들의 비정한 배신은 조선의 팽형보다 더 비인간적이지요. 그런데 조선 시대에도 팽형을 제외하고는 제도적으로 금지한 것이 많죠?

천정배 그렇습니다. 법외형 대부분은 시행하지 못하게 임금이 엄중한 칙령을 내리기도 했습니다. 예를 들면 영조는 압슬형이나 낙형을 영구히 없애라고 명령했습니다. 단근형은 중종 때 영의정 김수동이 건의해서 폐지했고요. 나머지도 모두 임금이 법으로 금지했습니다.

차병직 로마 황제들이 잔인한 형벌이나 행위를 금지한 예들도 있죠. 네로가 노예 학대를 금지하도록 했다든지, 하드리아누스가 노예를 죽인 주인을 처벌하도록 했다든지. 또 마르쿠스 아우렐리우스는 연극에서 실제 무기로 결투하는 짓을 못하게 한 적도 있어요. 보통 그런 조치를 스토아학파의 자연법 사상의 영향을 받은 것으로

요즘은 새로운 형벌이 등장했습니다. 진정한 파렴치범이건 억울한 양심범이건 구분 없이 흥미로운 혐의자로 낙인찍히면 인터넷에서 거의 초주검을 만들어놓습니다. 어떤 경우엔 명단을 공개하기도 하지요. 공중파 방송이나 종이 언론도 피의자의 프라이버시는 무시한 채 선정적으로만 보도합니다. 이런 폭력이 어디 있으며, 이보다 비인간적이고 몰인격적인 형벌이 어디 있겠습니까.

해석합니다. 하지만 그런 사상이나 사례는 실제로 지구의 어느 사회에서도 존재했던 것입니다. 조선 시대 우리 왕들에게서도 그런 사상이 녹아 있는 것을 쉽게 발견할 수 있지 않습니까? 우리가 그것을 서양과 달리 생각하고 달리 불렀을 뿐이죠.

사회 동서고금을 막론하고 잔혹한 형벌은 많았겠죠? 대표적인 것 한두 가지만 들어주시죠.

천정배 끔찍한 형벌은 많습니다. 섬뜩하게 떠오르는 것 중에 중국의 탄샹싱(檀香刑)이란 것이 있군요. 형벌 도구로 등장하는 건 박달나뭅니다. 긴 박달나무 꼬챙이를 참기름 솥에 넣어 푹 삶아둡니다. 그러곤 집행 당일 사형수를 좁은 소나무 널빤지 위에 엎드리게 한 후 엉덩이 부분 옷을 오려내요. 다음은 짐작이 됩니까? 박달나무 막대기를 항문으로 박아넣어 목 뒤로 관통시킵니다. 내장을 상하지 않게 고도의 기술이 필요하다더군요. 막대기를 참기름에 삶는 이유도 피가 스며들지 않게 하기 위해서라죠. 빨리 죽으면 안 되니까요. 그런 다음 승천대 위에 세워두면 5일 정도 견디다 숨을 거둡니다. 고통을 최대한으로 느끼게 한 뒤 죽게 만드는 형이지요.

실제로 그런 형벌이 얼마나 집행됐는지는 모릅니다. 다만 중국의 모옌(莫言)이 쓴 소설 『탄샹싱』에 나오는 장면입니다. 모옌은 영화로 소개된 장편소설 『붉은 수수밭』을 써서 우리 독자들도 많이 알고 있죠.

차병직 저는 시칠리아의 암소가 떠오릅니다. 진짜 암소가 아니라 고대 시칠리아에서 사용한 사형 도구였습니다. 동(銅)으로 만든 통인데, 그 속에 사형수를 가둔 뒤 불을 때서 달궈 죽인 것이지요. 그런데 그 통 모양이 암소처럼 생겨서가 아니라, 사형수가 뜨거움을 견디지 못해 내지르는 비명이 처절한 암소의 울음과 비슷하다고 해서 그렇게 이름이 붙여졌답니다.

요즘은 역설적이고 모순된 상황을 말할 때 시칠리아의 암소라는 표현을 사용하죠. 원래 그 형틀을 만든 사람이 아테네의 명장 페릴로였는데, 시칠리아의 암소에 의해 사형당한 최초의 희생자도 그 자신이었기 때문입니다. 프랑스 철학자 미셀 푸코가 던진 질문도 바로 그런 것이죠. 사람은 사람답게 살기 위해 도시를 건설했는데, 그 도시가 사람을 파괴한다는 겁니다. 병원이 환자를 생산하고, 자동차가 교통을 마비시키고, 학교가 교육을 망쳐놓곤 한다는 것들이 그 예가 될 수 있겠지요. 독일의 중세 도시 로텐부르크 같은 델 가면 범죄 박물관이 있는데, 그곳에서 갖가지 형벌 도구를 구경할 수 있습니다.

사회 고대 형벌사를 훑다보면 재미있는 점도 많이 발견할 수 있겠습니다만, 그쪽으로 얘기가 번져나가면 끝이 없을 것 같기도 합니다. 그렇다면 이쯤에서 형벌의 목적이나 기능에 대해 한번 생각해보기로 하지요. 형벌이 노리는 것은 무엇이지요? 국가의 복수 개념을 넘어선 무엇이 있는 것인가요?

무엇을 위한 회초리인가

차병직 형벌의 목적은 바로 형벌에 정당성을 부여하는 것입니다.

목적이 명확하고 합리적이지 않다면 형벌권은 부인돼야 마땅하겠지요. 그런데 형벌의 근대성은 보통 형벌이 복수의 성격에 머무느냐 아니면 거기서 벗어나기 시작했느냐를 기준으로 따진다고 보겠습니다.

천정배 고대 사회에서 형벌은 신을 대리한 복수 또는 사회적 연대책임에서 비롯한 복수로 기능한 것 같다는 얘기는 처음에 했습니다. 형벌 이론에서 목적이라고 하면 우선 범죄의 예방이겠습니다. 형벌은 범죄자에 대한 응징이 먼저고 그다음에야 범죄 예방을 위한 기능을 한다고 생각할 수도 있겠습니다만, 따지고 보면 응징 또한 범죄 예방의 기능을 하는 것이죠. 사람들이 형벌을 통해 고통을 받는다는 사실을 앎으로써 범죄를 저지르고 싶은 욕구를 억제하는 것입니다.

예방에는 일반예방과 특별예방이 있습니다. 한마디로 형벌을 사람들에게 겁을 주는 수단으로 보는 것입니다. 포이어바흐의 심리강제설이 대표적 주장이지요. 포이어바흐는 철학을 먼저 공부한 뒤에 법학을 공부했습니다. 보통의 경우와는 반대라고 하겠는데, 빵을 위한 학문이기 때문에 법학을 한다고 했다죠? 어쨌든 포이어바흐는 법을 위반한 행위에 대해서는 물리적인 강제, 즉 육체적 고통보다는 심리적 고통이 더 효과가 있다고 본 모양입니다. 그런 생각은 인간은 철저하게 자기 의사대로 자기 행동을 결정한다는 데에 기초하고 있지요. 그리고 특별예방이란 형벌이 범죄자 자신에게 어떤 효과를 발휘하여 다시 범죄를 반복하지 않게 하는 것을 말합니다. 형벌의 목적은 단순히 범죄자에게 고통을 주고 처벌하려는 것이 아니라, 범죄자를 교화시켜 다시 건전한 인간으로 사회에 돌아오게 하기 위함이란 것이죠. 그래서 형무소란 명칭도 교도소로 바뀐 것입니다. 형벌 이론에서 구파들은 형벌을 응보로 보았지만, 신파들은 교육 또는 교화로 본 것이 본질적으로 다릅니다.

차병직 형벌 사상에 큰 전환점을 가져온 것은 프란츠 폰 리스트의 「형벌의 목적 사상」이란 강연입니다. 리스트는 빈에서 태어난 독일 형법학자였는데, 작곡가 리스트의 사촌동생이기도 하지요. 1882년 마르부르크 대학 교수로 취임하면서 행한 강연 제목이 바로 그것인데, '마르부르크 강령'이라고 불리기도 합니다. 정말 법학도들이라면 한번 읽어볼 만한 명연설문이라 할 수 있어요. 그런데 그게 번역된 단행본이 없어서 문젭니다. 70년대 말인지 80년대 초반인지, 고려대학교 법과대학에서 형사법과 법철학을 가르치시던 심재우 선생께서 번역한 원고가 당시 월간지 『고시연구』에 3회 분재된 적이 있습니다. 원하는 사람은 그걸 찾아 읽는 수밖에 없어요. 리스트의 주장은 한마디로 형벌의 본질은 범죄자로부터 사회를 보호하고 방위하는 수단이라는 것이지요. 범죄자에게 범죄행위에 대한 대가로 또는 그 반작용으로 형벌을 부과하는 것이 정의의 관념에 맞는다는 응보형 사상에 대응하는 이론이어서, 흔히 목적형이라고 합니다. 거기에서부터 소위 신파 이론이 체계화됐다고 할 수 있겠죠.

응보형 사상은 단순 명료한 것이 장점이긴 합니다. 인간은 이성적이어서 자신의 행동은 잘 알아서 선택하고 조절할 수 있다고 전제하지요. 그러니 인간이 행한 범죄는 반사회적인 행위요 이성에 반하는 행위니 그냥 놔두어선 안 된다는 것이고요. 그런 행위를 그대로 두는 것은 정의의 관념에 반하는 것이므로, 당연히 범죄에 대한 반대급부로 형벌을 부과하는 것이 정의의 실현이라는 얘기죠. 바로 거기서 형벌이 정당화되는 것입니다. 대표적인 예가 칸트입니다. 어느 섬에서 살던 사람들이 모두 합의하여 그 섬을 버리고 흩어지기로 결정했다 하더라도, 감옥에 남아 있는 마지막 사형수까지 반드시 처형하고 떠나야 한다고 했잖습니까. 그것이 정의라는 겁니다. 응보형 사상은 형벌은 순수하게 고통을 주는 벌이어야지, 결코 어떤 다른 목적을 가져선 안 된다는 것입니다. 헤겔의 개와 막대기의 비유가 그걸 말합니다. 형벌을 통해 범죄를 예방하려는 의도는, 인간을 그의 자유와 명예에 따라 대우하지 않고 마치 개처럼 취급하여 겁을 주기 위해 막대기를 쳐드는 것과 같다고 했죠.

반면에 형벌에는 목적이 있어야 한다는 주장이 나타났지요. 그것이 모든 사람에게 범죄를 저지르지 말라고 경고하는 일반예방이든, 아니면 범죄자가 다시 재범하지 말라는 특별예방이든, 형벌은 범죄자에게 고통을 느끼게 하는 것 외에 다른 기능이 있어야 한다는 거예요. 범죄자를 잘 설득하여 건전한 인간이 돼서 우리 곁으로 돌아오게 한다든지, 우리 사회를 범죄로부터 안전하게 예방하도록 한다든지 말이지요. 그래서 교육형이니 목적형이니 하는 말들이 나왔습니다.

천정배 리스트는 일반예방보다는 특별예방에 관심을 두었다고 볼 수 있겠지요. 범인으로 하여금 정상인으로 사회에 복귀하게 하고 다시 범죄를 저지르지 않도록 하는 것이 형벌의 목적이란 겁니다. 간단하게 요약하면 리스트는 범죄자를 세 부류로 나누어 조치해야 한다고 했습니다. 개선이 가능한 범죄자는 개선할 수 있도록 하고, 적당히 고통을 통해 겁을 주어 재사회화할 수 있는 범죄자에게는 위하(威嚇)로서의 형벌을 부과해야 한다고 했어요. 그리고 개선이 불가능한 범죄자는 사회에서 완전히 격리시켜야 한다는 것이 세번째지요. 무해화, 즉 사회에 해가 되지 않도록 한다는 것입니다. 그런 면에서 보면 응보형보다는 교육형이나 목적형 사상이 발전한 단계의 형벌 이론이라고 하겠습니다.

차병직 저도 교과서만 읽을 때는 형벌이란 목적 없이는 결코 정당화될 수 없다고 생각했을 뿐만 아니라, 한 걸음 더 나아가 응보로서의 형벌은 전혀 의미가 없다고 확신했습니다. 오직 교화와 개선의 목적 외에 형벌의 존재 가능성은 없다고 믿었지요. 그런데 또 시간이 흐르면서 생각해보니 반드시 그런 것은 아니더군요. 어차피 인간의 범죄에 대한 형벌제도 역시 인간이 고안한 것이라면, 고통 그 자체도 의미가 있지 않을까요?

리스트의 목적형 사상이란 것도 형벌의 응보적 기능을 무시하지는 않습니다. 그 연설에 등장하는 유명한 표현도 있잖습니까. "우리는 물에 빠졌기 때문에 헤엄치는가, 익사하지 않기 위해 헤엄치는가? 우리는 병에 걸렸기 때문에 약을 먹는가, 건강을 회복하기 위해 약을 먹는가?" 결론은 양쪽 다 이유가 된다는 말입니다. 즉 형벌에서 사회 방위를 위한 목적적 기능이 아무리 중요하다 하더라도 응보적 기능을 전혀 무시할 수는 없다는 의미입니다.

천정배 어쨌든 현대 국가에서 형벌의 중점은 교화와 개선에 있습니다. 개인에게 부과하는 형벌 자체도 사회 공동체를 위한 고려가 전제될 수밖에 없지요. 그런 의도에서 우리 교도 행정도 많이 바뀌어가고 있습니다. 지금 준비 단계에 있는 제도 중에 맞춤형 교도소

© 하우성

란 게 있습니다. 교도소 유형을 네 가지로 나누고, 재소자들을 그 평가 정도에 따라 필요한 유형의 교도소에 수용하는 제도입니다. 네 가지 유형이란 일반경비 시설, 완화경비 시설, 개방경비 시설, 중경비 시설을 말합니다. 우선 일반경비 시설에 수용된 재소자의 개선 가능성이 높아 보일 때 경비가 좀 완화된 교도소로 옮기게 하는 것이지요. 그리고 거기서 더 사회 적응성이 높다는 평가를 받을 때 아예 담장도 없고 일정한 범위 내에서 자유롭게 생활할 수 있는 개방 시설로 가게 하는 것입니다. 그게 아니고 오히려 정반대의 성향을 보일 땐 경비가 더 삼엄한 시설의 교도소로 보내 일시 격리하면서 재적응 교육을 받게 한다는 겁니다.

사회 여러 가지로 재미있습니다. 그런데 목적 또는 효과를 생각하면서 형벌을 말하려니 자연히 옛날의 회초리를 무시할 수 없을 것 같기도 합니다. 매를 치는 태형이나 장형을 부활하면 어떨까요? 언젠가 외신 보도를 보니 싱가포르에는 아직도 그런 형벌제도가 있다면서요?

차병직 1993년에 세계에 널리 알려진 사건이 하나 일어났지요. 마이클 페이라는 열여덟 살 난 미국 소년이 싱가포르에서 남의 자동차에 페인트칠을 하고 교통표지를 지우는 장난을 쳤습니다. 무려 20여 대의 차량에 스프레이 낙서를 하고 유리창을 부수는가 하면 타이어는 펑크를 냈어요. 법원에서 징역 4개월에 벌금 2215달러 그리고 여섯 대의 곤장형을 선고했습니다. 싱가포르에서도 조선과 마찬가지로 엉덩이를 벗긴 다음 무술 전문가가 납작한 나무로 매를 친답니다. 그 사실이 알려지자 미국의 클린턴 대통령과 마이클의 고향인 오하이오 주 하원의원들이 잔인한 형벌이라며 재고를 요청했어요. 앰네스티(Amnesty International, 국제사면위원회)에서도 매를 때리는 것은 비인도적이라고 비난했지요. 제가 본 자료에 의하면 1987년인가 한 해 사이에 싱가포르에선 1218건의 태형이 집행됐는데, 그중 234명은 외국인이었답니다. 그런데 태형이 정말 효과가 있을까요?

천정배 그냥 생각만 해본다면 태형도 경우에 따라선 상당히 효과가 있을 것 같습니다. 왜, 전에 대법관과 헌법재판소장을 지낸 김용준 씨가 태형의 도입을 주장하지 않았나요? 그분은 태형의 효과를 상당히 기대하시는 것 같더군요. 그런데 어떨까요? 실제로 태형이 일정한 효과를 가져올 수 있다 하더라도, 대다수 사람들의 인식이 직접 육체적 고통을 수반하는 형벌제도에 대해 부정적이라면 채택은 불가능하다고 봅니다.

차병직 순전히 개인적 경험에서만 본다면 형벌의 목적 사상은 허망합니다. 어릴 때 기억을 되살려보면, 누구에게 야단을 맞거나 매를 맞거나 벌을 받고 난 뒤 진심으로 뉘우치게 되던가요? 전혀 그렇지 않았던 것 같아요.

천정배 학교에서 받은 체벌은 위하적인 효과는 몰라도 교육적 효과는 정말 의심스러워요. 그런 점에서는 국가의 형벌권도 비슷한 딜레마에 빠져 있는 것 같지요. 형벌이 범죄자에게 어떤 긍정적인 영향을 미칠 수 있을까 생각해보면 막막할 때가 있어요.

사회 마이클 페이 사건은 결국 어떻게 되었지요?

천정배 제가 알기로 1994년 4월에, 선고된 여섯 대에서 두 대를 감형한 네 대의 매를 집행했습니다. 미국에선 외교적 압력을 행사했는데, 싱가포르 내부에서 반론이 거셌어요. 미국의 요구를 받아들이면 싱가포르법의 도덕적 권위가 실추된다는 각료들의 반발도 대단했지요.

사회 태형 외에 다른 형벌도 있지 않습니까? 왜 청송감호소 같은 비정하고도 무시무시한 시설에 감금되는 경우도 있었지요?

천정배 예, 바로 보호감호 등의 보호처분을 말씀하시는군요. 얼마 전에 폐지된 법률 중에 사회보호법이란 게 있습니다. 그 사회보호법의 입법 취지는 바로 목적형의 구체적 실현에 있었어요. 말하자면 범죄자 중에서 재범의 위험성이 있는 사람들은 단순한 형벌보다 좀 특별한 조치가 필요하다는 고려에서 나온 것이죠. 재범의 위험성이 있다고 판단되는 범죄자를 개선하거나 치료하기 위해서 만들어낸 것이 보호처분이란 것이고, 보호처분의 종류에 보호감호, 치료감호, 보호관찰이 있었습니다. 아주 간단히 설명하면 이렇습니다. 보호감호는 일정 기간 동안 격리시켜놓는 것이지요. 감호소가 바로 그 시설을 말하는데, 실제로 교도소와 같은 거죠. 그리고 치료감호는 일정한 치료를 위한 시설이지만, 감금되어 강제로 치료를 받아야 한다는 게 일반 병원과 다른 것이고요. 그리고 가석방 등으로 출소한 사람에 대해서 일정 기간 동안 관찰하는 제도가 보호관찰입니다. 여행을 제한한다든지 일정한 동향을 보고하게 하는 거죠. 전자팔찌도 도입한다면 보호관찰에 필요하겠지요.

그런데 사회보호법은 2005년 여름에 완전히 폐지되어버렸습니다. 인권단체 등에서 꾸준히 문제를 제기한 결과라고 할 수 있겠지요. 즉 보호처분이 이중처벌적 기능을 하여 기본권을 침해할 뿐만 아니라, 그러한 법 자체가 권위주의 시대의 사회 방위적 사고에서 생긴 것이라는 이유였어요. 현실적으로 인권침해의 논란이 많았던 법률이 폐지된 것은 다행한 결과입니다. 하지만 과거 사회안전법[2]과 달리 사회보호법이 무조건 위헌이라는 식의 발상에는 조금 잘못된 점이 있는 것 같아요.

차병직 방금 마지막의 그 말씀은 정말 중요한 언급입니다. 이렇게 정리를 시도해볼까요? 먼저 사회보호법이 문제된 것은 그 법의 내용 때문이 아니라 그 법의 운용 때문입니다. 사회보호법이 재소자의 인권을 침해하는 것처럼 보인 것은 법이 악법적 요소를 지니고 있었기 때문이 아니라, 그 법에 의해 피감호인들을 수용하는 시설이 문제였던 것입니다. 아까 말씀하신 대로, 청송보호감호소[3] 같

---

2 국가보안법 위반자 등의 정치범이나 사상범에게 재범 위험성이 있다고 판단하면 보안감호 등의 명목으로 감옥에 가둘 수 있도록 한 법이었다. 그런데 보안감호 등의 처분을 법원의 재판 없이 법무부의 위원회에서 결정할 수 있도록 했을 뿐 아니라, 그 기간도 2년씩 무한으로 갱신할 수 있어 대표적인 악법으로 꼽혔다.

3 1981년 10월 옛 춘천교도소에 설치했다가, 1983년 2월에 청송으로 옮긴 보호감호소다. 일반 교도소보다 재소자가 지내기 힘들고 인권침해 사건이 자주 터졌는데, 1984년 박영두 씨가 교도관들의 집단 구타와 인권 유린적인 고문 행위로 사망한 사건이 대표적이다. 2005년 사회보호법이 폐지되면서 청송보호감호소는 역사 속으로 사라지고, 그 시설에는 청송제3교도소란 이름이 붙었다.

은 곳의 시설이나 운용이, 그리고 재소자에 대한 대우가 교도소보다 열악했기 때문이지요. 그래서 흔히 청송보호감호소라 하면 영화 「빠삐용」에 비유되곤 했지요. 보호감호소의 시설이나 운용에 문제가 있었고, 그에 따른 재소자의 인권침해가 상존할 가능성이 있었다면, 그런 결과와 위험성을 아예 없애버린다는 의미에서 사회보호법 자체를 폐지해버린 것은 충격적인 조치이면서 환영할 만합니다. 인권단체들의 주장에 강금실 전 법무부장관이 귀를 기울인 성과이기도 하지요.

그렇지만 천장관께서 말씀하셨다시피, 사회보호법이 위헌이란 주장은 좀 과장된 것입니다. 왜냐하면 보호처분은 형벌과 마찬가지로 정식 재판 절차를 거쳐서 법관이 선고하는 것이거든요. 자꾸 위헌이란 말이 나오는 것은 과거 비슷한 이름의 법률인 사회안전법 때문인 것 같습니다. 사회안전법은 1975년에 만들어졌다가 1989년에 폐지됐는데, 그것이야말로 위헌인 악법이었지요. 왜냐하면 사람을 재판에 의하지 않고 감옥에 집어넣었기 때문입니다. 재판을 거치지 않고 어떻게 했느냐 하면, 법무부장관이 위원장이 된 보안처분심사 위원회에서 일종의 행정처분으로 결정한 것입니다. 그리고 기한의 제한도 없었어요. 2년마다 심사하여 갱신 결정을 하면 다시 감옥에 들어가 2년을 기다려야 했는데, 그 법에 의하면 영원히 갱신될 수 있었지요.

사회 그런데 그런 법률이 어떻게 80년대 후반에 폐지되었지요?

천정배 방금 차변호사께서 지적하신 그런 점들 때문에 수많은 비판이 이어졌지요. 특히 그 법은 국가보안법 위반자들 같은 사상범의 이념적 공세로부터 국가의 안위를 보호한다는 취지에서 만들어진 것이라, 같은 재범 방지를 위한 법이라 하더라도 일반 범죄자들을 대상으로 한 사회보호법과는 성격이 달랐습니다.

우선 사회안전법의 제정 배경은 이렇습니다. 1971년에 서승·서준식 형제 사건으로 유명한 재일 유학생 간첩단 사건[4]이 터지고, 일련의 공안 정국 분위기 속에서 그 다음해에 유신체제가 선포된 것 아닙니까? 그리고 감옥에서 양심수들에 대한 대대적인 사상 전향 공작이 시작됐고, 1975년에 야당의 반대를 일축하고 소위 '전시 4대악법'[5]을 통과시켰는데, 그중의 하나가 바로 사회안전법이었습니다. 서준식 씨는 국가보안법 위반으로 감옥에 들어가 있다가 느닷없이 생겨난 사회안전법의 적용을 받게 되었지요. 그래서 7년의 형기를 다 마치고도 재판 없이 보안감호소에 들어가 무려 10년을 더 버팁니다. 양심을 지키기 위해 당국의 사상 전향 요구 등에 응하지 않은 것이죠. 그러면서 오히려 자신을 옭아맨 사회안전법 폐지 투쟁을 감옥 안에서 전개했어요. 그 싸움의 절정은 막판 51일 동안의 단식이었습니다. 그때 세계 각국의 인권단체들로부터 항의 서한이 우리 정부에 쇄도하기도 했습니다. 그러다 1988년 서울올림픽을 맞아 노태우 정권은 서준식 씨를 전격 석방했습니다. 그리고 다음

---

4 일본에서 태어나고 자란 재일동포 서승·서준식 형제가 모국으로 유학 왔다가 1971년 3월 체포됐다. 방학 동안 일본에서 북한 여행을 다녀온 일 때문이었다. 두 형제는 조사를 받고 풀려났으나, 대통령 선거를 며칠 앞두고 다시 연행되어 구속됐다. 그 사건은 3선개헌으로 영구 집권을 노리던 대통령 박정희와 야당의 김대중 후보가 격돌한 선거전을 앞두고 '재일교포 학원 침투 간첩단 사건'으로 크게 발표됐다.
5 사회안전법, 민방위법, 방위세법, 학원관계법을 말한다.

해에 사회안전법을 폐지했고, 또 한 해 뒤에 서승 씨도 자유를 얻었지요.

차병직 언젠가 서준식 씨와 함께 런던에 간 적이 있었습니다. 당시 앰네스티 인터내셔널의 교육부장이었던 댄 존스의 집에 묵었는데, 저녁에 부근의 벵골 식당으로 우릴 안내하더군요. 거기서 존스가 서준식을 소개하자 인도 식당 주인이 대번에 알아보더군요. 그냥 알아보는 정도가 아니라 엄지손가락을 치켜세우고는 "세계 인권운동사의 영웅"이라며 방명록을 펼치더라고요. 그때 런던에 유학중이던 조효제 교수가 통역했는데, 모두 흐뭇해했습니다.

어쨌든, 다시 하던 얘기로 돌아가지요. 우리는 형벌 하면 처음에 장관께서 말씀하신 사형, 징역 등의 아홉 가지만 들먹일지 모릅니다. 하지만 범죄에 대한 국가의 제재 수단은 형벌과 보안처분입니다. 그리고 보안처분은 넓은 의미의 형벌에 속하는 것이기도 하지요. 보안처분이 무엇이냐, 딱 한마디로 정의하기가 쉽지 않습니다만, 우선 교과서적으로 말하면 재범을 방지하기 위해 특별예방을 목적으로 하는 국가의 처분이라고 할 수 있습니다. 특별한 관심과 관리가 필요한 범죄자, 상습적 범죄자나 알코올 또는 마약 중독자를 연상하면 되겠습니다. 그런 사람들이 범죄행위로 처벌받고 난 뒤에 다시 같은 범죄를 저지를 위험성이 있다고 아주 구체적으로 확신이 들 때, 그 사람으로 하여금 재범하지 않도록(특별예방) 행하는 조치가 바로 보안처분입니다. 구체적으로는 앞에 나온 보호감호, 치료감호, 보호관찰, 보안관찰, 보안감호 등이 모두 보안처분에 해당합니다. 넓게 해석하면 국가가 하는 전과자 관리 자체가 보안처분의 하나라고 할 수 있지요.

© 김중만

따라서 보안처분은 그 자체로는 형벌과 똑같습니다. 보안처분을 마치 형벌 외에 부과하는 이중처벌의 수단으로만 알거나, 부당한 인권침해의 도구로 인식하는 것은 잘못이지요. 앞에서도 봤다시피 형벌이란 모두 개인의 기본적 권리를 침해하고 있어요. 그 절차를 엄격히 하고, 범죄의 종류를 미리 법률로 구체화하고 정형화해서 피해를 최소화하려는 노력을 기울이는 거지요. 그런 면에서는 보안처분이 다를 게 전혀 없습니다. 오히려 형벌을 범죄에 대한 응보로만 본다면 보안처분은 불필요할 수 있어요. 하지만 국가가 어떤 목적을 가지고 범죄행위에 대응한다면, 보안처분은 적극적으로 필요한 수단이라고 할 수밖에 없지요. 그렇기 때문에 보안처분은 형벌과 함께 대부분의 현대 국가에서 제도로 받아들여진 것입니다.

그런데 우리는 현실에서 보안처분 제도의 근간이 되는 사회보호법을 아예 폐지해버렸습니다. 단기적으로만 보면 결과적으로 현실의 폐해를 낳았던 사회보호법을 폐지한 것이 잘한 일일 수 있습니다. 특히 상징적인 의미를 가진다고 할 수도 있겠습니다. 하지만 그 폐지 이유가 보안처분 제도가 필요 없기 때문이 아니란 사실을 분명히 알아야 한다는 것이지요. 나중에 다시 사회보호법이 다른 형태로 부활한다 하더라도, 그 운용을 범죄 예방이라는 정책적인 효과를 가져올 수 있도록 제대로 해야 한다는 경고로서 큰 의의가 있다는 정도로 봐야 할 것입니다. 폐지 논의 당시 법무부장관 정책자문위원회에서 배종대 교수 같은 분이 사회보호법 폐지에 소극적이었던 것도 그런 이유에서였습니다. 결코 국가주의적이거나 보수적인 사상 때문이 아닙니다. 배교수는 국가보안법에 대해서는 일찌감치 선봉에 서서 폐지를 외쳤던 학자였습니다.

천정배 그런 뜻으로 제가 법관의 양형과 관련해 말씀드린 적이 있습니다. 예를 들어 징역 10년에 처할 피고인에 대해 적절하게 징역 5년 정도를 선고하고 나머지 약 3년 정도를 보호감호 처분으로 돌려보는 경우를 이중처벌이나 인권침해라고 몰아세우는 것은 잘 못임이 분명합니다. 인권침해가 발생한다면 그것은 법률이나 법관의 선고 행위 때문이라기보다 보호감호소 때문이겠지요. 하지만 그런 불행한 일들은 일반 교도소라고 해서 일어나지 않는 것도 아니지요.

패자만 있는 승리, 사형제도

사회 그럼 이제 형벌에 관한 얘기도 슬슬 마무리를 지어야 할 시간이 된 것 같습니다. 형벌의 마지막이라 할까요, 사형 이야기를 빼놓을 수 없겠습니다. 사형에 대해서는 두 분 의견이 같지 않나 싶습니다. 어떠신가요. 천장관께서는 장관 재직 중에 사형제도에 관한 언급을 하셨던가요?

천정배 지금까지 우리나라 법무부의 전통적 입장이랄까, 어쨌든 공식적 태도는 사형제 폐지 반대입니다. 사형제도가 필요하단 것이지요. 그에 반하여 저는 개인적으로 사형제 폐지에 찬성입니다. 하지만 그렇다고 법무부에 들어가 무조건 사형제도를 폐지해야 한다고 주장할 수는 없는 일이지요. 제가 제안한 것은 사형제도의 존폐에 관한 연구를 해보자는 것이었습니다. 구체적으로는 사형이 범죄 억제력을 가지고 있는가라는 것이지요. 또 반복되지만, 특별예방이든 일반예방이든 사형이 범죄를 줄이거나 증가하는 걸 막아주느냐 하는 것입니다. 그런 점에 대한 연구 결과 범죄 억제력이 있으면 존속시켜야 하고, 없으면 폐지해야 하는 것 아니겠습니까?

그래서, 사형제도와 관련해서 제가 한 일이 무엇이냐고 물으신다면 이렇게 말씀드릴 수 있습니다. 종전까지 법무부는 완강한 사형제도 폐지 반대였지만, 제가 나서서 사형제 폐지가 가져올 여러 효과나 부작용에 대해 형사 정책적 논의를 다시 해보자는 정도로, 뭐랄까 중립적 위치로 바꿔놓은 것이지요.

차병직 사형의 범죄 예방 효과에 대해서는 이미 충분한 연구 결과가 나와 있다고 봐야 옳지 않나요? 사형뿐만 아니라 다른 형벌도 마찬가지겠습니다만, 어쨌든 사형이나 중형벌이 범죄 억제에 결코 효과적이지 않다는 것이 일반적 결론이지요. 흔히 사형 존치론자들이 범죄 억제 효과가 없다는 사실을 입증하라고 우기는데, 그건 적반하장격의 입증책임 전가입니다. 사형제도가 존재하고 있다는 사실에 일종의 기득권적 효력, 공정력을 인정해두려는 시도라고 할 수 있겠지요.

사실 사형제도의 찬반론에 대해서는 그 주장의 근거가 이미 오래전부터 정리돼 있어서 다시 되새기는 일은 번거롭기만 할 뿐 큰 의미가 없을 정도입니다. 이병주의 1981년 단편소설 중에 「거년(去年)의 곡(曲)」이란 게 있습니다. 거기에 보면 사형 존폐론에 관한 답안지가 나와요. 여자 주인공인 진옥희라는 서울법대 학생이 쓴 것인데, 그것만 해도 충분할 정도입니다. 따라서 저는 사형에 관한 논의는 불필요한 장식이 아닌가 생각합니다. 사형 자체를 폐지하는 상징적 의미가 훨씬 크고 소중하다는 의견입니다.

사회 그러니까 두 분 모두 사형제도 폐지론에 서시는군요.

천정배 개인적으로는 사형제도에 반대합니다. 사형제도를 정당화하는 근거는 결국 응징으로서의 복수입니다. 역사적으로도 그렇지요. 하지만 형벌의 진보, 형벌 기능의 인간화 과정에서 복수나 응보만으로는 설득력을 잃게 됐습니다. 그러니 사형제도를 합리화할 수 있는 유일한 근거는 범죄 예방 효과인 것이죠. 사형제도가 없어지면 중범죄가 늘고, 존속하면 줄어든다는. 만약 그것이 사실이면 사형제도는 있어야 하지만, 그렇지 않다면 당연히 없애야죠.

그런데 방금 차변호사께서 말씀하셨듯이, 세계의 연구 결과는 사형제도가 범죄 억제와 별로 큰 관계가 없음을 보여줍니다. 대체로 유럽 국가들은 사형제를 폐지하고 있지요. 그에 비하면 미국이나 일본, 중국은 사정이 다릅니다. 특히 미국은 교도 행정에서 교화를 거의 포기한 나라가 아닌가 생각합니다. 종교적으로 보면 사형제도는 더 설득력이 없어지겠지요.

차병직 저는 개인적으로 충격적인 경험의 기억을 안고 있습니다. 80년대 후반 제가 군복무 중일 때 사형 선고를 한 적이 있습니다. 당시 저는 전방의 어느 육군 사단에서 법률상담관 겸 상임심판관이란 급조한 직책을 맡고 있었어요. 법무사관 훈련을 받고 부대에 배치됐지만 정원 문제 때문에 병과는 보병이었지요. 그래서 사단 인사처에 배속됐는데 실제 일은 법무부에 가서 한 것이지요. 사정이 좀 복잡합니다만, 어쨌든 당시 군법회의에서 심판관이라면 법원 합의부의 우배석 판사입니다.

어느 날 부대 최전방 지피 초소에서 큰 사건이 일어났어요. 장병

한 사람이 신세를 비관한 나머지 내무반에 대고 총을 난사했는데, 무려 세 명이 사망하고 예닐곱 명이 큰 부상을 입었습니다. 바로 그 재판을 했어요. 재판장은 계급이 중령인 사단 정훈참모가 맡았고, 좌배석은 검찰에 있다 얼마 전 변호사 개업을 한 사법연수원 동기였습니다. 지금은 명칭이 군사법원입니다만, 군법회의의 형사재판은 그야말로 집중심리제였지요. 그날 하루에 선고까지 모두 종료됩니다. 합의를 한 결과 그 피고인에 대해 사형을 선고하기로 하는 데 아무런 이의가 없었습니다. 저도 동의했지요. 검찰관의 구형에 아무 토론 없이 싱겁게 평의가 끝났고, 즉시 선고했지요. 그때는 아무런 감흥이 없었습니다. 하지만 그 다음날부터 조금씩 생각이 묘해지고, 다른 한편으론 슬슬 걱정까지 되는 겁니다. 정말 사형이 집행되면 어쩌나 하는 생각이 불쑥 돌기도 했습니다.

그러다 두세 달이 지났는데, 어느 날 선임하사가 항소심에서 무기징역으로 감형됐다고 알려주더군요. 순간 무언가에서 풀려난 느낌을 받았습니다. 그다음부터 사형에 대한 저의 태도는 분명해졌습니다.

사회 천장관께선 혹시 사형수를 변론해보신 적이 있나요?

천정배 없습니다. 사형수의 심적 동요와 그것이 다른 사람에게 전해주는 사형의 비인간성에 대한 깨우침을 얻게 된 건 오히려 소설을 통해서였습니다. 빅토르 위고의 『사형수 최후의 날』이었는데, 아마 위고가 스물일곱 살 때 쓴 작품일 겁니다. 그리 길지 않은 소설이지만, 법의 이름으로 행해지는 사악한 행위에 대한 도전장이라고 부를 만합니다. 위고는 그 소설을 처음엔 익명으로 발표했다가,

삼 주 뒤에 자신이 썼다고 밝혔어요.

사회 사형제도의 비인간성을 말씀하셨는데요. 사실 그런 점에 대해선 이론적 무장보다 감성적 호소가 더 설득력이 클 것 같습니다. 사형제도에 대한 인식을 새롭게 할 만한 또 다른 작품으로는 어떤 것이 있을까요?

차병직 단편으론 마루야마 겐지[6]의 「여름은 흐른다」를 꼽겠습니다. 「흐르는 여름」이라고 번역한 것도 있습니다. 이 단편은 사형집행관의 이야기를 아주 담담하게 묘사하면서, 등장인물들이 가끔 보여주는 내면의 갈등을 통해 사형제도의 정당성에 의문을 던지지요. 소설보다 흥미로운 건 겐지입니다. 우리 독자들은 머리를 빡빡 깎은 그의 사진을 기억하고 있을 텐데, 풍기는 그대로 기인이지요. 「여름은 흐른다」는 1966년에 문예춘추에서 발간한 문예지 『문학계』의 신인상 수상작인데, 이듬해 아쿠타가와 상까지 차지했지요. 최종 경쟁작에 올랐다는 소식을 듣고 겐지는 수상을 자신한 모양인

---

6 丸山健二(1945~현재). 무역회사 통신 담당 사원이 경력의 전부다. 단편소설 하나로 문예춘추 신인상과 아쿠타가와 상을 휩쓴 뒤, 지금은 나가노 현의 시나노 오오마치의 시골 논 한가운데 집을 짓고 수도승처럼 소설만 쓰고 있다. 오직 원고료 수입만으로 생활하며, 오전엔 소설을 쓰고 오후엔 체력 단련을 한다. 그는 "소설은 몸으로 쓰는 것"이라고 말한다. 술, 담배, 저녁을 완전히 끊었으며, 문단과 중앙 언론과도 일절 접촉하지 않는다. 쉰 살이 되면서 어느 날 문득 거울을 보고 면도날로 머리카락을 밀어버렸다. 그 이유는 오직 소설만 생각하기 위해서라는데, 지금도 면도하듯 매일 머리를 민다. 『천년 동안에』『물의 가족』『달에 울다』 같은 장편 외에 『소설가의 각오』도 읽을 만하다.

지, 발표 전날 수상 소감을 써서 회사의 동료 여직원에게 맡기고 도쿄 근교의 집으로 퇴근했답니다. 지금은 어느 시골에 틀어박혀 수도하듯 소설만 쓰고 있다지요.

사회 자, 이젠 우리의 현실을 말해야 하지 않을까요? 우리는 왜 사형제도를 그대로 가지고 있어야 하나요? 두 분 모두 폐지론자이신데, 우리의 사형제도를 어떻게 없앨 작정이십니까?

천정배 거듭 말씀드리지만 개인적인 생각을 법무부장관이란 직책을 통해 고스란히 드러내기는 힘듭니다. 장관으로서 제가 할 수 있는 일은 아까 말씀드린 대로 제도의 존치 필요성에 대한 근본적 연구와 논의를 시도해 해결하자는 것인데, 그 정도로 법무부의 태도를 약간 유연하게 돌려놓았다고 할 수 있겠습니다. 제가 장관으로서의 소임을 다하고 다시 정치 일선으로 돌아가면 다른 방법을 생각해볼 수 있겠습니다.

차병직 저는 천장관 같은 분이 국회에서 사형 폐지법안을 통과시킬 수 있도록, 밖에서 촉구하고 성원하며 지켜보기로 하겠습니다. 그런데 현재 우리나라엔 집행 대기 중인 사형수가 60여 명 된다지요? 사형 집행은 법무부장관이 결심해야 가능한데, 장관께서 재직하시는 동안엔 집행될 가능성이 없겠군요?

천정배 1997년 말, 그러니까 김대중 대통령이 당선되기 직전에 대대적인 사형 집행이 있었습니다. 그 뒤론 지금까지 8년여 동안 사형은 집행되지 않고 있습니다. 그것도 어떤 의미에선 일종의 질서를 형성하고 있다고 생각됩니다. 이런 질서를 함부로 거스를 수는 없죠. 더군다나 시민사회에서부터 국회 내부에까지 사형제 존폐 논란이 일고 있는데, 이럴 때 사형을 집행하는 일이 있어선 안 될 것입니다.

앰네스티에서는 지구 위의 나라를 세 종류로 나눕니다. 사형을 폐지한 국가, 사형제도를 유지하고 있는 국가 그리고 사실상 사형제도를 폐지한 국가입니다. 10년 이상 사형 집행이 한 건도 없으면 사실상 폐지한 국가로 보는 것이죠. 그렇다면 우리나라도 2년만 집행 없이 넘기면 사실상의 사형제 폐지국이 되는 겁니다.

차병직 산마리노 공화국은 1468년에 마지막 사형 집행을 한 이후 여태껏 한 건도 집행한 일이 없답니다. 산마리노에서 사형제도를 완전히 폐지한 건 1865년이라니, 미국이나 우리는 그 작은 나라보다 더 야만성을 필요로 하며 사는 셈이죠.

천정배 지금 대략적으로 사형 폐지국과 존치국은 비슷합니다. 몇 년 전 통계를 보면 이렇습니다. 사형제를 폐지한 나라는 88개국, 사형제를 유지하고 있는 나라는 87개국. 양쪽 어디에도 포함되지 않는, 아까 말한 사실상 폐지한 나라는 20개국이고요. 더 정확히 말하면, 사형 폐지국은 다시 둘로 나눌 수 있어요. 모든 범죄에서 사형을 폐지한 나라는 75개국이고, 일반 범죄에서만 사형을 폐지한 나라는 13개국입니다.

앞에서도 얘기가 나왔지만, 사형은 형벌의 역사와 함께합니다. 형벌이 시작될 때 사형이 있었으니, 사형은 형벌 중 가장 긴 역사를 지닌 셈이죠. 고대엔 사회적 연대책임감으로부터 해방되는 일이 가

끔 필요했을 테고, 그때마다 순진무구한 제물을 바쳤습니다. 그런데 그 수단이 점점 보잘것없는 인간으로, 급기야 범죄자로 대신하는 데까지 이르렀다고 볼 수도 있지요. 그러니까 고대의 인신공양이 현대에까지 남은 잔재가 사형제도라고 봐도 무방하지 않겠습니까? 거기서 중간에, 그러니까 1774년에 체사레 베카리아[7] 같은 사람이 사형 폐지론을 들고 나오면서 형벌에 인도주의 사상이 깃들기 시작했고, 거기에 리스트의 목적형 사상 등이 가미되면서 사형이 조금씩 사라지게 됐지요. 사회의 발전에 따라 사형도 없어지는 법이니, 우리도 조금은 더 기다려야 할지 모르겠습니다.

차병직 일반 형벌론에서도 그랬습니다만, 저는 사형과 관련해서도 형벌제도나 사상의 진보 같은 것은 그리 신빙성 있게 여기지 않습니다. 제도에만 국한해서 보면 분명 그렇게 보이는 부분도 있습니다. 하지만 지금도 잘 살펴보면 그런 잔혹성과 비인간성으로 점철된 몰문명성은 변형된 형태로 도처에 널려 있습니다.

예를 하나 들어볼게요. 2005년 5월이었습니다. 서울 강남의 고급 레스토랑에 링을 설치하고 이종격투기 '기브미5'란 걸 벌였습니다. 그날 경기에 나선 한 사내는 유도대학을 졸업하고 정육점 종업원으로 일하고 있었는데, 그 월급만으로는 처와 자식을 먹여 살리기가 힘들었습니다. 마침 둘째딸 돌을 맞았는데 조그맣게라도 잔치

---

7 Cesare Beccaria(1738~1794). 이탈리아의 형법학자로, 대표작 『범죄와 형벌(*Dei delitti e delle Pene*)』은 1764년 익명으로 발표했다. 2년 뒤 프랑스어판이 간행되자 계몽사상가들은 그 책을 대표적 인권장전으로 치켜세우며 격찬했다. 그 한 권의 책으로 베카리아는 사형 폐지론에 불을 붙였다.

를 열어주고 싶었겠지요. 그래서 몸뚱어리만 믿고 그 격투기에 나섰는데, 그만 그 자리에서 사망하고 말았습니다. 이건 현대판 인신공양이 아니고 무엇이죠?

세상을 바르고 맑게 만들기 위해 엄정한 형벌 적용으로 기강을 바로잡는 것은 원칙입니다. 그러나 가끔 그 원칙이 여론에 휩쓸려 야만적으로 돌변하는 경우를 느끼지 못하십니까? 특정한 파렴치범들의 경우 신상을 완전히 공개한다든지, 은밀한 비도덕적 행위를 인터넷에 까발린다든지, 사소한 잘못을 행한 공직자를 장기간에 걸쳐 언론을 통해 뭇매를 퍼붓는다든지 하는 일은 우리 주변에서 항상 일어납니다. 그런 일은 때론 필요할지도 모르지만 항상 남용됩니다. 사람들이 군중심리에 편승해 원하기도 하고요. 그렇지만 그런 사회적 폭력과 매장도 따지고 보면 사형의 변용이나 다름없습니다. 우리 눈앞에서, 이 사회에서 완전히 꺼져버리라고 군중이 손가락질하는 것이 사형이 아니고 무어란 말입니까. 우리 사회가 그런 광기에서 조금 벗어날 때쯤 사형제도도 사라지지 않을까 생각해보기도 해요.

천정배 물론 그런 점이 전혀 없는 것은 아닐 테지요. 먼저 얘기가 나왔습니다만, 인혁당 사건 같은 건 정말 치욕적인 역사의 한 장면입니다. 그런 경우가 아니더라도 사형과 관련해서는 안타까운 일들이 한두 가지가 아니지요. 제가 기억하고 있는 것 중에 박흥숙 사건이 있습니다.

사회 예, '무등산 타잔'이라고 불렀지요?

천정배 그렇습니다. 박홍숙의 집은 너무 가난해서 일찌감치 식구들이 제각기 살길을 찾아 흩어졌어요. 가족이 해체돼버린 것이지요. 그래서 박홍숙의 꿈은 가족이 한자리에 모여 살아보는 것이었어요. 그런데 모이려면 방이 있어야지요. 오직 그 일념으로 두 달을 꼬박 굶어가며 산속에 움막을 지었어요. 돌과 흙으로 벽을 쌓고, 지붕은 양철로 덮어 완성했어요. 그리고 정말 식구들이 모여 행복해했지요. 박홍숙은 이미 중학교 입학시험에서 수석 합격을 했는데 등교를 포기한 적이 있었어요. 그래서 5개월 만에 검정고시를 합격하고, 그 움막에선 사법시험 공부를 시작했어요. 그런데 그만 무허가 건물 철거반들이 들이닥쳤던 거예요. 당시 아무런 보상 대책 없이 오로지 도시 미관을 정화한다는 이유로 강제 철거가 시작됐던 겁니다. 굶주린 배를 움켜쥐고 피땀으로 만든 움막을 마구 부수자 박홍숙의 눈이 뒤집혔습니다. 그 자리에서 철거반원 네 명을 살해하고 말았습니다. 그때도 언론은 광분하여 과장 왜곡 보도를 했습니다. 가난을 이유로 사회에 불만을 품은 젊은이가 주도면밀한 계획 아래 공무 수행자를 살해했다고 보도했지요. 개인의 대사회 적대감을 불특정 다수인에 대한 복수로 해소하기 위해 사제총을 준비하고 매일 체력 단련까지 했다고 떠들었어요. 알고 보니 사제총이란 딱총을 말하는 것이었어요. 그리고 끼니를 잇지 못한 젊은이가 무슨 체력 훈련을 했겠어요? 심지어 어떤 신문은 움막에 공부방용 구덩이를 파놓은 것을 철거반원 시신을 매장하기 위한 준비를 했다고 기사를 썼어요.

결국 그 박홍숙도 사형장의 이슬로 사라졌습니다. 그 사건 뒤로 박홍숙의 여동생은 평생 노래하거나 춤추는 일을 하지 않으며 살아가고 있다고 해요.

차병직 그런 사건을 되새기면 저는 낙인 이론을 떠올립니다. 물론 박흥숙의 철거반원 살해 행위에 초점을 맞춰서는 곤란합니다. 그를 그 지경으로, 결국 범죄자로 몰아간 배경과 경위를 보면 낙인 이론이 통찰력을 가진 주장이라는 겁니다. 낙인 이론이란, 범죄는 행위의 속성이 아니고 귀속 또는 낙인의 소산이란 것입니다. 범죄는 범죄라고 낙인을 찍기 때문에 비로소 범죄가 된다는 것인데, 그런 낙인은 제도적이고 법적인 통제기관에서 찍지요. 경찰, 검찰, 법원 같은 곳 말입니다. 범죄는 이 세상 또는 우리 사회의 어느 곳에나 골고루 널려 있음에도 그중 일부만 처벌되는 것은 결국 수사기관과 사법기관이 범죄자를 선택하여 범죄자로 낙인을 찍기 때문이라는 거지요. 형사재판을 두고 보면 이렇게 됩니다. 판사는 범죄라는 딱지를 법률에서 끌어내는 것이 아니라, 범죄와 비범죄 사이의 한계를 그들 자신의 표상에 따라 인위적으로 결정한다는 것이죠. 거기에 다시 법관의 표상이 무엇이냐를 찰스 샌더스 퍼스[8]의 기호학 이론까지 가져와 따지면 안개는 더욱 짙어지고 맙니다. 실정법, 그리고 범죄와 비범죄의 관계가 모호해지지요. 정형적 사고에 익숙

---

8 Charles Sanders Peirce(1839~1914). 어릴 때부터 높은 수준의 지적 능력을 보여주었으나, 정작 하버드 대학에 입학해서는 특별히 주목의 대상이 되지 못했다. 오히려 자주 술에 취해 다녔으며, 학부를 졸업할 땐 90명 중 79등이었다. 하지만 1862년에 수학으로 석사학위를 받고, 그 다음해 화학과에선 최우수 학생이었다. 양손으로 글을 써서, 오른손으로 문제를 내고 왼손으로 해답을 적곤 했다. 이해한다는 것은 곧 측정한다는 것을 의미할 정도로, 모든 현상의 관찰 결과를 수학의 언어로 표현하고자 했다. 아직 논리학의 시대가 열리지도 않았던 19세기 말 무렵 존스홉킨스 대학에서 논리학을 강의했다. 스스로 '논리학을 위한 은둔자'라고 자처한 그는 말년을 가난하고 불우하게 보냈고, 지금도 일부 전문가들에게만 알려진 지난날의 천재다.

한 사람들은 정의를 호도한다고 화를 낼지도 모르겠습니다. 낙인 이론 자체가 규범에 대한 회의주의를 바탕으로 하고 있기 때문에 그런 면이 두드러지는 건 사실입니다만, 사회와 범죄를 이해하는 데 탁월한 면을 가지고 있는 것도 부인할 수 없습니다.

베카리아의 말 중에 이런 게 있습니다. "세상은(인류의 역사는) 잘 못이라는 큰 바다다. 진리(또는 정의)는 그 속에 떠다니는 부유물에 지나지 않는다." 참, 고정희 시인의 시 중에 「박흥숙전」이란 게 있습니다. 바로 박흥숙 사건을 소재로 한 것이지요. 연전에 「무등산 타잔」인가 하는 제목으로 영화화되기도 했지만, 그 시를 한번 읽어 보는 것도 괜찮을 것 같습니다.

사회 여기 찾아왔습니다. '산문일지'라는 부제가 붙어 있군요.

어머니 나는 법관이 될래요
독학으로 무등산 거목이 될 거예요
가난이 무슨 부끄러움인가요
지금은 무등산 무허가 초막에 살지만
기러기떼 날아가는 어느 날엔가
햇빛 쨍쨍한 마당 전나무숲 아래
시름 많은 사람들 오고 가게 할래요
지금은 토담에 거미줄만 정답지만
서까래에 매어둔
어머니의 품삯이 부풀고 있잖아요
용마루에 꽂아둔
흥숙이의 청춘이 아주 푸르잖아요

세월인들 어디 좀먹나요

어머니 나는 법관이 되어

어두운 땅 한 평 가꾸다 갈래요

우리나라 하늘 한 평 비추다 갈래요

물꼬 같은 설움도 길이 되게 할래요

지금은 무등산에 수박을 심고

수박 덩굴처럼 엎드려 살아요

수박 덩굴처럼 단물을 만들어요

날이 저물군요 어머니

우리들 심장에 호롱불을 밝힐까요?

살아온 만큼만 기다리기로 해요

세월이 그냥 지나치기로서니 흙에 심은 뿌리 죽는 법 보았나요

우기에 젖지 않는 나무 보았나요

내일도 무등산은 응달을 주리니

연장을 씻어두어야지요

삽 이리 주세요 어머니

곡괭이 이리 주세요 어머니

두 손에 박힌 괭이도 주세요

내일은 아마 까치가 울 거예요

천정배 사형은 역시 복수로서의 감정이 두드러진 형벌인 것 같습
니다. 범죄 예방에 두드러진 효과가 있다는 게 증명되지 않으면 폐
지해야 마땅합니다. 좀 오래된 통계 중에 이런 게 있군요. 캐나다에
선 1976년에 사형제도를 폐지했습니다. 그런데 인구 10만 명당 살
인 사건 빈도수를 보면, 사형제를 없애기 직전인 1975년에 3.09건

이었어요. 그런데 1980년엔 2.41건, 1993년엔 2.19건으로, 사형제도 폐지 이후에 오히려 살인 사건이 줄어들었어요.

몇몇 구체적 사건에서 보면, 결국 사형을 집행하고 난 뒤의 감정이란 어떤 것인가요? 인혁당 사건이나 박흥숙 사건을 보면 이렇습니다. 사형이란 결국 추상적인 국가나 사회만 승리자가 되고, 나머지는 모두 패배자가 되는 게임이라고요.

차병직 미시시피 주의 파치먼(Parchman)이란 데를 가면 거대한 들판에 도시처럼 주립 교도소가 자리하고 있습니다. 거기에서 존 그리샴의 소설 『가스실』을 영화로 찍기도 했지요. 그 교도소의 중범죄자 수용동을 견학한 적이 있었는데, 분위기가 너무 살벌하여 정신이 번쩍 들 정도였습니다. 또 한번은 앙코르와트로 유명한 캄보디아의 시엠립 교도소에 들어가보았어요. 그런데 교도소 내의 정경이 그렇게 평화로울 수가 없었습니다. 캄보디아엔 사형제도가 없거든요.

저는 거듭 말씀드리지만, 사형은 상징적으로 폐지될 이유가 있다고 주장합니다. 조지 오웰이 버마에서 경찰관으로 근무한 경험을 글로 많이 썼는데, 그중에 「교수형」이란 수필이 있어요. 형장으로 끌려가는 사형수가 길바닥에 물이 고인 것을 피해 가는 장면이 나옵니다. 그리고 오웰은 이렇게 쓰지요. "한 정신이 줄어들면 그만큼 한 세상이 좁아진다."

제도를 고칠 것인가,
세상을 고칠 것인가

사법개혁

사회 2006년 4월 28일 현대자동차 정몽구 회장이 배임 혐의로 구속됐습니다. 주변에서는 많은 사람들이 삼성과 비교하여 차별적이라고 생각하는 것 같았습니다. 정회장의 구속 자체는 옳다고 생각하면서도, 삼성의 경우엔 힘과 방어 능력이 더 나아 회장이 구속되지 않았다는 거죠. 삼성과 관련한 소위 '엑스파일 사건'[1]은 그 자체가 이미 소멸되다시피 하지 않았나요? 언론에서도 더 이상 보도하지 않고요. 그것도 삼성이 모든 언론에게 제일의 광고주이기 때문이라고 합니다만. 정회장의 구속에 대해 어떻게 생각하십니까?

차병직 저는 불구속 수사 원칙에서 볼 때 반드시 구속해야 했나 의심스러웠습니다. 언론도 대체로 그런 관점에서 보도를 하였습니다. 그런데 언론이 정회장의 구속을 다른 대기업의 경우와 비교하지 않고 강정구 교수[2]와 비교한 것은 좀 엉뚱했습니다. 우리 검찰의 경우 아직 불구속 수사 원칙, 임의 수사 원칙 또는 영장 청구의 기준과 관련하여 일관된 태도를 보여주지 못하고 있다고 생각합니다.

---

1 삼성그룹의 최고급 임원들이 불법정치자금의 배분에 관해 논의하는 내용이 담긴 도청테이프가 언론에 드러난 사건이다. 테이프에 녹음된 내용은 공소시효가 지난 오래전의 것이나, 2006년 초 언론에 공개됐다. 녹음테이프를 최초로 입수한 문화방송의 이상호 기자는 통신비밀보호법으로 기소돼 1심에서는 무죄를 선고받았으나, 항소심에서는 유죄가 인정됐다.
2 동국대 교수로, '6·25전쟁은 북한이 시도한 통일전쟁'이란 요지의 기고문을 발표해, 찬양고무죄와 이적표현물소지죄로 2005년 12월 불구속 기소되었다.

검찰이 불구속 수사 원칙을 지킬 의사가 있다면, 정회장의 혐의가 명백하다 하더라도 굳이 구속영장을 청구할 필요가 있었나 싶습니다. 아무리 구속 여부를 법원이 판단한다 하더라도 말이지요. 아마도 그 정도 사건 같으면 검찰이 특별히 기획한 수사 결과이기 때문에 그룹 회장의 구속으로 수사력을 과시하려는 욕심이 있었을 것입니다.

천정배 그것은 민감한 문제입니다. 구속에 관한 원칙만 얘기한다면 분명합니다. 모든 피의자나 피고인은 무죄 추정을 받고, 재판 과정에서 방어권을 충분하게 보장받아야 하기 때문에 불구속 수사의 원칙이 지켜져야 합니다. 다만 법이 불가피한 경우 구속하라고 요건을 정해놓고 있으므로, 엄격히 심사하여 요건에 해당하면 구속해야 합니다. 요건 중에서도 증거 인멸과 도주 우려가 근본적인 부분 아니겠습니까? 그런 점에서 정회장 구속 문제는 검찰이 적절하게 판단했다고 봅니다.

구속과 처벌은 분리해야 하는 것이 원칙이긴 하지만, 중형의 선고가 예상되는 사건일수록 증거를 인멸하고 도주할 우려가 높다고 봐야 하는 것 아닙니까? 그렇기 때문에 정몽구 회장 사건은 강정구 교수 사건과 전혀 성질이 다르다고 봅니다. 강교수의 경우엔 증거 인멸이나 도주 우려가 별로 없다고 본 것이지요. 또 국가보안법 제7조의 단순찬양고무죄는 법정형이 7년 이하의 징역입니다. 법원의 관례로 봐도 실형이 선고될 가능성은 거의 없는 것이죠. 그러니 명백히 구속해서는 안 될 사안이라고 판단했습니다. 그 밖에 공범이 있느냐 여부도 구속 판단에서 중요합니다. 말을 맞춘다든가 하는 방법으로 증거를 인멸할 수 있으니까요.

삼성과 현대도 단순하게 비교해선 곤란합니다. 검찰의 수사 능력이나 의지는 별론으로 하고, 무엇보다 삼성과 관련한 사건에선 혐의를 입증하지 못한 것입니다. 그렇기 때문에 회장 등을 구속하지 못한 것이지, 다른 특별한 이유가 있는 건 아닙니다.

차병직　구속 기준과 관련해선 항상 말썽이 많을 수밖에 없는 것 같습니다. 장관 말씀대로 검찰이 아주 합리적인 판단을 통해 구속 영장 청구를 한다 하더라도, 한두 가지 점에서 비판의 여지는 있다고 봅니다. 무엇보다 검찰은 구속영장 청구권 행사를 수사 편의적으로 생각할 뿐만 아니라, 피의자에 대한 사전 형벌로 여기는 경향이 뚜렷합니다. 범죄 혐의자가 아무리 부인하더라도, 일단 구속하고 나면 쉽게 자백을 받아낼 수 있다고 믿는 것 같습니다. 검찰총장 부인의 옷 로비 사건을 맡았던 특별검사팀에서도 그런 말이 나온 적이 있을 정도였습니다. 당시 의상실 사장 정일순 씨에 대한 구속영장이 기각되자, "일단 구속만 됐더라면 술술 자백했을 텐데"라고 하더군요. 특별검사팀 일원 중의 한 사람이 한 말입니다. 인권적인 측면에서 보면 심각한 태도지요. 인신의 구속을 간접적 고문 도구로 사용하는 것이나 다름없으니까요. 또 하나는, 검사는 구속 권한을 자기에게 속한 하나의 특별한 권력으로 인식하고 있습니다. 사실 불구속 수사의 원칙이란 궁극적으로 법원에서 영장 재판을 하는 판사만 잘 알아서 하면 지켜질 수밖에 없는 것이지요. 그런데 현실은 반드시 그렇지 않습니다. 영장 기각률이 조금만 높아져도 검사들이 집단적으로 반발하는 움직임을 보이지 않습니까.

© 김중만

'무전유죄 유전무죄' 가 아닌 형평성으로

천정배 불구속 수사 원칙은 소중한 원칙입니다. 하지만 구속해야 할 때는 구속해야 옳은 것이죠. 그런 점에서 검찰의 판단과 행동은 맞았다고 생각합니다. 한 가지 걸리는 문제는 있습니다. 한나라당 장윤석 의원이 형사소송법 개정안을 발의했는데, 구속 기준을 고치자는 내용이 들어 있습니다. 법정형이 장기 10년 이상에 해당하는 사안을 구속 요건으로 넣자는 것입니다. 전 그런 안에 대해서는 비판적입니다. 그렇게 하면 정몽구 회장도 당연히 구속하는 게 맞죠. 하지만 법정형의 일정 기준에 해당하면 무조건 구속하는 법에는 반대합니다. 그런 경우에는 뒤집어 말하면 보석 허가를 해줘서도 안 된다는 결론에 도달합니다. 그런데 특정경제범죄가중처벌에 관한 법률의 배임죄에 해당하는 정회장의 경우는 필요적 보석의 예외적 상황에 부합한다고 봅니다.

사회 필요적 보석의 예외적 상황이 무슨 말인가요?

천정배 형사소송법 제95조에서는 구속된 피고인에 대한 보석 청구가 있는 경우 여섯 가지 예외 사유에 해당되지 않으면 반드시 보석을 허가하여 석방하도록 규정하고 있습니다. 따라서 필요적 보석의 예외 사유란 보석을 허가하지 않아도 되는 조건을 말하는 것이지요. 하지만 필요적 보석의 예외 사유가 존재하더라도 법관이 임의로 보석을 허가할 수는 있습니다. 그것을 임의 보석이라 합니다.[3]

사회 구속 기준도 그렇지만, 법원에서는 양형 기준에 관한 논의도 많은 것 같습니다. 판사들의 양형 편차가 그렇게 큰가요?

차병직 간단히 말하면 '무전유죄 유전무죄' 같은 걸 막아보자는 의미지요.

천정배 바로 그것입니다. 법이 지향해야 할 핵심 가치의 하나가 형평이지요. 그런데 동일한 사안에 대해 다른 선고 결과가 나온다면 그건 법 자체를 부정하는 꼴이 됩니다. 법의 자기 부인인 셈이죠. 그 원인은 법 집행자들의 여러 편견이 작용하기 때문일 수 있습니다. 하지만 중요한 요소 중의 하나는 '무전유죄'로 표현되듯, 금력이나 다른 사회적 힘에 따라 법의 형평성이 깨지는 경웁니다. 그 자체로 정의롭지 못하지요.

법무부장관으로서 또 하나 심각하게 생각하는 것은 화이트칼라 범죄에 대한 엄격한 대처 방안입니다. 화이트칼라 범죄를 정확히 정의하는 것도 쉽지는 않습니다만, 속된 말로 표현하면 '범털'이라고 할 수 있겠습니다. 사회적 신분이 높거나 힘을 가진 자의 범죄를 말하지요. 공직자의 수뢰 등 대형 경제 범죄는 대체로 화이트칼라들이 범하지 않습니까? 양형 기준이 없으니까 결국 화이트칼라 범죄에 대한 처벌이 미약해집니다. 그래서 저는 그 점과 관련하여 화이트칼라 범죄가 지니는 독특한 점을 말하고 싶습니다. 두 가지를 지적할 수 있는데요, 하나는 화이트칼라 범죄는 다른 범죄보다 국

---

3 현대자동차 정몽구 회장은 법원에 의해 보석보증금 2억 원의 납부를 조건으로 석방됐다.

가 전체의 경쟁력을 약화시키고 국민 전체에 대해 부정적 영향을 미친다는 것입니다. 화이트칼라 범죄가 국가 기능이나 시장 경제 질서의 근간을 흔들기 때문입니다. 또 다른 하나는 형벌의 위하적 효과와 관련한 것입니다. 화이트칼라 범죄일수록 강력하게 처벌하면 다른 범죄에 비해 일반적 예방 효과가 있습니다. 그런 부류의 사람들은 감옥 들어가기를 더 꺼려하기 때문이지요. 형벌의 효과가 분명히 있다는 말이죠. 그런 점에서, 화이트칼라 범죄 같은 경우에 엄격한 양형 가이드라인이 필요하다고 생각합니다.

차병직 형사 법정의 양형 기준이 사법개혁 과제 중의 하나로 대두된 이유도 그런 데 있겠습니다. 합리적인 양형 기준이 마련되고, 그 기준이 엄격하게 적용되는 것이 바람직하다고 생각합니다. 그런데 모든 핵심의 하나는 법관에게 허용된 양형의 범위가 너무 넓기 때문이라고 생각합니다. 그런 여러 가지 문제에도 불구하고 강제적 양형 기준을 금방 마련하지 못하는 데에도 까닭은 있지요. 사실 양형이란 것은 법관의 인간적 가치관이 함께 발현되는 행위이기도 합니다. 그 결과에 대해 어떤 사람들은 절망하기도 하고, 또 어떤 사람들은 환호하기도 하는 것이죠. 법의 인간적 매력이 그런 데 있기도 합니다. 하지만 한편으로 피고인에 대한 형의 선고에 반드시 판사 개인의 가치관이 실리는 것이 바람직하느냐는 점에도 근원적 문제는 도사리고 있습니다. 제 개인의 생각으론, 형사 법정에서 선고하는 판사가 범죄자에게 계몽적 훈계를 하는 것은 타당하지 않아 보입니다. 물론 효과도 의심스럽고요.[4]

만약 법원이 국민적 신뢰를 얻고 있다면, 가능한 한 법관에게 양형의 재량을 부여하는 것이 좋을 것입니다. 그렇지 못하다면 법관에게 폭넓은 재량을 부여하는 것은 국민적 기대를 저버리는 결과가 됩니다. 우리나라 법관은 세계적으로도 우수하고 신뢰할 만한 자질을 갖춘 것으로 평가됩니다만, 근년의 시대적 분위기가 법원에 대한 불신이 고조되는 형국이었기 때문에 법관의 재량을 좁힐 수밖에 없지 않나 싶습니다. 그러나 양형을 엄격한 기준에 따라 완전히 기계적으로 행할 경우에는 또 다른 문제를 야기할 것입니다.

천정배 그런 면이 분명히 있습니다. 사실 양형과 관련한 중요한 점 중 하나는 형벌의 예측 가능성 또는 투명성입니다. 비록 내가 범죄를 저지르긴 했지만, 그것 때문에 어느 정도의 형벌을 받을지 알 수 있어야 합니다. 그런데 우리 형사법을 보면 법정형으로 정해진 범위가 매우 넓습니다. 예를 들면 '5년 이상의 징역 또는 사형' 이런 식이지요. 법정형의 범위 폭이 너무 넓다는 것은 선고형의 예측이 불가능하단 것을 의미합니다. 아무리 죄를 지은 사람이라 하더라도 형벌에 대한 예측 가능성을 가질 수 있어야 하고, 범죄를 저지르지 않은 사람도 범죄를 저지를 경우 어느 정도 처벌을 받을지 알 수 있어야 합니다. 그럼으로써 스스로 범죄를 자제하게도 되는 것이죠.

양형 기준을 어떻게 잘 설계할 것이냐는 두번째로 중요한 점입니다. 말하자면 법관의 재량권을 지나치게 제한하면 안 된다는 것입니다. 어떤 식으로 양형 기준을 마련하더라도, 결국은 그 기준 내에

---

4 형사소송규칙 제147조는 "재판장은 판결을 선고함에 있어서—물론 이 구절도 '판결을 선고할 때'로 고쳐야 한다—피고인에게 적절한 훈계를 할 수 있다"고 규정한다.

서 일정한 재량의 폭은 존재할 수밖에 없습니다. 그리고 그것은 강제적 기준이 아니라 권고적 성격의 기준입니다. 권고적이란 점 때문에 실효성이 없어 보일 수도 있지만, 기준의 범위를 넘어서서 선고형을 결정할 때에는 분명한 이유를 붙이도록 하면 되겠습니다. 그것이 지금 구상되고 있는 양형 기준의 초안이지요. 그대로 진행된다면 대법원에 설치하는 위원회에서 상당한 논의를 거쳐 2년 동안 만들게 돼 있습니다. 결코 법관의 합리적 재량권을 제한하려는 게 아닙니다.

차병직 화이트칼라 범죄와 법정형 등에 관해 말씀하셨는데, 몇 년 전 양형에 관한 법관 세미나 기록에서 재미있는 대목을 발견했습니다. 공무원들의 뇌물 범죄에서 그 금액이 많은 경우 오히려 선고하는 형량은 적어진다는 것입니다. 거의 10년 전 자료이긴 하지만 양형 자료 분석에 따르면 500만 원에서 1000만 원 사이의 뇌물을 받은 피고인들에 대해선 단독 판사들이 실형을 많이 선고하는데, 2000만 원 이상의 뇌물을 받은 피고인들에 대해선 대체로 집행유예를 선고하는 경향이 있다는 겁니다. 뇌물 금액이 고액이면 법정형이 너무 높아 실형을 선고하지 못하고 집행유예로 석방하고 만다는 것이죠. 분명히 문제가 있는 부분이지요.

천정배 우리 법원의 양형, 특히 화이트칼라 범죄에 대한 양형이 낮다는 것은 오래전부터 지적돼왔습니다. 그런 경향 때문에 정부의 사정 의지에 찬물을 끼얹고 만다는 언론의 보도도 많았지요.

사회 사법제도 개혁 위원회에 이어 사법제도 개혁추진 위원회가 가동되어 개혁 법률안을 내놓았습니다. 사법개혁의 주된 방향이랄까, 큰 줄기가 무엇인지 말씀해주시겠습니까?

천정배 단적으로 표현하면, 공판중심주의로 나아가고 있다고 하겠습니다. 공판중심주의란 쉽게 말하면 법정에서, 그리고 판사의 면전에서 직접적인 방법으로 심리하는 것을 원칙으로 한다는 것입니다. 다르게 말하면 형사재판에서 검사가 조사한 조서 등의 기록을 중심으로 하는 게 아니란 것이죠. 따라서 공판중심주의의 재판은 변호인들이 서면에 의존하지 않고 구두변론을 주로 하게 되고, 증거 조사도 가급적 증인들이 법정에 나와 증언하는 방식으로 이루어집니다. 그 모두가 형사재판에서 피고인의 방어권을 보장하여, 피의자나 피고인을 심리의 객체 정도로 보는 게 아니라, 검사와 대등한 당사자로 인정해주려는 노력의 하나입니다. 그런데 그런 제도 개혁은 점차적으로 진행돼야 합니다. 하루아침에 전면적으로 바꾸면 형사 사법체계 자체가 흔들릴 수 있습니다. 새로운 제도가 아무리 실체적 진실의 발견에 효과적이고, 또 인권을 철저하게 보장할 수 있다 하더라도, 목표를 향해서 점진적으로 접근해나가는 게 좋다고 생각합니다.

차병직 형사 사법 절차 전반에서 가장 중요한 부분을 말씀하신 것 같습니다. 형사 절차에서는 재판의 구조 역시 검사의 수사 구조와 밀접한 관련을 맺고 있습니다. 따라서 수사와 재판을 전혀 별개로 취급할 수 없고, 형사재판의 개혁은 수사의 개혁에서 시작하지 않을 수 없는 것이지요. 그런데 그런 점에서 보면 제도 개혁에 검찰은 지금까지 너무 소극적인 태도로 일관해왔습니다. 소극적일 뿐만

© 김중만

아니라 너무 방어적이었지요. 검찰이 그런 태도를 유지하는 것은 형사소송 구조의 개혁 바람에 기득권을 일부 잃지 않을까 하는 우려 때문입니다. 예를 들면, 검사는 피의자를 구속하는 권한을 고유의 권한이자 특권으로 유지하고 싶어합니다. 그래서 피의자에 대한 사전 신문, 즉 영장 실질 심사 제도를 도입할 때에도 구속의 실질적 권한이 검사에게 있느냐 판사에게 있느냐가 쟁점이 되기도 했지요. 또 언젠가는 노동 사건에서 검찰이 노조원들에 대한 사전 구속영장을 발부받아놓고는 집행하지 않은 적이 있었습니다. 정책적 판단 때문에 영장을 받아놓고도 구속하지 않은 것이죠. 그때도 구속영장의 법적 성질이 무엇이냐를 두고 말이 많았습니다. 교과서에 나와 있는 대로 구속영장이 법관의 명령이냐(명령장설) 아니면 단순히 구속해도 좋다는 허가에 불과한 것이냐(허가장설) 하는 실익 없는 논쟁 말입니다.

어쨌든 이런 점과 관련하여 장관께 여쭈어보고 싶은 게 있습니다. 형사재판 제도를 획기적으로 개혁하려면, 수사 절차뿐만 아니라 재판 과정 전반에 걸쳐 검사의 역할이 달라져야 한다는 주장이 제기되고 있습니다. 그런 움직임에 대해 검찰은 단순한 속도 조절의 문제를 넘어서서 검찰의 위상과 직결되는 문제로 받아들입니다. 즉 검찰의 위상이 급격히 격하될 우려가 있다는 것이지요. 쉽게 말하면, 형사재판이 거의 완전한 공판중심주의로 가고, 경찰과 검찰의 수사권도 어느 정도 조정이 되고, 불구속 수사나 불구속 재판이 일반화되고, 참심제[5]든 배심제든 시민의 재판 참여가 이루어지면 어떻게 되겠습니까? 종전까지는 검찰과 법원은 어깨를 나란히 하는 대등한 입장이란 것이 우리 법조인들이나 일반인들의 확고부동한 인식이었습니다. 그런데 그런 검찰의 위상이, 뭐랄까 우리가 피상적으로 표현하여 미국처럼, 법원과 경찰의 중간 정도로 격하된다는 것이지요. 그래서 검찰이 사법제도 개혁에 미온적이라는 지적이 있습니다. 만약 새로운 형사 사법 절차의 개혁이 필요하다면 검찰의 현실적 위상이 격하되어도 괜찮다고 생각하십니까? 아니면 검찰의 지위는 현재와 동일하게 유지되어야 하는 것도 중요한 조건의 하나라고 생각하십니까?

천정배 그것은 원칙적으로 너무나 당연한 문제입니다. 검찰은 국민에 대한 봉사자입니다. 국민을 위해서 필요하다면 현재 가지고 있는 어떠한 권한도 내놓아야 하는 것이지요. 제가 법무부에 와서 느낄 수 있었던 것 중의 하나는 이런 것입니다. 밖에서 볼 때는 몰랐는데, 검사들이 매우 유능하고 책임감이 투철하다는 것입니다. 저는 내일 국회 대정부 질문을 앞두고 있습니다. 이런저런 질문에 많이 시달리게 될 텐데, 지금 태연하게 아무런 준비를 하지 않고 있습니다. 아마 검사들이 일요일인 오늘 밤 늦게까지 예상 질문에 대한 답변 자료를 정리할 것입니다. 저는 내일 아침 일찍 출근하여 그걸 한번 읽어만 보면 잘 대처할 수 있습니다. (웃음) 그 정도로 검사들은 능력이 있습니다. 그런데 그런 검사들의 유능함은 오직 국민을 편하게 하는 데 사용될 수 있을 뿐입니다. 그렇다면, 진정으로 국민을 위하는 길이라면 검사의 권한이든 능력이든 내놓을 필요가 있으면 내놓아야 하는 게 맞지요.

---

5 국민 가운데에서 선출된 사람이 법관과 함께 합의체를 구성하는 제도. 독일에서 발달한 것으로, 배심원이 법관과는 별도로 판정을 하는 영미의 배심제와 구별된다.

하지만 수사 과정에서 적법 절차의 문제를 지나치게 제기하면 수사를 열심히 하는 사람에게는 분명 한계로 작용합니다. 현실적인 여론의 압력도 많습니다. 저는 이러한 점이 늘 재미있다고 생각합니다. 수사는 사건이 발생하고 난 뒤에 달려들어 그것을 재구성하면서 진실을 알아내고자 하는 작업입니다. 그러나 그러한 인간의 추구는 본질적으로 한계를 지니고 있지요. 그래서 검찰의 수사도 바위 같은 한계를 앞에 두고 행하는 것에 불과합니다. 법률가들은 그 사실을 익숙하게 알고 있지요. 예를 들어봅시다. 공직자의 수뢰 사건에서 요즘 무죄가 많이 선고됩니다. 검사는 성실하고 집요하게 기소를 하는데, 뇌물 수수의 입증은 쉽지 않습니다. 검사는 언제 어디서 돈이 오갔다고 확신하는데, 뇌물 수수자의 어느 한쪽이라도 알리바이를 만들어버리면 흐름이 끊깁니다. 그런가 하면 준 사람은 분명 줬다고 하고, 상대방은 받지 않았다고 강변합니다. 여기에는 여러 가지 문제가 많이 있습니다. 이론상으론 형사사건에서 범죄 혐의를 인정하려면 진실에 대한 고도의 개연성을 가질 수 있어야 합니다. 하지만 그 정도의 진실을 경찰이나 검찰이 밝혀내기가 무척 어렵습니다. 그렇게 보면, 우리 사회에서 실제로 발생하고 있는 범죄 중 과연 얼마나 수사의 대상이 되는지 궁금합니다. 살아가면서 범죄를 저지르지 않는 사람이 얼마나 되겠습니까? 사소한 위반 행위까지 포함하면 그야말로 부지기수지요. 사건마다 이해관계자들이 얽혀 있고, 저마다의 진실을 주장합니다. 그 가운데서 검찰은 사회적 압력을 받습니다. 진실을 규명하라는 요구를 받지요. 그 요구가 심화되면 나중에는 범죄를 만들어내려고 하는 심리적 압박까지 받게 되는 것입니다. 그러다보면 부지불식간에 검사가 자신의 본분을 조금씩 잊어가는 경우도 있습니다.

자, 다시 처음으로 돌아가봅시다. 검찰은 무엇을 하는 곳입니까? 범죄를 발견하여 처벌하는 곳입니다. 그리고 수사는 적법하면서도 신사적으로 해야 옳습니다. 그 원칙을 지켜갈 수 있게 하되, 검찰의 현실도 어느 정도는 인정해야 합니다.

'객관적 진실은 존재하는가'

차병직 말씀하시다보니 아주 중요한 부분까지 한꺼번에 가버린 듯합니다. 그중에서 핵심적인 부분은 실체적 진실의 발견이군요. 실체적 진실은 민사재판에서보다 형사재판에서 이념으로 받들고 있는 구호입니다. 모든 형사소송법 교과서의 맨 앞에 보면, 형사소송법의 이념이 "실체적 진실의 발견"이라고 쓰여 있습니다. 따지고 보면 대단한 선언입니다. 실체적 진실이야 신을 제외하고는 직접 경험한 당사자만 알고 있는 것으로 생각합니다. 그것이 우리 보통 인간들의 합리적 사고의 결과입니다. 박완서 소설의 제목처럼 「지 알고 내 알고 하늘이 알건만」인 것이지요. 그래서 실체적 진실의 발견이란, 하나의 사건이 발생하면 거기에는 반드시 객관적 진실이 존재한다는 전제 아래서 그 진실을 어떻게 찾아가 발견하느냐 하는 문제입니다. 하나의 사건에는 반드시 거기에 대응하는 하나 이상의 진실이 존재한다는 것이 법률가들의 믿음이지요. 진실이 존재한다고 전제하면야, 그것을 찾아내는 방법만 강구하면 되니까 어쩌면 한결 쉬울 수도 있습니다. 하지만 그런 법학의 영역 또는 규범의 세계에서 한 걸음 벗어나면 아주 복잡해집니다. 객관적 진실은 과연 존재하는가라는 근본적 물음이 기다리고 있기 때문입니다. 그것은

직접 경험한 당사자도 진실을 제대로 알 수 없다는 인식론적 논의까지 다 포함하는 문제입니다. 예를 들면, 아쿠타가와 류노스케[6]의 단편 「덤불 속」이 있군요. 하나의 사건을 두고 진술하는 사람마다 진실이 다른 것이죠. 이런 일이 있었습니다. 박시환 대법관이 지방법원 부장판사 시절에 "판사를 오래 하다보니 갈수록 재판이 더 어려워진다. 도무지 알 수가 없다. 아무래도 판사로서 자질이 부족한 게 아닌가 싶다"고 하더군요. 그러자 당시 서울법대 학장으로 있던 안경환 교수가 "당신은 이제야 진짜 판사가 된 모양이다"라며 반색하더군요. 진실을 밝혀 재판한다는 것은 어렵거나 불가능한 것이 정상이라는 의미였습니다.

따라서 재판을 좀 다른 시각으로 보고 이해할 필요가 있겠습니다. 실체적 진실이 분명 존재하는데 왜 우리는 쉽게 발견하지 못할까라며 집착할 것이 아니라, 실체적 진실이나 그 발견을 존중하되 절차적 과정에 좀더 힘을 쏟고 의사소통을 통해 서로 이해하고 설득해나가야 할 필요가 있습니다. 그래서 결국에 가서는 실체적 진실이란 것과 다소 어긋날지라도, 형사재판에 참여하는 사람들이 어느 정도 합의에 도달하는 지점을 결론으로 받아들이는 데 만족하면 될 것 같습니다. 그렇다고 너무 형식적이고 절차적인 데 그쳐서는

---

6 芥川龍之芥(1892~1927). 도쿄 대학에서 영문학을 전공하며 소설을 쓰기 시작했다. 대문호 나쓰메 소세키 집에서 열리던 '목요회'에 나갔고, 스물네 살 때 단편 「코」를 발표해 나쓰메로부터 격찬을 받았다. 해군학교 교사를 거쳐 마이니치 신문사에 입사했는데, 근무 의무 없이 소설을 쓰는 조건이었다. 어머니의 발광 때문에 항상 정신병의 유전에 대한 두려움을 안고 지내던 그는, 서른다섯 되던 해에 수면제를 치사량 이상 털어넣고 영원히 사라졌다. 문예춘추사 사장으로 있던 기쿠치 칸이 친구를 기념하여 아쿠타가와 상을 제정했다.

곤란하겠습니다.

장관께서 말씀하신 또 하나는 '범인필벌주의'에 너무 집착해도 안 된다는 것으로 이해합니다. 그런 점들이 완화된다면 우리의 인권 실상도 상당히 다른 모습으로 펼쳐지지 않을까 생각합니다.

사회 비디오테이프를 하나 빌려보는 것도 좋겠습니다. 일본 영화 「라쇼몽」을 보면, 사건은 하나인데 진실은 다양하다는 이야기가 아주 흥미롭게 펼쳐지지 않습니까?

천정배 구로사와 아키라 감독의 영화 「라쇼몽」은 실제로는 류노스케의 단편 「덤불 속」과 「라쇼몽」을 합쳐서 만든 것이지요. 「라쇼몽」이 '선악의 판단 기준은 무엇인가?' 라는 물음을 제기하고 있다면, 「덤불 속」은 '객관적 진실은 존재하는가?' 라는 의문을 던지고 있습니다. 영화는 「라쇼몽」의 틀을 빌리고, 그 내용은 모조리 「덤불 속」으로 채웠습니다. 베니스 영화제에서 황금사자상을 받았고, 미국 아카데미 영화제에선 외국어 영화상을 거머줬던 영화죠.

차병직 기발하면서도 본질적 문제를 도발하는 문학 작품들은 많습니다. 법이 지켜보는 앞에서 범죄를 저지르고 그 범죄를 증명할 수 없게 만든다는 메시지를 읽게 하는 것은 프리드리히 뒤렌마트[7]의 『재판하는 사람 집행하는 사람』입니다. 『사고』라는 소설에선 논리적이라고 무슨 일이든 다 할 수 있는 건 아니라고 일침을 놓습니다. 역설은 계속됩니다. 진실의 품 안에서는 진실을 증명할 수 없다고 합니다. 진실은 법이 이를 수 없는 단계에서 일어나기 때문이란 거죠. 뒤렌마트의 장편 『법』도 읽을 만합니다. 잘 알려지진 않았지만 폴란드의 젊은 소설가로 올가 토카르축이란 사람이 있습니다. 여성입니다. 「눈을 뜨시오, 당신은 이미 죽었습니다」란 흥미로운 제목의 소설에 이런 구절이 등장합니다. "논리라는 게 사건을 규명하는 게 아니라 오히려 복잡하게 만든다면? 의문을 밝히는 게 아니라 오히려 더 미궁 속에 빠뜨린다면? 이성적인 사건의 경우 오직 비이성적인 방법에 의해서만 설명이 가능하다면?"

말장난 같아 보이기도 하지만, 이런 언어들 속에는 통찰이 깃들어 있습니다. 하지만 그런 철학적 물음에만 매달리다간 현실의 재판을 망칠 수도 있죠. 따라서 2005년에 노벨문학상을 받은 해럴드 핀터[8]의 수상 기념 연설의 첫 부분 정도로 일단락해야 할 것 같습니다. "1958년에 나는 이런 글을 쓴 적이 있다. '실재와 실재하지 않는 것, 진실과 거짓은 명확한 구분이 없다. 진실인 동시에 거짓일 수도 있다.' 나는 이 주장이 아직도 맞는 이야기이고, 예술을 통해 실재를 탐험하는 데 적합하다고 생각한다. 그래서 작가로서는 이를 지지한다. 그러나 시민으로서는 지지할 수 없다. 시민으로서의 나

---

7 Friedrich Dürrenmatt(1921~1990). 여러 차례 노벨문학상 후보로 거론된 스위스의 국민 작가다. 진실과 도덕, 죄와 정의의 문제가 그의 문학 저변에 흐르는 중심 테마라 할 수 있다. 독일의 문학평론가 마르셀 라이히-라니츠키는 이렇게 말했다. "뒤렌마트는 우리를 단죄하려는 재판관이 아니라, 우리의 마음을 가만 놓아두지 않는 양심이다."

8 Harold Pinter(1930~현재). 런던에서 유대인 양재사의 아들로 태어나 2차 세계대전의 공습과 피란의 체험을 안고 살아왔다. 연극배우로 출발하여 로미오와 맥베스를 연기했고, 1950년 첫 시집을 냈으며, 극작가로 데뷔한 것은 1957년이었다. 영국 연극계에서 대표적 작가로 입지를 굳힌 뒤 1973년부터는 인권 투사로도 명성을 날렸다. 2005년 12월 7일 스톡홀름에서 행한 노벨문학상 수상 기념 연설의 내용은 아주 반미적이다.

는 무엇이 옳고 그른지 질문해야 한다." 기막히지 않습니까?

천정배 옳은 말입니다. 법은 어차피 현실을 무대로 하고 있고, 법정은 그 현실 중에서도 가장 통속적이고 현상적인 한 장면입니다. 우리는 규범의 세계 속에서 옳고 그름을 따지는 일을 포기해선 안 되겠지만, 근본적으로 한계 내에서 도모하는 작업이란 점을 잊어서도 안 되겠습니다.

누가 판결로
역사를 살해했나

사법부의 과거사 청산

사회 참여정부 들어와서 가장 기억나는 일 중의 하나가 과거 청산입니다. 그리고 이용훈 대법원장도 취임사에서 이례적으로 사법부의 과거 청산을 말했습니다. 어떤 분야의 청산이든 과거 청산은 법률 문제와 떼놓을 수 없기도 합니다. 과거 청산에 관해 말씀해주시죠.

천정배 과거를 잘 정리하고 가는 일은 현재 우리 사회에서 가장 핵심적인 과제라고 생각합니다. 이제 민주화를 이룬 마당에 잘못된 과거의 역사를 제대로 정리해야만 미래가 있다고 보는 것입니다. 잘못된 과거사란 반민주적인 사건이나 반인권적인 사건이 될 것입니다. 저는 우리의 앞날을 생각한다면 범사회적인 과거 청산은 절대 양보할 수 없는 주제라고 믿습니다.

그런데 과거 청산 작업을 해야 한다는 것은 분명한데, 누가 주체가 돼서 어떤 방식으로 행할 것이냐는 심각히 생각해볼 필요가 있어요. 한쪽에서는 정부가 나서서 해야 한다고 주장하는데, 다른 쪽에서는 정권이 나서서 역사를 새로 쓰려고 하느냐며 비판합니다. 정부의 과거 청산 의지를 적극적으로 옹호하는 의견들 중에는 정부가 직접 과거의 잘못된 역사를 바로잡아 새로 쓰겠다는데 뭐가 문제냐며 항변합니다. 하지만 국가나 정부가 직접 나서서 과거사를 새로 쓰거나 공식화하는 것은 적절하지 않다는 생각이 들어요. 그런 데에는 바로 국가주의적이고 전체주의적인 발상이 섞여 있기 때문에 조심해야 한다고 봅니다. 잘못 쓰인 역사가 있다면 재조명해서 새롭게 쓰는 일은 민간의 영역이 맡아야 옳을 것입니다. 학술 부문의 과제라고 봅니다. 국가나 정부는 그 일을 도와줄 수는 있는 것이죠. 예컨대 연구를 위한 보조금을 지급하거나, 정부가 보관하고 있는 여러 자료를 효율적으로 제공하는 것 등입니다. 그럼에도 불구하고 지원의 정도를 넘어서 국가 기구가 역사를 새로 쓴다고 한다면 문제라고 생각합니다.

그러면 과거 청산과 관련하여 정부가 해야 할 일은 뭔가? 전 이렇게 봅니다. 과거 권리 구제 기구가 제대로 작동하지 않았던 시절이 있었습니다. 바로 청산 대상 사건들이 생긴 비정상적인 시기를 말하죠. 국민의 침해된 권리가 제대로 구제되지 않았던 대표적인 때는 전쟁 상황과 비민주적인 군사 독재의 억압 통치 상황입니다. 전쟁 상황에서 폭격으로 억울하게 사망하거나 애매하게 학살당한 사람들은 많지만, 당시에는 전시라는 이유로 소송 등의 방법을 통해 구제받지도 못하고, 전쟁 종료 후에는 입증을 제대로 할 수 없어서 포기하고 말지요. 또 과거 독재정권 아래서는 심각한 인권 유린 행위들이 일어났습니다. 대부분 공권력에 의해 저질러진 불법행위들이지요. 그러니 더더욱 그런 행위로부터 당한 피해의 회복을 위한 권리 구제 기구가 작동할 리 없었던 거죠.

그러나 이젠 우리 사회도 변해 권리 구제 기구가 제대로 작동하는 상황이 되었습니다. 국가가 민주주의와 인권을 최고의 가치로 여기고 있습니다. 그렇다면 지금 와서 과거의 인권침해 행위를 '나 몰라라' 하거나, 나아가 '소멸시효가 지났다' 또는 '경제에 도움이 안 된다'는 식으로 회피하는 건 곤란하다고 봅니다. 언젠가 오스트리아 빈에서 열린 인권회의에 갔는데, 거기서도 과거 청산 얘기가 나왔습니다. 그런데 김수환 추기경께서 과거 청산에 매달리면 경제가 나빠진다고 한 기억이 나요. 저는 그 순간 문민정부라고 들어섰는데, 그런 정부가 과거의 인권침해로 억울한 피해를 입은 사람들을 구제 못한다면 누가 할 수 있느냐란 의문이 생기더군요. 마침 그 자리에 우리 민주화운동 과정에 함께했던 미국인 한 사람이 있었는데, 그분이 일어나 "(그럼) 누가 (과거 청산을) 할 것이냐?"라고 물었을 때 정말 할 말이 없어지더군요.

전에는 제대로 작동할 권리 구제 기구가 없어서 못해주었다면, 그런 기구가 작동하는 순간부터 권리 구제를 적극적으로 해야 하는 것이 국가의 도덕적 의무라고 생각합니다. 그것조차 하지 않는다면 국가가 부도덕한 것입니다. 서울대 최종길 교수 사건[1] 같은 경우를 봅시다. 최교수가 중앙정보부에 끌려가 고문으로 사망했다는 사실이 그 당시엔 국가 권력의 방해에 의해 밝혀지지 않았지만, 이제 밝혀졌습니다. 그런데 지금에 와서 세월이 지난 일이니 구제할 수 없다는 것은 말이 안 되죠. 그런 일을 해결하는 것이 바로 과거 청산 아닙니까. 저는 그렇게 봅니다. 과거 청산이란 권리 구제, 인권 문

1 1973년 가을, 유신통치에 반대하는 학생들의 반정부 시위가 거세지면서 서울대 법대생들이 체포·연행·구금되었는데, 당시 최종길 교수가 학생들을 옹호하며 정부에 교수진의 항의 표시를 제안했다. 이에 정부는 소위 유럽거점간첩단 사건에 관한 수사협조를 빙자하여 최교수의 내방을 요청했고, 최교수는 중앙정보부에 자진출두했다가 사흘 뒤 새벽, 중앙정보부 건물 앞에서 주검으로 발견됐다. 이때 중앙정보부는 "간첩혐의를 자백한 뒤 양심의 가책을 느껴 7층에서 투신자살했다"고 발표했다. 그러나 천주교정의구현전국사제단은 "최교수가 전기고문에 의한 심장파열로 숨졌다"고 발표했고 사망원인 규명을 요구했으나 제대로 된 조사 없이 종결됐다. 1988년 유족들이 검찰에 수사를 의뢰했으나 검찰은 '공소시효(15년)가 지났다'며 수사하지 않았다. 2002년 의문사 진상규명 위원회는 최교수가 위법한 공권력의 개입으로 숨진 것임을 밝혔다.

© 김중만

제로 접근해야 맞다고 생각합니다. 그것을 넘어서는 방식에 대해서
는 반대합니다.

사회 정부가 청산과 기록의 주체가 돼서는 곤란하다는 말씀이신
가요?

천정배 그렇죠. 역사 자체를 쓰거나 규정하는 일은 정부의 임무
는 아닌 것 같습니다.

'처벌'은 '용서'에 대립하지 않는다

사회 공소시효나 소멸시효의 완성 등을 이유로 과거사의 권리 구
제를 외면했던 건 사실입니다. 그러나 광주 민주화운동에 관련된
청문회 직후 광주학살 또는 쿠데타에 대한 책임을 묻기 위한 과정
에서 소급입법 논란이 일어났습니다. 그때도 과거 청산이 '경제에
도움이 안 된다' '법적 안정성을 해친다'는 말들이 나왔습니다. 청
산 주체와 기록, 법적 안정성, 이런 문제에 대해 말씀해주시죠.

차병직 우선 과거 청산의 필요성과 관련해선 장관께서 더 근본적
인 입장에서 찬성하고 계시니, 그 부분에 관해서는 제가 더 보태거
나 반론할 것이 없겠습니다. 청산의 주체, 잘못을 교정할 새 역사
기술의 주체에 관해서도 민간이 주도해야 한다는 원칙에는 공감합
니다. 그러나 반드시 그렇게 고집할 필요가 있을까 하는 생각도 듭
니다. 왜냐하면 효율성을 따지면 서로 보완하거나 또는 그 주도적

역할이 더러 바뀌어도 상관없지 않나 싶기 때문입니다. 새 역사의 기술이란 순수한 작업을 떼어놓고 보면 사학계에서 맡는 것이 당연할 듯합니다. 하지만 경우에 따라선 민간학계에만 맡겨두었다간 부지하세월이 될 수도 있습니다. 또 학계에서 의견이 일치되지 않은 채 논쟁만 벌어질 수도 있지요. 따라서 정부가 필요한 법제도 등을 마련하는 데 앞장서고, 그 내용의 집행으로 비용과 시설의 지원 등을 적극적으로 해야 하는 것이겠죠. 그리고 새 역사의 기술이란 그것부터 선행하여 할 수도 없다고 봅니다. 장관께서 말씀하신 구체적 권리 구제와 함께 이루어져야 할 것입니다. 권리 구제는 결국 재판을 통해서 가능할 텐데, 재판에서 사실이 확정되고, 그 사실들을 기초로 새 역사를 정리할 수 있게 될 겁니다. 다른 나라의 경우에도 사정에 따라 과거 청산의 유형이 좀 다르지 않습니까?

천정배 그렇지요. 나치즘에 대한 청산은 독일과 프랑스에서 함께 펼친 셈이고, 스페인과 러시아는 각각 프랑코와 스탈린의 독재에 대한 단죄를 시도했고, 아르헨티나와 칠레는 군부독재, 남아프리카공화국은 흑백 인종차별주의의 청산을, 알제리는 프랑스 식민 잔재 청산을 행했지요. 그런데 독일과 프랑스는 2차 세계대전 직후 사법적 절차를 거쳐 신속하게 나치 세력을 처벌하였습니다. 아르헨티나, 칠레, 남아공은 특별위원회를 구성해 진상규명을 먼저하고 그 뒤에 처벌보다는 사면하여 화해하는 방식을 택했지요. 그리고 스페인, 러시아, 알제리는 국가적 차원의 청산 작업은 없이 사회적 기억을 유지한다는 형태로 끌어왔다고 할 수 있습니다.

차병직 그래서 학자들은 그 세 유형을 '사법적 청산과 숙청' '진상규명과 사면' '기억과 망각'이란 식으로 표현하기도 하는 모양입니다. 그런데 왜 과거를 청산해야 하느냐? 잘못된 것을 바로잡는 것은 우리 자신의 의무이기도 하지요. 그런데 그것이 전체 화합이나 경제 발전에 도움이 되지 않는데도 굳이 해야 하나? 과거를 정확히 안다는 것은 판단을 내포합니다. 만약에 현실적인 이유 몇 가지로 그 판단을 중지하거나 포기해버린다면 어떻게 될까요? 그래서 한나 아렌트[2]는 판단을 회피하는 것 또는 판단력의 마비야말로 나치스의 범죄를 가능하게 만든 전체주의의 특이한 정신 구조라고 했죠. 사후에라도 잘못된 과거에 대한 판단을 하지 않는다면 그 불행한 범죄가 되풀이될 수밖에 없는 것이지요.

그래서 아우슈비츠의 생존 작가 엘리 비젤[3]이 현대는 냉전 시대에 은폐된 참혹한 과거를 기억해야 할 '증언의 시대'라고 했지요. 역사적 범죄에 대한 망각은 다시 불행한 역사를 반복할 수 있다는 것입니다. 그래서 과거 청산은 '기억과 망각'이란 어휘로 상징되기도 합니다. 그런데 프랑스의 필립 모로 드파르쥐 교수는 그런 반인

---

2 Hannah Arenth(1906~1975). 독일 태생의 유대인으로, 마르부르크 대학에 입학해 철학과 신학을 공부했다. 거기서 하이데거의 사상에 매료됨과 동시에 그와 사랑에 빠졌으나, 훗날 하이데거의 나치 협력에 실망해 그를 떠난다. 유대인에 대한 박해 때문에 1933년 프랑스로 망명했고 이후 미국에서 활동하며 본격적인 정치사상가의 길을 걷기 시작했다. 전체주의에 대한 탁월한 분석과 비판으로 유명하며, 아이히만 전범재판을 보고 『예루살렘의 아이히만』이란 책을 써서 악의 평범성 개념에 대한 논쟁을 불러일으키기도 했다.

3 Eliezer Wiesel(1928~현재). 루마니아의 시게트에서 태어난 유대인으로, 열다섯 살에 나치에 의해 아우슈비츠에 끌려갔으나 살아남았다. 그 경험을 『밤』이란 책으로 썼다. 미국 보스턴 대학 교수이자 잡지 『라 르쥬』 기자로 있었으며, 인종차별 철폐와 인권 신장을 위해 헌신한 공로로 1986년 노벨평화상을 받았다.

도적 범죄를 저지른 국가 가운데 '기억의 작업'을 수행하지 않는, 즉 회개를 거부하는 나라가 터키와 일본이라는군요.

천정배 그렇습니다. 오스만 터키가 1차 세계대전 중에 아르메니아인들을 무참하게 학살했는데, 터키는 아직 그 사실을 인정하지 않고 있지요. 일본은 중국에 대한 난징 대학살, 한국 등 아시아의 많은 여성들을 동원해 성노예로 삼은 종군위안부 사건, 세균전 준비를 위한 생체 실험으로 약 3천여 명을 살해한 것으로 알려진 731 부대 사건 등이 청산 대상이고요. 드파르쥐는 그것을 일본의 "세 개의 주요한 전쟁 범죄"라고 부릅니다.

반면 20세기에 들어와 과거를 인정하고 공식적으로 사과한 국가들은 많지 않습니까? 자기들이 직접 행한 범죄가 아니고 선대들의 잘못인데도 말입니다. 1970년에 서독 수상 브란트는 폴란드 바르샤바의 유대인 기념비 앞에서 상징적으로 무릎을 꿇었지요. 1995년엔 프랑스 시라크 대통령이 비시(Vichy) 정권이 나치에 협력하여 유대인을 박해한 것이 프랑스의 책임이라며 사과했고요. 그 밖에도 영국의 블레어는 150년 전 아일랜드를 대기근 상태에 방치했던 일에 대해, 오스트레일리아는 원주민 아보리지니에 대해, 뉴질랜드는 마오리족에 대해 모두 잘못을 빌었습니다. 또 있습니다. 2000년 3월 당시 교황 요한 바오로 2세는 바티칸 성베드로 대성당에서 열린 미사에서 과거 2천 년 동안 가톨릭교회가 저지른 모든 잘못에 대해 신

---

4 高橋哲哉(1956~현재). 일본의 철학자로 현재 도쿄 대학 대학원 종합문화연구과 조교수로 있다. 『일본의 전후 책임을 묻는다』와 서경식과의 대담집 『단절의 세기 증언의 시대』가 번역 소개돼 있다.

께 용서를 빌었지요. 그런데 다카하시 데츠야[4]의 탄식처럼, 일본에 선 극우 만화가 고바야시 요시노리 같은 사람이 나서 "할아버지를 지켜라"라고 외치며 시대에 역행하고 있는 것이죠.

　차병직　20세기에 일어난 정치적 폭력에 의해 희생된 사람의 수는 줄잡아 1억 7천만 명에 이른다고 합니다. 그런 세계사의 흐름에서 보면 우리 과거사도 만만찮을 것입니다. 일제 강점기에서부터 시작하여 한국전쟁과 유신독재, 그리고 5, 6공화국의 군부독재 정권에 이르기까지가 전부 문제인 셈이죠. 한국 현대사 전체가 과거 청산의 대상이 되고 있는 셈입니다. 그럼에도 불구하고 정부의 과거 청산 작업을 편향된 이념의 표출이니, 국민 화합과 통합을 저해하는 돌출 행위로 비난하는 건 정말 잘못된 일입니다.
　과거 청산은 좋은데, 진상 확인만 하고 처벌은 하지 말자는 것도 분명 하나의 방식이지요. 우리는 아마 과거 역사적 사실의 재확인도 논란의 대상이긴 하지만, 그것보다는 소급한 처벌이나 대상 등에 더 신경을 쓰는 눈치입니다. 과거 청산을 '괜히 지난 일을 들추어 복수하려는 짓거리'로 규정하는 주장들이 있습니다. 하지만 그 결과에 대한 적절한 처벌도 큰 의미를 가집니다. 물론 처벌하지 않고도 얼마든지 화해할 수 있습니다. 그러나 처벌한다고 해서 그것을 화해를 방해할 정도의 과잉 대응으로 보아서도 곤란합니다.
　아렌트의 주장에 다시 귀를 기울일 필요가 있는데요, '처벌'은 '용서'에 대립하는 게 아니라는 겁니다. 처벌은 오히려 용서와 더불어 복수에 대립하는 것이라고 하죠. 처벌은 무언가를 종결시키고, 용서하는 자와 용서받는 자가 그렇듯이 처벌하는 자와 처벌받는 자 모두가 최초의 결과로부터 해방된다는 점에서 같다는 것입니다. 반면에 '복수'는 최초의 가해 행위에 대한 당연한 즉각적 반응이긴 하지만, 그것은 결국 또 상대방으로부터 반작용을 일으켜 무한히 계속될 수 있다는 겁니다. 결국 양쪽 다 파멸에 이르고 말겠지요. 복수의 전형적인 예도 있습니다. 2차 세계대전 직후 빌리누스 게토의 레지스탕스 전사이자 시인이었던 유대인 아바 코우넬은 독일 여러 도시의 수도관에 독을 뿌려 600만 명 정도의 독일 국민을 살해할 계획을 세운 적이 있답니다. 다행히 미수에 그쳤지만, 바로 복수의 전형이라 할 수 있겠지요. 조금 이야기가 번져나가지만, 미국의 이라크 전쟁이나 이스라엘의 레바논 폭격도 나중에 역사적 심판을 받아야 할 복수극의 일종입니다. 어쨌든, 그래서 아렌트는 "어떠한 용서도 없는 처벌은 복수이며, 어떠한 처벌도 없는 용서는 신의 용서"라고 했지요. 복수와 달리 처벌에는 이미 용서가 어느 정도 포함돼 있다는 겁니다. 독일은 결국 어땠습니까. 전쟁이 끝난 뒤 10만 건 이상의 전범 용의자를 수사해서 6천 건 이상의 유죄 판결을 내린 것으로 돼 있습니다.

아까 법적 안정성 얘길 하면서, 구체적으로는 소급입법을 말하셨습니다. 여기에 대해서는 아렌트가 단순하고도 명쾌하게 대답했습니다. "제노사이드(Genocide, 인종 절멸)처럼 지금까지 알려지지 않았던 범죄가 갑자기 나타났을 때에는 정의 그 자체가 새로운 법률에 의한 심판을 요구한다." 물론 형사법 이론으로도 소급효[5]의 문제를 벗어날 논리는 얼마든지 있지요. 그런데 이런 역사적 인식과 통찰을 외면한 채 세세한 법적 논리에 매달리는 일은 정말 따분할

5 법률 또는 법률 요건의 효력이 그 성립 이전의 시점부터 발생하는 것을 말한다.

뿐입니다. 형사소송은 강제적인 것이고, 또 그 강제성 때문에 설사 피해자가 용서하고 잊는 편이 더 낫겠다고 하는 경우에도 진행됩니다. 말하자면 중요한 형사재판일수록 피해자를 대변하는 것이 결코 아니지요. 굳이 말하자면 사회적 조건으로서의 정의를 위한 것일 뿐입니다.

천정배 그렇죠. 형사재판에서 공소시효 문제는 특별한 사건의 경우 달리 접근할 수 있는 길이 열려야 마땅합니다. 그런데 과거 청산과 관련하여 형사재판뿐만 아니라 민사재판에서의 소멸시효도 비슷한 문제를 안고 있습니다. 언젠가 언론을 통해서도 말씀드린 적이 있습니다만, 민사사건에서 소멸시효의 장애를 넘을 묘한 방안을 강구한 경험이 있습니다. 최종길 교수 유족들이 국가를 상대로 손해배상 청구 소송을 제기했잖아요. 아시다시피 그 사건에서 피고는 법무부장관입니다. 법률에 따라 국가를 상대로 한 재판에서 국가의 소송 대표자는 법무부장관이기 때문입니다. 1심 재판 결과를 보니 국가 측에서 한 소멸시효 주장이 받아들여져서 원고인 유족 측의 청구가 기각됐더라고요. 항소심에 가서 솔직히 제가 전전긍긍할 수밖에 없었습니다. 그대로 원고가 또 패소해서는 안 된다고 생각했던 것입니다. 정의에든 사리에든 맞지 않는다고 믿었습니다. 그래서 법무부 간부와 상의했지요. "이걸 어떻게 했으면 좋겠냐? 우리가 아예 소멸시효 항변을 철회하자. 그래서 법원에서 소멸시효에 관계없이 판단하게 만들자"라고 제안했지요. 소멸시효는 피고 쪽에서 주장하지 않으면 법원이 그 효력을 인정할 수 없기 때문입니다. 피고가 스스로 가장 유리한 방어 방법을 포기하자고 한 것이지요. 그랬더니 이렇게 대답해요. "그렇게 하기보다는, 그 문제를 이 사건에 한정해서 생각하지 말고 앞으로 유사한 모든 사건을 구제할 수 있도록 특별법을 만들자"라는 거예요. 들어보니 좋은 생각인 것 같아서 그렇게 하자고 했지요. 하지만 실제로 법을 새로 만들려니 당정 협의 단계부터 시일이 꽤 많이 걸릴 것 같았어요. 현실적으로 언제 그 법이 제정될지 예상하기 힘들었지요. 그래서 항소심 재판부에 재판을 일시 정지해달라고 요청했지요. 그런데 재판부가 무시하고 선고 기일을 잡더라고요. 상당히 걱정을 많이 했지요. 그런데 피고 패소 판결을 선고한 거예요. 유족들이 이겼지요. 재판에서 지고도 그렇게 기분 좋을 수가 없었습니다.

차병직 일반 변호사였다면 아주 형편없는 재판을 했다고 법조계에서 쫓겨날 뻔한 일이었네요. 아마도 당사자로부터 손해배상 청구를 당하고, 변호사협회에서는 징계를 받았을 것 같군요. 하지만 법무부장관으로서는 과거 청산의 한 부분으로 하나의 사건에서 형식적 국가의 이익을 포기하고 구체적 정의에 부합하는 결과를 가져오게 한 현명한 작전이었다고 평가하고 싶습니다. 법원으로서도 시효가 완성되어 소멸한 권리를 되살려주면서 흐뭇해하지 않았을까 생각합니다.

참여정부의 과거 청산

사회 그러면 이번엔 범위를 약간 좁혀 참여정부의 과거 청산에 대해 평가를 해주십시오.

차병직 제도적으로는 상당히 노력했다고 평가합니다. 더 어떻게 할 수 있는 방법이 있을까 싶을 정도로 애썼다고 생각합니다. 대신 이젠 그 제도의 운용 결과 당사자들이 승복할 수 없는 부분이 여전히 남는다는 데 문제가 있습니다. 피해자든 가해자든 또는 유족들이든 누구나 그런 입장에 놓일 수 있습니다. 그것은 입법 과정에서 이미 예상됐다는 데 현실의 어려움이 있습니다. 사전에 더 철저한 준비를 할 수는 없었나 하는 아쉬움이 있다는 말이지요.

사회 제가 그런 질문을 자꾸 드리는 이유가 있습니다. 우리가 법치주의 얘길 자주 하는데, 사실 과거 청산이란 법 개념의 안에서 보면 법치주의의 역사적 근간이라 할 수 있는 것 아닌가요?

천정배 법치주의의 복원이지요. 반법치 시대의 산물을 정리해서 법치의 방향으로 정리하는 것이 과거 청산이고, 그래서 당연한 것이기도 합니다. 법은 미래를 바라보기도 하지만, 항상 과거에 일어난 일에 관심을 갖지요.

사회 장관께서도 참여정부의 과거 청산에 대해 말씀해주시죠.

천정배 지금 계속 진행 중이죠. 어떻게 보면 아직도 시작 단계라고 할 수 있습니다. 노무현 대통령께서 2004년 8·15 때 과거 청산 문제를 구체적으로 끄집어냈습니다. 그리고 '진실·화해를 위한 과거사정리 위원회'가 출범한 것도 2005년 12월 1일이었지요. 이제 반년 정도 지났는데, 국방부·경찰·국정원 등 자체 위원회에선 어느 정도 성과도 올린 것 같습니다. 지난 김대중 정부 때의 '의문사

진상규명 위원회'도 꽤 성과가 있었다고 봅니다. 의문사 위원회에서 규명하지 못한 사건은 진실과 화해 위원회에서 계속할 수도 있게 돼 있습니다. '제주 4·3사건 진상규명 및 희생자 명예회복 위원회'도 활동 중입니다. 그 밖에도 더 있습니다.

그런데 이런 법에 의한 위원회의 운영, 즉 과거 청산 제도에 한계는 있습니다. 법을 제정하는 데 여당 혼자 할 수는 없습니다. 야당과 협의하여 과거사 청산에 관한 법을 하나 만들면, 그 위원회 구성에 야당 몫도 배분할 수밖에 없습니다. 이런 형태는 좋게 말하면 여야가 추천한 사람들이 함께 위원회 활동을 하게 돼 국민적 합의에 의한 과거 청산을 추진한다고 하겠지요. 하지만 달리 보면 심각합니다. 과거 청산에 대한 의지가 약하거나 아예 없는 사람까지 위원회에 들어가서 전체 위원회 활동을 부진하게 만드는 원인이 되기도 하니까요. 그런 한계가 있는 것입니다. 그것은 위원회 내부에서의 건전한 비판이나 소수 의견 따위가 아닙니다. 위원회가 법에 의해 만들어진 것은 과거 청산을 하기 위해서란 사실을 전제로 한 것입니다. 그런데 아예 그 자체를 부인하려는 듯한 사람이 위원이 되는 경우가 있어 안타까운 것이죠. 아무튼 과거사와 관련한 각종 위원회는 계속 뒷받침하면 좋은 결과를 낼 수 있을 것입니다.

사회 그런 얘기가 나오니 말인데, 사실 과거 청산 문제도 결국엔 사람의 문제라고 합니다. 우선 한나라당이나 박근혜 전 대표 같은 경우엔 과거 청산으로 인해 자신들이 엉뚱한 피해를 입는다고 생각할 수도 있습니다. 다른 한편으론 박 전 대표가 과거 청산의 대상이란 주장까지 나오고 있고요. 실제로 박정희 정권 시절에 5년 가까이 퍼스트레이디로서의 역할도 했지요. 그런 점에서 보면, 박근혜

씨뿐만 아니라 과거 독재 정권 시기에 가해자 측에서 활동했던 사람들이 현재도 정치가로 일익을 담당하고 있는 경우가 있습니다. 이런 현상과 관련해, 인적 과거 청산을 어떻게 해야 하는 것인지 말씀해주시겠습니까?

천정배 인적 청산은 두 가지로 나눠서 봐야겠습니다. 정치적·사회적 청산과 법적 청산입니다. 정치적·사회적 청산은 그야말로 과거의 행적을 드러내어 공적으로 기록하고 모두가 기억하는 방식입니다. 그리고 표를 던지지 않음으로써 정치적으로 추방할 수 있겠지요. 그런 방식은 그냥 맡겨두면 되고, 국가가 나설 필요는 없습니다. 문제는 법적 청산입니다. 법적 청산은 아까 차변호사께서 한나 아렌트를 인용해가며 얘기한 처벌의 문젭니다. 물론 비인도적인 범죄자에 대해선 별도의 논의가 이루어질 수 있겠습니다만, 우리 사회에서의 일반적인 인적 청산을 법적으로 시도하려 할 때에는 반드시 공소시효가 장애가 됩니다. 민사법상의 소멸시효야 국가가 포기하면 되지만, 공소시효는 국가가 함부로 없앨 수 없습니다. 과거에 처벌할 수 없었던 사람을 소급하여 처벌하는 건 곤란합니다.

최근에 우리 헌법재판소의 결정 사례를 보고 깜짝 놀란 적이 있습니다. 헌법에는 재산권이 보장되어 있습니다. 소급적인 재산권 박탈은 위헌이 되는 것이죠. 그런데 재산권 제한과 관련하여 소급입법을 가능하게 한 헌법재판소 결정이 있더라고요. 물론 몇 가지 엄격한 요건을 두고 있긴 했지만, 전 정말 놀랐습니다. 제가 헌법재판관이라면 그렇게는 못했을 겁니다. 히틀러는 마음대로 소급법을 만들어 집행했지요. 그리고 그 나치스를 처벌할 때에도 소급입법이 역할을 한 것으로 알고 있습니다. 하지만 그 경우는 아주 특별한 사레고, 결코 일반화할 수는 없다고 봅니다. 그런 점에서, 과거사 인적 청산의 하나로 국가 공권력을 내세워 형사처벌을 하겠다든가, 공민권을 제한하겠다든가 하는 방식은 무리라고 생각합니다.

차병직 우리의 정치 현실과 사회 사정을 고려하여 인적 청산은 정치적이고 사회적인 방법으로 해결하는 게 합리적이고, 법적으로 처벌하려 드는 것은 바람직하지 않다는 주장을 경청할 필요는 있습니다. 하지만 이론상 공소시효를 소급적으로 연장하는 것이 불가능하지는 않습니다. 죄형법정주의니 소급입법 금지의 원칙이니 하는 것들은 지킬 만한 가치가 있고 세련된 원칙들이긴 합니다만, 결코 절대적인 원칙은 아닙니다. 그 원칙의 내용은, 마치 그것보다 훨씬 더 상위에 있는 자연법 자체가 그렇듯이, 시대와 사정에 따라 바뀔 수 있다고 봅니다. 현재 형사소송 이론으로도 얼마든지 가능하지요. 공소시효 규정은 우리는 형사소송법에 들어 있는데, 독일은 형법에 있습니다. 공소시효의 본질이 국가의 형벌권 자체를 소멸시키는 것이냐(실체법설), 국가의 소추권만 없애는 것이냐(소송법설), 아니면 양쪽 성질을 다 가지느냐(경합설)의 학설 대립이 있지요. 공소시효의 완성이란 시간의 경과에 따라 국가(검사)의 소추권만 소멸하는 것을 의미한다는 이론이 말하는 것은 결국 소급효 금지의 원칙이 형법에는 적용되나 형사소송법에는 적용되지 않는다는 것입니다. 독일의 판례의 입장이기도 하고, 우리나라의 유력한 견해이기도 합니다. 그래서 실제로 1995년 말에 헌정질서 파괴범의 공소시효 등에 관한 특별법을 제정하면서 내란죄와 외환죄, 집단 살해 등 중요 범죄에 대한 공소시효를 없애버렸잖습니까. 그 법은 나중에 헌법재판소에서 위헌이 아니라는 아슬아슬한 결정을 받았지요.

© 김중만

어쨌든 그렇다 하더라도 결정적으로 인적 청산의 수단으로 형사처벌을 가급적 피하는 것은 나름대로의 장점도 있겠지요.

사회 위원회의 구성에 관한 얘기는 있었지만, 위원회의 조사에 관한 언급은 없었습니다.

차병직 장관께서도 말씀하셨지만, 과거 청산은 아직 한창 진행 중이므로 전반적인 평가를 하기에는 이른 감이 있습니다. 하지만 제도적으로는 거의 갖춰져 있다고 보겠습니다. 참여정부에서 설치한 위원회는 '진실·화해를 위한 과거사정리 위원회' '친일반민족행위 진상규명 위원회' '일제강점하 강제동원 피해진상규명 위원회'가 있습니다. 지난 정부 때 구성한 것으로 임무가 종료한 위원회까지 포함하면 '의문사 진상규명 위원회' '민주화운동 관련자 명예회복 및 보상심의 위원회' '광주 민주화운동 관련자 보상지원 위원회'와 그 '심의위원회' '제주 4·3사건 진상규명 및 희생자 명예회복 위원회'와 그 '실무위원회' 등이 있지요.

그런데 각종 위원회에서 활동하는 사람들의 말을 들어보면 여러 가지 불만이 많습니다. 무엇보다 각 특별법이 부여한 권한을 가지고 과연 과거의 숨겨진 사실들을 확인할 수 있겠느냐는 것이지요. 그에 관해서는 입법 단계에서부터 부분적인 강제 조사가 허용돼야 한다는 지적이 많았습니다. 하지만 거의 받아들여지지 않았지요.

강제 조사 외에 필요한 것이 있다면 결정적인 양심고백입니다. 그런데 그것도 우리 사회가 제대로 이끌어내는 데 실패하고 말았습니다. 이런 점들에 대해 우리 모두 함께 생각해봐야 할 것입니다. 결국 효과 면에서 보면, 진상규명보다는 가해자의 범죄를 드러내고 처벌 가능한 상태에 두기와 피해의 보상에 급급한 면을 보였기 때문에 사회 전반적인 호응을 얻지 못한 게 아닌가 하는 추측도 있습니다.

천정배 과거 청산을 위한 각 위원회의 조사 권한과 관련해서는 항상 마음에 걸리는 게 많습니다. 핵심은 강제 조사를 할 수 있느냐란 것이지요. 범죄 수사를 위해서는 체포와 구속, 압수와 수색이 가능합니다. 그런데 과연 강제 조사의 내용을 어떻게 결론지을 것이냐는 큰 논쟁거리였습니다. 검사가 수사할 때 사용할 수 있는 구속이나 압수 같은 수단을, 수사 목적이 아닌 조사 목적에도 사용하게 할 수 있을까 하는 의문이 드는 게 사실입니다.

또 달리 말하면 이렇습니다. 공소시효가 지난 사건에 대해 검찰이 강력한 수사를 진행할 수 있을까요? 명백히 아닌 것 같습니다. 즉 처벌이 불가능한데 수사를, 그것도 강제 수단까지 동원해 수사한다는 건 말이 안 되지요. 공소시효가 지난 사건도 조사 대상은 되겠지만 수사 대상은 안 됩니다. 거기에 문제가 있습니다. 국회에서도 입법 과정에서 강제 조사에 대한 강력한 요구를 들어줄 방법이 없었습니다. 굳이 방법이 있다면, 개헌하는 기회에 과거 청산을 위한 조사에 필요한 경우 강제 수단을 사용할 수 있다는 근거를 마련하는 수밖에 없을 겁니다.

사회 사법부의 과거 청산은 어떻습니까? 마지막으로 간단히 말씀해주시죠.

천정배 이미 얘기가 나왔습니다만, 이용훈 대법원장이 취임사에서 사법부의 과거 청산을 거론한 일은 그 자체로 신선했습니다. 법원의 과거 청산에도 역시 두 부분이 있겠군요. 잘못된 재판의 청산과 그 재판에 관여했던 법관들의 인적 청산이 되겠습니다. 사법부의 인적 청산은 인권 유린 행위자들의 처벌과는 달리 그 선별이나 판단이 쉽지 않습니다. 재판 행위 자체가 명백히 범죄행위를 구성하지 않는 한, 판사의 사실 판단이나 법률 판단을 정의나 부정의의 기준으로 재단하기는 극히 어렵기 때문입니다. 하지만 권력추수형이랄까, 분명히 정치적 의도에 따라 행한 재판 행위도 존재합니다. 그런 경우는 발견한다 하더라도 일단 사법부의 인사권자에게 맡기는 수밖에 없겠습니다. 일반 과거 청산 대상자를 정치적 또는 사회적인 방식으로 해결하자는 의견과 같은 결론인 셈이지요.

차병직 그러나 과거의 잘못된 재판은 사정이 다릅니다. 기본적으로는 어차피 재판으로 확정된 사안들은 다시 재판으로 바꿔야 한다는 생각들이 지배적인 것 같습니다. 그래서 제일 먼저 떠올릴 수 있는 것이 재심이지요. 현재 우리 소송법상 재심 사유는 극히 제한적이란 불평들이 많습니다. 따라서 과거 청산의 수단으로 재심 제도를 이용하려면 재심 요건을 완화할 수밖에 없지요. 재심 요건을 완화하려면 우선 민사소송법과 형사소송법을 개정해야 합니다. 그렇지 않으면 단기적으로는 대법원이 구체적 사건에서 재심 요건을 완화하여 해석하라는 것입니다. 그러나 이러한 재심 요건의 일반적인 완화가 합리적인 방식인가에 대해서는 의문입니다. 재심의 문을 조금 더 열어놓으면 국민의 권리 구제와 관련해선 긍정적인 면이 있습니다. 하지만 일반적인 법적 안정성이나 재판의 경제성과 효율성의 측면에선 부정적입니다. 남용될 소지가 큽니다.

우리 사법부에서 과거 청산의 대상으로 삼으려는 재판 결과는 그 수가 한정돼 있고, 특히 그것조차도 특정 시기에 집중적으로 분포되어 있습니다. 그렇다면 그 사건들의 해결에 집중하면 될 것 아니겠습니까? 따라서 과거와 미래의 모든 사건에 대해 재심 요건을 완화할 것이 아니라, 특정 사건에 대한 재심 가능성만 열어두면 되는 것이죠. 그래서 역시 사법부 과거 청산을 위한 위원회를 구성한 다음, 그 위원회에서 재심 대상으로 할 사건을 심사하여 결정하도록 하는 것입니다.

과거 법관의 인적 청산에 관해서는 장관께서 하신 말씀이 타당한 것 같습니다. 실제로 지금은 대부분 퇴직하여 그 대상이 될 만한 현직 법관은 거의 없을지도 모르지요. 하지만 대상자가 많다 하더라도, 현재 대법원의 태도를 보면 인적 청산의 의지는 극히 의심스럽습니다. 과거의 인적 청산은커녕 현재의 인적 청산도 제대로 하고 있지 못하기 때문이지요. 최근 드러난 법관의 수뢰 사건들을 보십시오. 납득할 만한 수준의 조사와 신속한 처리를 하고 있지 못하는 정도가 아니라, 여전히 최대한 숨겨가며 파장을 최소화하는 데만 급급하고 있습니다. 법원은 세상의 범죄자를 심판하기 전에 내부의 범죄자부터 먼저 판단할 줄 알아야 합니다. 이런 법원의 전통적인 우유부단함은 역시 전통의 체면 때문에 그렇습니다. 전통적으로 내려오는 체면이란 권위 의식과 특권 의식에서 비롯하는 것입니다. 하지만 그런 의식은 완전한 착각입니다. 가능한 한 숨겨서 파장을 작게 하는 것이 그나마 법원의 체면을 유지할 수 있다는 생각은 이제 버려야 합니다. 내부 비행자를 냉정하게 징계하는 것이 오히려 상식적이고 정당한 권위를 세우는 데 더 도움이 될 것입니다.

내 수염은 죄가 없다

인권

사회 인권 이야기를 시작해보겠습니다. 인권은 이제 어디서든 공통의 가치, 보편적 가치로 여기고 있습니다. 그리고 사람마다 인권에 대한 생각 하나쯤은 가지고 있는 시대가 된 것 같습니다. 그래도 두 분의 공통점 중의 하나는 인권에 대한 특별한 관심과 활동이라고 하겠습니다. 한때 유행하던 말이지만, 인권변호사로 불리기도 하셨지요. 인권과 관련한 개인사적 얘기부터 듣겠습니다.

천정배 솔직히 인권에 대해 관심을 두게 된 가장 직접적인 계기는 변호사란 직업을 가지면서입니다. 물론 변호사 업무를 시작하면서 처음부터 인권에 몰두한 것은 아니고요. 언젠가부터 자연스럽게 민주화와 인권 문제에 유념하게 되었고, 또 거기서 한 발 더 나아가 실천에 옮기게 된 것 같습니다.

제가 변호사를 하기로 결심한 것은 군법무관 시절부터였습니다. 군대에서 검찰관 직무를 수행할 때 압수한 사회과학 서적을 탐독하면서 정치와 사회에 대한 관심이 높아 있던데다, 이어서 광주항쟁과 10·26이 터졌습니다. 그런 시국에서 군사 쿠데타로 정권을 잡은 전두환 대통령을 보고는, 죽어도 그런 사람에게서 판사나 검사 임명장을 받을 수 없다고 생각했던 겁니다. 그래서 마침 입사 권유를 받은 '김앤장 법률사무소'로 들어갔지요. 물론 거기서 변호사 실무를 익히고, 특히 그 사무실의 설립자인 김영무 변호사로부터 소중한 가르침을 많이 받았습니다. 그러면서 4년째가 되었을 때였어요. 조만간 외국 유학을 가고, 비즈니스 변호사로서 한 단계 도약

할 바로 그런 순간이었지요. 조영래[1] 변호사가 강력하게 저를 끌어당겼습니다. 그때 저는 커다란 자석에 끌려가는 쇳조각처럼 존경하던 조영래 변호사에게 갔지요. '남대문 합동법률사무소'라는 간판을 내건 그곳에는 조변호사 외에도 윤종현 변호사와 노동운동가 박석운 씨가 있었습니다. 그런 사무실 분위기에서 서서히 시국 사건 변론에 빠져들게 된 거지요.

차병직 1996년에 내신 책 『꽁지머리를 묶은 인권변호사』에 「김영무 변호사」란 제목의 글이 인상적이었습니다. 조영래 변호사 얘기도 그 책에 많이 나오지요.

인권에 대한 저의 인식 과정은 크게 둘로 나눠서 말씀드릴 수 있겠습니다. 먼저 저는 인권을 현실의 모습보다는 관념적인 개념으로 알게 됐습니다. 바로 법과대학 다닐 때 수업을 통해서였죠. 제가 다니던 학교에서 형사법과 법철학을 가르치신 분이 심재우 교수셨습니다. 그분의 모든 수업 시간의 귀결점은 '인간의 존엄성' '인간의 근본 가치' 그리고 '인권 보장'이었습니다. 그분의 매 수업 시간마다 빠짐없이 그 말을 들었기 때문에 인권에 대한 세뇌 교육을 받은 셈이었지요. 심선생께서는 아주 열강을 하셨는데, 항상 수업 종료 시간이 지나고 다음 수업의 교수가 밖에 서서 무언의 독촉을 해야

---

1 趙英來(1947~1990). 대구 출신으로 서울대학교 법과대학 재학 중 한일회담 반대, 3선개헌 반대 등 학생운동을 주도했다. 1971년 사법연수원 근무 중 서울대생 내란음모 사건으로 구속됐고, 다시 1974년에 민청학련 사건으로 수배되어 6년간 도피생활을 했다. 그 기간에 『전태일 평전』을 익명으로 집필했다. 1980년 복권되어 사법연수원을 마칠 수 있었고, 인권변호사로서 맹활약했다.

만 강단을 내려가셨어요. 그때가 1980년과 그 전후의 시기였으니, 대학의 수업이 제대로 진행되지도 않았고, 학생들도 결강을 마음대로 하던 시절이었지요. 저도 다른 수업은 많이 빠지면서도, 심선생님의 수업만은 반드시 출석했어요. 하지만 그것만으로는 인권의 구체적 모습에 대해서 알 수 없었습니다.

'아, 이것이 인권이구나' 하고 느끼게 된 건 사법연수원과 군복무를 마치고도 삼사 년을 더 보내고서였습니다. 박원순 변호사의 권유로 민변² 활동과 참여연대³ 창설에 끼어들면서라고 할 수 있습니다. 그리고 잠시 참여연대에 속했다가 독립한 인권운동사랑방⁴의 서준식 대표와 만나면서 세상 보는 눈이 달라진 거죠. 그전까지는 인권을 제도적으로만 이해했다면, 실제 활동가들을 만나면서 인권

---

2 '민주사회를 위한 변호사모임'의 약칭으로, 국제 NGO들 사이에서도 'MINBYUN'으로 통한다. 기본적 인권의 옹호와 사회 정의 실현을 위한 연구·조사·변론·여론 형성 및 연대 활동 등을 통해 우리 사회의 민주적 발전에 기여함을 목적으로 결성한 진보적 변호사 단체다. 1988년 5월, 51명의 변호사가 모여 창설했는데, 지금은 회원 수가 500명에 육박한다.

3 1994년 창설한 시민운동단체다. 창립 당시 명칭은 '참여민주사회와 인권을 위한 시민연대'였고, 그것이 '참여민주사회 시민연대'로 바뀌었다가, 1999년부터 '참여연대'를 정식 단체 이름으로 사용하고 있다. 주로 국가 권력 기구를 감시하고 대안을 제시해 참여민주주의를 실현함을 목적으로 출발했으며, 초기부터 사법감시활동과 소액주주운동을 통해 우리 사회에 큰 영향을 끼쳤다. 2000년 총선 때는 낙천·낙선 운동을 주도해 해외에까지 널리 알려졌다.

4 새롭고 진보적인 인권운동을 표방하며 1993년에 결성한 단체다. 1994년엔 잠시 참여연대 내의 활동 기구로 편입됐다가 다시 독립했다. 최초의 팩스 신문인 『인권하루소식』(지금은 폐간)을 발행했고, 인권영화제를 주최하고 있다. 초기엔 서준식이 대표를 맡았으나, 지금은 활동가들로만 구성돼 있다. 인권에 관심이 있는 사람이면 누구든지 쉽게 찾아오라는 의미에서 '사랑방'이라고 이름을 붙였다.

의 살아 있는 모습을 본 것입니다. 그 만남과 경험은 저의 생각과 행동에 결정적 역할을 했다고 봅니다. 일본의 평론가 겸 저널리스트인 다치바나 다카시가 한 말이 떠오릅니다. "존재의 근본을 만드는 것은 책이 아니라 여행이다." 인권의 이해를 완성하는 것은 이론이 아니라 실천의 현장이라고 할 수 있지요. 물론 인권의 현장을 목격하고 거기에 어떤 거부감이나 망설임 없이 동참하게 된 건, 생각의 배경에 심재우 선생에 의해 각인된 이론으로서의 인권이 있었기 때문이겠습니다.

사회 인권에 대해 이야기하려면 끝이 없을 정도로 그 영역은 넓고 다양합니다. 그런데 보통 법률가들은 아무래도 제도적으로 인권을 접하고 이해하려는 경향이 강한 것 같습니다. 따라서 바로 제도나 구체적 사례로 들어가서 인권의 단면들을 엿보기로 하겠습니다. 천정배라는 인권변호사가 법무부장관이 되었을 때, 많은 사람들은 무엇보다도 인권 분야가 크게 개선되리라 기대하지 않았을까 합니다. 어떻습니까?

천정배 인권은 우리 삶의 모든 부분과 관련되어 있습니다. 유엔에서 표현하는 식으로 시민적·정치적 권리뿐만 아니라, 경제적·사회적·문화적 권리까지 포괄하고 보면 결국 모든 국정이 인권 신장을 위한 것이라 할 수도 있겠습니다. 고전적으로 보면 수사 절차에서 주장할 수 있는 피의자의 권리가 인권의 주요 부분이었습니다. 지금은 과거와 같이 수사 기관의 노골적인 인권침해 행위는 없어졌지만, 그래도 변형된 형태의 인권침해나 침해의 가능성은 상존합니다.

살아 있는 인권을 만나다

차병직 우리 사회 인권 분야의 변화라는 면에서 본다면 제도적 발전을 빼놓을 수 없겠습니다. 하지만 제가 주목하는 것은 제도보다는 일반 시민들의 인권 의식이 질적으로나 양적으로나 현격하게 높아졌다는 것입니다. 그냥 예를 하나 들어보지요. 바로 경찰의 불심검문입니다. 나이가 든 분들은 누구나 몇 번씩 경험해본 게 불심검문입니다. 수년 전만 하더라도 불심검문은 상시적으로 행해졌습니다. 지하도 입구나 버스터미널, 시외 경계 구역의 검문소 등에서였지요. 그렇지만 지금은 거의 사라졌습니다. 이런 현상이 우리 인권 현실의 진전된 한 장면이라면, 그 원인은 어디 있을까요? 그것은 국가 기관의 자발적 노력보다는 전적으로 시민들의 싸움에 의해 얻은 것입니다. 경찰은 마지못해 따라온 것에 불과하지요. 지난 90년대 후반쯤인가요, 인권운동사랑방이 각 대학 학생회와 연대해서 불법 불심검문 거부운동을 펼친 적이 있어요. 그 과정에서 경찰의 관행적이고 편의적인 불심검문이 사회문제화되었고, 나중에는 불필요한 검문이 사라지게 되었습니다. 그때 기억으론 우리 경찰의 불심검문은 경찰관 직무집행법에 비추어보면 거의 모두가 불법이었기 때문에, '불법 불심검문 거부운동'에서 '불법'을 떼어버려도 아무 문제가 없을 정도였습니다.

사회 불심검문도 수사를 위한 형사 절차의 첫 단계 중 하나일 텐데요, 그럼 아까 말씀하신 제도적 측면에서 구체적인 사례를 더 들어보기로 하겠습니다.

천정배 제가 법무부장관으로서 노력한 부분 중의 하나가 불구속 수사를 확대하는 것이었습니다. 그 대표적 사례가 강정구 교수 사건에 대해 검찰청법상의 수사지휘권을 행사한 것이죠. 그런 흐름의 하나로 검찰의 구속 기준을 새롭게 정립하자고 2005년에 지시하였고, 지금도 계속 노력하고 있습니다. 반드시 그런 노력의 결과라고 보기는 어렵겠지만, 최근 구속률이 나날이 떨어지고 있습니다. 수치만으로 본다면 큰 차이가 있는데, 1995년에 7.3퍼센트였던 것이 작년에는 2.7퍼센트에 불과했습니다. 재소자 수도 기결수만 보면 제가 장관으로 부임했을 때 5만2천 명 수준이었는데, 지금은 4만5천 명대로 줄었습니다. 제 의지가 실현된 것은 아닙니다만, 9개월 만에 10퍼센트 이상 준 것입니다.

불구속 수사 원칙이란 것도 궁극적으로 형사 절차에서 피의자의 방어권 보장으로 귀결되는 것이죠. 불구속 수사의 확대와 방어권을 보장하는 여러 제도는 국무총리와 한승헌 변호사가 공동위원장이 된 사법제도 개혁추진 위원회에서 만들었습니다. 구속영장 발부 단계에서의 요건을 강화한다든지, 수사 기관의 피의자 신문 때 변호인의 참여를 보장한다든지 하는 등의 법안이 이미 국회에서 심의되고 있지요.

또 하나 얘기하자면, 범죄 피해자에 대한 보호와 구제 제도입니다. 이에 관해서는 이미 범죄 피해자 구조법을 만들어, 국가가 5년 단위의 계획으로 체계적인 보호를 꾀하고 있습니다. 이런 것도 아주 중요한 일이죠. 자연재해를 입으면 국가가 대책을 마련하는데, 어떻게 보면 강도살인 등 범죄에 의한 피해는 그보다 더 큰 면이 있지 않습니까? 국가가 치안을 잘못해서 생긴 피해지요. 그동안 범죄 피해자에 대한 국가적 보호가 미흡했다는 느낌입니다.

차병직 수사 절차에서 인권 보장이란 것도 잘 따져보면 형식적으로만 바뀌었지 실질적으로는 그대로인 것도 꽤 있습니다. 그 대표적인 것이 바로 피의자 조사 때 변호인의 참여 제도지요. 그것도 정말 오랜 싸움 끝에 이뤄진 것입니다. 변호인들은 오래전부터 헌법과 형사소송법의 변호인의 도움을 받을 권리를 근거로 조사를 받는 범죄피의자는 자기 곁에 변호사를 앉힐 권리가 있다고 주장했습니다. 반면 검찰은 변호사가 피의자 옆에 앉아도 좋다는 직접적 근거 규정이 없으니 안 된다고 했습니다. 검찰이 굳이 변호인의 참여를 거부한 이유는 명시적으론 수사 기밀 보호였습니다. 하지만 그건 말도 안 되는 소리죠. 검사가 수집한 다른 증거나 참고인의 진술 내용을 보자는 것도 아니고 피의자의 조사 과정을 지켜보겠다는 것인데, 그게 무슨 수사 기밀과 관련된단 말인가요? 설사 변호인이 참여하지 못했더라도, 거의 무제한적인 접견권이 보장돼 있으니 변호인은 언제든 사후에 피의자를 접견해서 진술한 사실을 꼬치꼬치 확인할 수 있는 것이죠. 따라서 피의자 진술과 관련해서 비밀이란 우스운 얘기죠. 굳이 비밀이 있다면 그건 검사나 수사관의 고문 또는 그에 준하는 위압적 자세밖에 더 있겠어요?

어쨌든 몇몇 구체적 사건에서 변호사들이 피의자 곁에 앉기 위해 초대받지도 않은 검사실로 들어가려다 거부당하고, 거기에 대해 법원에 준항고, 헌법재판소에 헌법소원 등을 제기한 끝에 모두 이겼죠. 그 틈바구니 속에서 경찰은 먼저 자체적으로 제도화해서 변호인이 참여하도록 해버렸습니다. 경찰의 의도야 경찰이 피의자 인권 보장을 위해 선도적으로 노력하고 있다고 홍보해서 수사권 독립을 쟁취하는 데 도움이 되리라 판단했기 때문이겠죠. 그래도 그 부문에선 검찰보다 경찰이 낫다고 할 수밖에 없습니다.

대법원과 헌법재판소 결정 때문에 검찰이 할 수 없이 손을 들긴 했지만, 아직 불완전하기 이를 데 없습니다. 경험한 변호사들의 불만이 대단합니다. 피의자를 조사하는 방에 변호사가 들어가긴 하는데, 제한이 이만저만이 아니라는 겁니다. 우선 피의자 옆에 앉지도 못하게 하고 뒤쪽에 앉게 한답니다. 피의자가 도움이 필요할 때 변호인과 의논하기는 사실상 어려운 상황인 거죠. 겨우 뒤에서 구경이나 하며 고문을 하나 안하나 감시하는 수준이라 하겠습니다.

천정배 그 부분은 입법화를 앞두고 있으니 기다려봐야 할 것 같습니다. 현재는 대검찰청에서 여러 지침으로 운용하고 있어 논쟁의 여지가 있을 수 있겠습니다. 저도 국회의원 시절엔 변호인의 참여권을 철저히 보장해야 한다는 주장이었습니다. 그런데 지금은 다른 방향에서 생각해보기도 합니다. 지금 검찰에선 피의자 조사 때 변호인을 참여시키긴 하는데, 48시간 이내에는 못하게 한다든지 하는 제한을 가하고 있습니다. 제한을 많이 완화했다고는 하는데, 아무래도 법을 집행하는 쪽과 피의자로부터 수임료를 받고 도움을 주려는 쪽 사이에는 상당한 인식의 차이가 있는 것 같습니다. 하여튼 그 부분은 빨리 입법화되어 구체적으로 해결해야 할 것입니다.

차병직 지금 구속 피고인들이 법정에 설 때엔 본인이 원하면 수의가 아닌 평상복을 입을 수 있습니다. 이것과 관련해서도 재미있는 얘기가 있습니다. 1997년 제2회 인권영화제에서 「송환」의 김동원 감독이 만든 다큐멘터리 영화 「레드헌트」를 상영했다는 이유로 당시 인권운동사랑방 서준식 씨가 구속 기소됐습니다. 구속 자체도 이해할 수 없었지만, 어쨌든 그 기회에 재판 과정 자체를 인권 교육의 현장으로 활용해보자는 말들이 있어요. 그래서 피고인과 변호인들이 몇 가지 기획을 했는데, 그중 하나가 피고인이 법정에 설 때 평상복 착용을 요구하자는 것이었지요. 사실 구속 피고인이 형사 법정에서 수의를 입는 것은 관행에 불과한 것이었고, 아무런 법적 근거가 없었어요. 그러니 본인이 원하면 법정이 구치소가 아닌 한 당연히 평상복을 입을 수 있어야 옳지요.

변호인들은 첫 공판기일 전에 평상복을 입게 해달라고 신청서를 냈습니다. 마침 그때 어느 대법원 재판연구관이 우리와 같은 취지로 쓴 논문까지 첨부해서 이론적 근거를 내세우며 요구했지요. 그리고 가족에게 연락해서 공판기일에 법정으로 양복 한 벌을 준비해 오라고 했고요.

서부지원에서 열린 첫 공판일 아침 우린 약간 흥분했습니다. 어쩌면 사상 최초로 구속 피고인이 법정에서 양복을 입은 채 재판을 받을지 모른다고 기대한 것이지요. 그런데 재판이 시작되자 판사는 변호인들의 신청을 기각했습니다. 그러면서 허용할 수 없는 이유를 세 가지로 설명하더군요. 지금도 기억이 생생한데, 판사는 이렇게 말했습니다. "구속 피고인이 법정에서 수의를 입는 것은 행형 목적의 필요에 따라 행해온 오랜 관행이므로 피고인에게만 특혜를 줄 수 없다."

정말 크게 실망하지 않을 수 없었습니다. 그 판사는 차라리 이유를 대지 말고 무시하듯 기각해버리는 편이 훨씬 나았을 겁니다. 판사의 이유는 세밀하게 분석하면 세 가지로 나눌 수 있습니다. 첫째, 행형 목적상 필요하단 것이지요. 그러나 완전한 착각입니다. 거긴 구치소나 교도소가 아니라 법정이고, 형사 법정에서 모든 소송지휘권은 판사 자신에게 있는 것이죠. 그리고 법정엔 수십 명의 전경들이 배치돼 있기도 했고요. 둘째, 오래된 관행이란 거지요. 이건 판사로서 할 수 있는 말이 아닙니다. 법적 근거 없이 인권을 침해하는 관행은 척결해야 마땅한 것이죠. 자, 그럼 셋째는 뭡니까. 피고인에게만 특혜를 부여할 수 없다고 했습니다. 피고인은 특혜를 구걸한 것이 아니라 당연한 권리를 요구한 것이죠. 다른 모든 피고인들이 자기의 권리를 요구하지 않았기 때문에 피고인에게 특권이 되는 건 아니지 않습니까.

그러다가 얼마 뒤, 박상천 씨가 법무부장관이 돼선 구속 피고인의 인권 보장을 위해 원할 경우 법정에서 평상복을 입고 재판 받을 수 있게 하겠다고 선언했습니다. 그 이후로 지금처럼 된 것이죠. 당시 그 판사는 자신의 권한인 소송지휘권의 행사로 획기적인 인권 신장을 실현할 수 있었는데, 절호의 기회를 놓치고 말았지요. 인권이란 그런 것입니다. 교과서나 조문 속에 들어 있는 게 아니라, 의문을 제기하고 찾아나서야 발견할 수 있는 것이란 말입니다.

천정배 인권은 정태적이 아니라 동태적인, 즉 다이내믹한 개념이란 말에 동의합니다. 사실 아주 구체적인 모습의 인권은 우리가 발굴해내야 합니다. 생활 속의 인권이란 시대의 변화에 따른 것이어서 고정돼 있지도 않기 때문입니다.

저도 1996년 4·12 총선 뒤에 법정에서 왜 구속 피고인에게 수의를 입히느냐고 지적한 적이 있습니다. 그 뒤 법무부의 노력에 따라 평상복을 입을 수 있도록 제도가 마련된 셈입니다. 그런데 실제로는 그 제도가 그다지 잘 활용되지 않는다는 데 또 다른 문제가 있습니다. 구치소에선 법정에 나가기 전 피고인이 원하면 언제든 깨끗한 사복을 입게 합니다. 그런데 대부분의 피고인들이 일부러 수의를 입고 나간다는 겁니다. 그 이유를 들어보니, 피고인들은 수의를 입고 나가는 게 형을 적게 받는 데 더 유리하다고 생각한다더군요.

차병직 피고인들이 법정에서 판사에게 권리를 주장하기보다는 반성하는 모습을 보이는 게 가벼운 형을 받는 데 유리하다고 생각한다는 뜻인 모양이지요. 수의를 입은 모습이 판사나 검사에게 굴종적으로 비치고, 따라서 동정심을 살 수 있다는 심리인가요?

사회 구속 피고인들이 그렇게 반응하는 것은, 아직도 객관적으로 법에 의해 보호받고 있다기보다는 판사나 검사의 주관적 판단이 많은 영향을 끼친다고 생각하기 때문으로 보입니다. 차변호사께서 인권변호사 천정배가 법무부장관이 되고 난 뒤의 인권 상황에 대해 간략히 평가해주십시오.

차병직 인권 상황이 획기적으로 변화했다고 할 수는 없겠습니다. 물론 그런 변화는 애당초 불가능한 것이기도 하지만요. 그러나 전반적으로 꾸준한 개선의 노력을 보이고 있다는 건 사실입니다. 따라서 시대착오적으로 역행하는 모습은 전혀 찾아볼 수 없습니다. 예를 들면, 국가보안법 사건과 불구속 수사 원칙의 관계에선 두드러진 모습을 보였습니다. 강정구 교수 사건에서 천장관께서 불구속 수사를 하라는 수사지휘권을 문서로 행사한 것은 획기적이었지요. 결국 그 일로 검찰총장이 사퇴까지 했지만, 법무부장관의 결단은 적법했을 뿐만 아니라 정당했습니다. 당시 천장관의 소송지휘권 행사에 대해 부정적 의견을 표시한 언론이나 학자들은 법적으로나 논리적으로 반박한 것이 아니라, 정치적이고 당파적으로 비난한 것에 불과합니다.

그러나 의문을 제기하고 싶은 부분도 있습니다. 아까 장관께선 피의자 신문 때 변호인의 참여 제도는 결국 검찰도 수용할 수밖에 없게 됐고, 따라서 지금 입법 단계에 들어가 있다고 말씀하셨습니다. 그런데 그것이 피의자의 명백한 권리라면, 입법으로 해결하기 전에 왜 검찰에서 미리 나서서 행하지 않지요? 입법이 어떤 형태로 귀결된 것인지는 모르나, 검찰은 여전히 이런저런 지침으로 변호인의 관여를 제한하려고만 하잖습니까? 검찰이 솔선수범해서 시행한다면, 입법이 무슨 필요가 있겠습니까?

권리와 효율성의 복잡한 경계

천정배 제 개인적인 입장은 따로 있긴 합니다만, 법무부장관으로서 말씀드린다면 실제로 인권만 강조할 수 없는 면이 분명히 존재한다는 것입니다. 그래서 변호사가 있고 검사가 있는 것 같습니다. 변호인은 피의자나 피고인의 인권을 지켜주자고 주장합니다. 피의자나 피고인의 인권만 강조한다면, 불구속해버리면 모두 해결되지요. 그러나 범죄 수사를 위해서는 구속해야 하는 경우도 생깁니다. 인권단체들이 보기에는 검찰의 인권 의식이 부족할 수 있겠지만, 다른 한편으로 검찰이 보기에는 변호사들이 너무 인권만 내세워 큰 틀에서 수사의 효율성을 무시하는 면이 있습니다. 즉 가치의 충돌이 있는 것이지요.

피의자 조사 때 변호인의 참여 문제도 그렇습니다. 변호인의 참여권은 보장돼야 하지만, 검찰은 실체적 진실을 밝히는 데 피의자

가 증거를 은폐하는 등 제도를 악용할 소지가 있다고 보게 됩니다. 이 문제에는 조화가 필요합니다. 사실 전체 사회의 토론에 비추어 보면 법무부나 검찰의 자체 노력이란 자기 입장이 적극 반영될 수밖에 없는 한계가 있습니다.

그리고 이런 현실도 고려해야 합니다. 변호인 참여 제도가 정착된다 하더라도, 실제로 변호사들이 얼마나 참여하겠는가 하는 것입니다. 경찰에선 어떤지 모르겠습니다만, 검찰에선 지난 일 년 동안 변호인 참여 건수가 100건도 안 되는 것으로 알고 있습니다. 그것은 뭘 의미합니까? 형식적으로 제도만 만들어졌다고 해서 저절로 잘 작동되는 건 아니라는 말입니다. 우선 피의자가 합리적인 내용으로 변호인의 도움을 받기 힘듭니다. 돈이 많은 사람이 아니고선 그 제도를 이용할 수 없습니다. 피의자가 10시간 정도 조사를 받는다고 합시다. 그 비싼 사람들(변호사들)이 그 긴 시간 동안 함께 앉아 있을 수 있겠습니까? 불가능합니다. 아주 특별히 돈 많은 사람이나 누릴 수 있는 특혜가 될 수 있지요.

그러면 어떻게 할 것인가가 또 문젭니다. 어떤 방식을 통해서라도 그런 제도가 정착할 수 있도록 해야 하니까요. 국선변호사 제도를 확대하는 것도 하나의 방법일 것입니다. 민간에서는 김창국 변호사가 대한변호사협회 회장을 맡고 있을 때 당직변호사 제도를 도입했는데, 그것도 확대하면 도움이 될 것입니다. 그래서 검사가 한 명 늘어나면 변호사는 그보다 더 늘어나도록 해야 합니다. 검사가 나설 때마다 거기에는 변호사의 도움이 따르도록 보장해야 합니다. 아마 미국은 그렇게 하고 있는 모양입니다. 퍼블릭 디펜더(public defender)[5] 제도 같은 것이지요. 우리도 한순간에 만들 수는 없겠지만, 중장기적으로 그런 방향으로 가야 합니다.

사회 일본에서 재일동포의 지문 날인을 계속 거부한 목사 한 분이 계셨습니다. 지문 날인에 반대해 시위도 많이 했습니다. 그런데 그런 재일동포의 움직임을 보면서 이해되지 않는 게 하나 있었습니다. 우리 정부나 언론에선 재일동포에 대한 지문 날인 강요에 비판적이면서도, 정작 우리나라에선 왜 모든 국민에 대해 지문 날인을 요구하는 건가요?

천정배 그건 형평의 문제입니다. 방금 지적한 대로 의문이 있을 수는 있겠습니다. 하지만 우리는 모든 국민이 지문 날인을 하도록 제도화되어 있으니 특별한 차별은 없는 셈이지요. 반면 일본은 자국민들에겐 시키지 않으면서 외국인 중 재일동포에게만 시행하니 차별인 것이죠. 우리는 그 차별을 이야기한 것입니다.

사회 알겠습니다. 그 얘길 끄집어낸 건 우리의 지문 날인 제도에 관해 토론해보기 위해서였습니다. 9·11 이후에는 미국이나 일본에서도 지문 날인을 받고 있습니다. 그런데 우리는 무슨 특별한 계기도 없이 애당초 지문 날인을 제도화해오고 있는 상황입니다. 우리는 왜 반드시 지문 날인을 해야 하지요? 북한에서도 지문 날인을 하지 않는다고 들었습니다. 여권에는 지문 날인이 필요 없는데, 왜 주민등록증 발급 때에는 지문을 날인해야 하는지 알 수가 없습니다. 또 주민등록이란 용어도 바꿔야 하지 않을까요?

---

5 국가가 국선전담변호사를 고용하는 공적 변호인 제도.

천정배 헌법적인 측면에서랄까, 이렇게 말할 수 있겠습니다. 독일에선 인간에게 번호를 부여하는 자체를 인권침해로 규정합니다. 인격권에 대한 침해로 보는 것이죠. 인간에게 무슨 번호를 부여하느냐란 것입니다. 따라서 독일 국민들이 가지고 있는 신분증에 고유 번호 따위는 없습니다. 그리고 생활하면서 신분증 자체가 그리 필요가 없다고 해요. 신분증이 가장 요긴하게 쓰이는 건 술을 살 때라고 합니다. 18세 이상인가 돼야 가게에서 술을 살 수 있는데, 그즈음 나이의 젊은이들이 18세가 됐다는 사실을 증명하기 위해 신분증을 사용한다는 거죠.

차병직 독일의 문화나 분위기는 우리와 좀 다른 것 같습니다. 1980년대 초에 서독 정부에서 인구 조사를 실시하려다가 좌절된 것은 유명한 얘기죠. 공무원들이 집집마다 다니면서 시시콜콜 신상에 관한 일을 캐묻는 데 불쾌감을 느낀 함부르크의 어느 여성 변호사가 긴급 헌법소원을 제기했고, 연방헌법재판소에서 위헌 결정을 해버린 것이죠. 구체적인 이유는 좀 기술적입니다. 인구 조사 자체가 위헌이 아니라, 국가가 얻은 개인 정보를 함부로 국가 기관 사이에 유통하게 하는 것이 정보의 자기결정권을 침해한다는 이유로 위헌 결정을 했어요. 어쨌든 그 사건으로 서독 정부는 인구 조사를 포기하고 말았습니다. 다행히 관련 법률을 개정하여 1987년에 필요한 최소한의 인구 조사는 했습니다.

사회 주민등록번호를 부여하는 것보다 지문을 찍게 하는 일이 인권침해의 정도가 더 크다고 보지 않습니까?

차병직 지문 날인 자체가 본질적으로 개인의 권리를 어느 정도 침해하느냐 하는 문제와 지문 날인을 강요당하는 일의 상징적 의미에는 차이가 있는 것 같습니다. 실제로는 상징성이 더 크지 않나 싶은데요. 사실 저는 아직까지 주민등록증이 없습니다. 전자카드화한다고 할 때 인권단체들이 지문 날인 거부운동을 펼쳤고, 거기에 동참했기 때문에 새 주민카드를 만들지 않았던 거죠. 그런데 이제 그 쟁점은 한 고비를 넘겼고, 생활에 불편한 점도 있어서, 언제 선거 기간 중에 새 주민등록증을 만들까 생각하고 있습니다.

그런데 이런 인권 문제와 관련해선 시민적 이중성이 있다고 봅니다. 보통의 경우 이렇습니다. 한편에선 지문 날인 제도에 대해 항의합니다. 그러면서 다른 한편으론 범죄자를 제대로 체포하지 못한다든지 미아를 찾지 못한다고 국가를 비난합니다. 심지어 국가가 국민에 대한 기본적인 의무도 제대로 이행하지 못하고 있다고 흥분합니다. 한편에선 국가에 대해 간섭하지 말라고 요구하면서, 다른 한편으론 국가가 무심하다고 원망하는 양상이지요.

이야기가 약간 빗나갈 수도 있습니다만, 이런 이중적 태도는 여러 곳에서 발견할 수 있습니다. 대표적인 것 중의 하나가 불심검문입니다. 불심검문에 대해선 누구나 불쾌해합니다. 그러나 탈주범이 며칠 시간을 끌다 잡히면 언론이나 여론의 반응은 어떻습니까? 제일 먼저 범인의 이동 경로를 재현하면서, 그사이에 불심검문조차 한 번 받은 적이 없다고 야단입니다. 국제적인 문제에서도 예를 들 수 있습니다. 참여연대 내부에서 제가 그런 지적을 한 적이 있습니다. 참여연대는 미얀마 민주화 문제에 관심을 가지고 연대 활동에도 참여합니다. 미얀마는 나름대로 대내외적인 정치적 안정성을 갖추고 있지요. 하지만 바깥에서 미얀마 민주화 요구에 동참하는 이유는 보편성의 요구 때문입니다. 그런데 미얀마 민주화를 요구하는 단체가 북한에 대해선 특수성을 인정해야 한다는 식으로 나오지요. 저야 개인적으로 특수성을 무시하는 보편성의 요구는 허망한 이상론에 지나지 않는다고 생각하지만, 여기선 인권에 대한 이중의 잣대에 대해서만 말하는 것입니다.

지문 날인의 문제든 북한 문제든, 소수 운동으로서는 어떤 주장도 가능합니다. 그러나 일반적 설득력을 가지고 목적 달성을 위한 효과적인 운동을 하려면 논리적 일관성을 유지할 수 있어야 할 것이란 말씀을 드리고 싶습니다. 지문 날인이 어떤 경우에도 허용할 수 없는 근본적이고도 절대적인 가치와 결부되는 것인지, 아니면 일정한 질서나 공적 이익을 위해 타협할 수 있는 것인지 판단이 필요하겠지요.

사회 그러면 전자신분증에 대해서는 어떻게 생각하시는지요?

차병직 신분증이야 비닐로 만들든 플라스틱으로 만들든 차이가 있을 리 없을 테지요. 흔히 전자카드 또는 전자주민등록증이란 것은, 외형은 같지만 개인 정보를 전산 처리해서 파일로 보관한다는 의미입니다. 경우에 따라선 종이에 손으로 쓴 정보보다는 처리가 쉽고 빠를 뿐 아니라, 그만큼 대량 유출의 우려도 있단 말이겠습니다.

국가 입장에선, 또는 조직을 관리하는 자의 입장에서도 마찬가지겠지만, 질서 유지나 행정 목적 달성을 위해선 가능한 한 많은 정보를 얻기 원합니다. 그것은 어떤 의미에서 본능적이죠. 그리고 또 가능하다면 필요한 범위를 넘어서서라도 더 많은 정보를 확보할 수 있다면 우선 가지고 싶어합니다.

독일에서는 '문턱이론(Schwellentheorie)'이란 게 있습니다. 범인 체포 등을 위해 모든 시민의 개인 정보를 다량으로 수집해 저장하는 행위는 기본권 침해의 문턱에 있다는 것이죠. 즉 기본권 침해의 문턱을 넘지 않았으면 상관없다는 의미도 포함합니다. 하지만 단순한 정보의 수집과 보관이라 하더라도, 필요한 한도를 훨씬 초과하거나 합리적 범위를 넘어서면 개인의 정보적 자기결정권을 침해한다고 볼 수도 있을 겁니다.

어쨌든 정보 수집에 관한 새로운 제도는 당연히 법률에 의할 것이지만, 법 제정 이전에 국민적 동의를 얻어야 합니다. 그 과정에서 국민들은, 아까 말한 이중적 태도에서 판단을 분명히 해야 할 필요가 있겠습니다: 자신의 정보를 제공하는 불쾌감을 감수할 것인가, 아니면 전자 데이터를 활용한 행정이 주는 각종 생활의 편리함을 포기할 것인가 사이에서 선택을 해야겠지요.

천정배 논란이 많은 문제들 중 하나입니다. 지금 국회에는 인간의 유전자 정보은행을 만드는 것을 골자로 하는 법안이 발의된 상태입니다. 지역별로 유전자 정보를 보관하고 있다가 어떤 사건이 생겼을 때 대조해나가는 것입니다. 현실적인 효용만 따진다면 화성 연쇄살인 사건 같은 것도 쉽게 해결할 수 있을지 모르죠. 전자팔찌도 마찬가지로 그런 문제 요소를 지니고 있습니다. 그리고 출입국 관리에도 생체 인식을 활용하려고 해요. 모든 사람에게 일률적으로 시행하려는 것은 아니고, 원하는 사람에 한해서만 생체 인식의 표지를 여권에 삽입해서 출입국 때 절차를 아주 간편하게 한다는 거죠. 그런데 유전자 은행 쪽의 말로는 부작용은 거의 없다고 해요. 사람의 동일성을 인식하는 것 외에는 활용할 수 있는 부분이 없다

© 권혁재

고는 합니다. 그 자체로는 다른 정보적 가치, 즉 인격권을 훼손할 만한 그런 가치는 없다는 건데, 잘 모르겠어요.

어쩌면 그런 문제들은 논리적으로 설명하기 나름이 아닌가 해요. 예를 들어볼까요. 보호감호를 이중처벌이라고 해서 없애버렸습니다. 그런데 이렇게 이해하면 어떻습니까. 징역 15년을 선고할 사람에게 교육형 제도의 취지를 살려 징역 5년에 보호감호 10년으로 하는 것이죠. 그런 다음 행형 성적이나 여러 사정을 고려하여 보호감호 기간을 줄일 수 있다는 것을 판사가 애당초 선고할 때부터 선언한다면, 이중처벌의 논란은 없을 것입니다. 전자팔찌에 대해서도 법무부 공무원들은 신중한 태도입니다. 전과자에 대한 범죄 예방 차원의 표지로 전자팔찌를 채운다면 그건 비인격적입니다. 하지만 그런 의미가 아니라 가석방자들에게 형벌의 대체 수단으로 전자팔찌를 사용한다면 사정이 다르지요. 감옥에 갇혀 있는 것보다는 보이지 않는 전자팔찌를 차고 일정한 사회생활을 하는 게 더 나으니까요. 그렇다면 인격을 침해하는 게 아니라 인권을 옹호하는 결과가 되지 않을까요?

침해와 보호 사이, 문턱에 선 과학 기술

차병직 사실 인권 문제에 대해 진보적인 생각을 가진 사람들이 수년 전부터 전자팔찌 제도를 선진 사례로 소개하기도 했습니다. 전자팔찌는 과학 기술을 행형에 적용하는 것으로 인권침해의 요소도 있지만 인권 신장에 기여하는 요소도 있습니다. 무조건 반대할 일은 아니지요. 전자팔찌 제도에 대한 저항감은 본질적인 것이 아니라 정치적인 것이라 생각합니다.

사회 전자팔찌 제도에는 인권과 관리 시스템의 효율성이란 두 가지 문제가 담겨 있는 것 같습니다. 그런데 효율적 관리 시스템을 위한 것이 과연 전자팔찌밖에 없을까요?

차병직 장관께서 말씀하신 대로 범죄 예방을 위해서는 곤란합니다만, 형벌의 대용으로는 괜찮다고 생각합니다.

천정배 그렇습니다. 범죄 예방이란 건 묘합니다. 어떤 의미에서는 재범의 우려가 있는 사람은 평생 감옥에 가두어두어야 옳은 것이죠. 상습적 성폭력범의 경우 감호소 등 일선에선 교정이 불가능하다고 느끼고 있습니다. 전문가들은 범죄의 상습성을 단순한 범죄적 성향이 아니라 정신적인 질환이라고 합니다. 상습적 성폭력범은 평생 어디 특정한 시설에서 치료를 받게 하는 게 맞을 수 있지요. 하지만 재범의 위험성, 상습성을 정확히 가려낼 방법이 없죠.

사회 그 판단은 매우 어려운 것 같습니다. 범죄 예방이란 게 자칫하면 사회 정화 차원으로 변질될 수 있습니다.

천정배 강력범이나 상습범에 대해선 정치적으로 유전자 정보나 생체 인식 등의 방식으로 관리할 것을 요구하기도 하지요.

사회 인권침해의 우려가 많은 것 같습니다. 다른 관리 방식이 없을까요?

천정배 무슨 뾰족한 방법이 있을까 싶은데요, 범죄 현장에서 달랑 머리카락 한 가닥만 나왔다면 유전자 감식말고 달리 방법이 있겠습니까? 그러니 유전자 정보를 관리하려는 거지요.

사회 전자팔찌를 다시 생각해보지요. 전자팔찌가 시민의 일상에 끼치는 영향을 제대로 파악해야 합니다. 범죄자에 대한 처우를 개선하고 사회생활을 하면서 형을 받게 하는 것을 반대하지는 않습니다. 그러나 사람을 분류하여 전자팔찌를 채울 때 그 전자팔찌는 감옥입니다. 그럴 경우 전자팔찌는 특정 범죄자 개인의 문제가 아니라 그 자체가 사회적으로 폭력의 의미를 띤다는 문제를 지적하고 싶은 것입니다.

천정배 전자팔찌는 핸드폰이나 다름없습니다. 둘 다 위치 추적이 가능하잖습니까.

사회 하지만 핸드폰은 동의에 의한 것이지만, 전자팔찌는 강제에 의한 것이잖습니까?

차병직 전자팔찌는 형벌의 대용이란 점을 다시 한번 상기해야 합니다. 형벌을 동의를 얻어 부과할 순 없지요. 그리고 형벌에서, 아무리 목적형이나 교육형의 취지에 부합한다 하더라도, 응징의 요소를 완전히 배제할 수는 없는 것입니다. 그리고 전자팔찌 제도는 도입한다 하더라도 선택적입니다. 교도소에 갇혀 있겠느냐, 아니면 전자팔찌를 차고 밖으로 나가겠느냐 하는 거죠.

천정배 그러니까 전자팔찌는 당연히 형벌의 대체 수단이어야 합니다.

차병직 어쨌든 그런 제도는 사람들의 인식이 바뀌어야 채택할 수 있을 겁니다. 사회적 동의 없이 섣불리 들여오는 건 좋지 않죠. 인권의 측면에서 관념적이고 추상적인 의문을 계속 던져보는 것은 좋은 현상입니다. 하지만 과학 기술이란 것은 다른 면에서 보면 전혀 다를 수 있습니다. 우리는 흔히 조지 오웰의 장편소설 『1984년』을 전체주의 사회를 경고하는 탁월한 미래소설로 평가합니다. 그러나 케임브리지에서 한 강연 「두 문화와 과학혁명」으로 유명한 찰스 퍼시 스노[6]는 전혀 다르게 평가합니다. 『1984년』은 미래사회를 가장 강력하게 거부한 소설이란 겁니다. 아주 의미심장한 말처럼 느껴지지 않습니까?

사회 이거, 제가 토론에 끼어드는 것 같습니다만, 한번 더 문제를 제기합니다. 기능적으로 얘기하면 전자팔찌는 편리합니다. 자기 어린아이에게 채워도 좋고, 지리산 반달곰에도 채울 수 있습니다. 하지만 범죄자에게 채우는 것은 문제라는 것입니다. 전자팔찌를 채운 인간 자체의 존재에 대한 고려가 있어야 한다는 말이죠.

---

6 Charles Percy Snow(1905~1980). 영국 라이체스터 대학 물리학과를 졸업하고, 케임브리지 크라이스트 칼리지에서 박사가 된 뒤 계속 특별연구원으로 있었다. 과학자이면서 소설도 썼다. 1959년 케임브리지에서 행한 「두 문화와 과학혁명」이란 제목의 강연으로 오늘날까지 유명하다. 강연의 요지는 과학혁명의 불가피성과 그에 대한 몰이해를 꼬집는 것이었는데, 서구사회의 지적 생활에서 갈수록 자연과학과 인문학이 극단으로 갈라지고 있음을 우려했다.

차병직 전자팔찌는 우선 범죄자 자신이 선택할 수 있는 것이기도 하지만, 전자팔찌 제도 그 자체도 선택적입니다. 무슨 말인고 하니, 전자팔찌 제도는 우리가 채택할 수도 있고 안할 수도 있다는 거죠. 절대악이나 절대선이 아니란 말입니다. 동성애의 경우 과거엔 자연의 섭리에 반하는 용서받을 수 없는 범죄행위로 여겼습니다. 그러나 지금은 다르죠. 그것처럼 뭐든 과거의 잣대로 이해해선 안 될 것입니다. 전자팔찌에 거부감을 갖는 것은, 아마 그것이 범죄자에 대한 낙인처럼 여겨져서 그런 것 같습니다.

사회 한마디만 더 하겠습니다. 미국 영화를 보니 전자팔찌를 한 가석방자는 집단 거주지에 살아야 하는데, 아침 8시에 외출할 수 있고 일정 시간 이내에 귀가해야 하더군요. 낮에도 전화로 체크를 하고요.

차병직 형벌이란 단순한 격리만은 아닌 거죠. 아까 말씀드렸듯이, 형벌에는 최소한의 응징적 기능이 있어야 합니다. 재소자의 처우를 개선한다고 교도소를 고급 호텔처럼 만들 수 없는 이유가 거기에 있습니다.

사회 갑자기 에밀 졸라가 떠오릅니다. 졸라는 파리의 에펠탑을 물질문명의 상징이고 반휴머니즘적이란 이유로 맹렬히 반대했습니다. 졸라의 그런 반대 때문에 에펠탑의 아름다움이 더 부각됐다는 역설이 있습니다. 차변호사께서 말씀하신 논리는 전적으로 이해하고 동의합니다. 하지만 개인적으로 전자팔찌에는 끝까지 반대합니다. 에펠탑의 경우처럼 반대 의견이 있어야 그 가치가 더 높아질 수 있지 않겠어요?

차병직 반대는 좋습니다. 소수 의견은 항상 있어야지요. 하지만 사생결단으로 반대해서는 안 됩니다. 특히 선악의 문제가 아닌 선택의 문제에서는 그럴 것입니다.

사회 차변호사께선 과학 기술의 진보가 인권의 확장으로 이어질 수 있다는 견해를 내비치셨습니다. 의문이 제기될 수도 있겠습니다만, 장관께서 그 부분에 대해 조금 더 보강해주시죠.

천정배 둘 이상의 가치가 충돌하는 가운데 그 조정을 어떻게 할 것인가의 문제 아닌가요? 논리적인 하나의 답이 있는 건 아니라고 봅니다. 유전자 정보은행만 하더라도, 개인의 DNA 정도를 법에 의해 강제로 얻느냐 동의에 의해 확보하느냐가 있겠지만, 동의가 있더라도 인격권이 침해될 여지는 존재할 것입니다. 그런 반면 강력범을 체포하는 데 유용한 수단이란 점도 사실이란 말이지요. 그런데 거기에도 정도의 문제, 즉 비례의 원칙 같은 게 있겠습니다. 도로교통법을 위반한 사람을 잡기 위해 유전자 정보를 수집하겠다면 누구든 거부하겠지만, 강력 연쇄살인범을 잡기 위해서라면 생각이 달라질 겁니다. 강력 범죄는 가능한 한 빨리 척결해야 한다는 요구 자체가 하나의 가치인 것이지요. 그러니까 가치 충돌의 문제고, 조화가 필요하단 의미입니다. 그리고 현실적으론 여론이란 것도 무시할 수 없습니다. 다른 나라의 사례와 시행착오도 살펴봐야 할 것이고요. 참 어려운 문제입니다. 균형 감각을 유지한 해답을 찾아내야 하는 것이 우리의 의무입니다.

사회 과학 기술을 이용한 새로운 제도에 대해서는 내면적 공포가 도사리고 있지 않나요? 영화나 소설에도 등장합니다만, 유전자에 의한 증거 확보 방식이란 게 악용될 경우 막을 도리가 없지 않습니까?

천정배 국가 기관이나 개인에 의한 악의적 조작을 말씀하시는 모양인데, 조작이란 지금도 마찬가지 아닌가요? 조작하려고만 들면 지금도 가능한 것이고, 그 위험성은 어떤 경우나 비슷하지요. 언제 어떤 제도에서든 동일한 문제인 것 같습니다.

사회 유전자적 근거처럼 과학적 방식이란 점 때문에 악용의 폐해도 더 클 것 같은데요. 검증의 조작이나 실수 등을 통해, 명백한 알리바이가 있어도 과학적 합리주의라는 명분에 밀려 억울한 사태가 발생할 가능성이 크지 않나요?

차병직 그것도 마찬가지지요. 과학적 증거란 것도 절대적인 것은 아니니까 종국에는 법관이 판단하는 것이죠. 과학 기술과 인권의 문제에선 여러 연구가 따라야 한다고 봅니다. 향후 인권 영역에서 가장 큰 영향을 미칠 수 있는 조건의 하나가 과학 기술의 발전이라 확신합니다. 과학 기술은 눈부신 속도로 진행하는데, 인권과 관련한 우리의 가치 판단은 구태의연합니다. 새로운 과학 기술은 탄생하는 동시에 이미 우리 존재의 일부가 되어버립니다. 거부한다고 해서 없어지는 게 아니지요. 거부를 포함한 논란은 그 구체적 적용이나 제도적 채택을 더디게 할 뿐이고 궁극적으로 소멸시키진 못하죠. 따라서 언제나 인간의 존엄성과 같은 관념적이고 추상적인 구

과학 기술과 인권의 문제에선 여러 연구가 따라야 한다고 봅니다. 향후 인권 영역에서 가장 큰 영향을 미칠 수 있는 조건의 하나가 과학 기술의 발전이라 확신합니다. 과학 기술은 눈부신 속도로 진행하는데, 인권과 관련한 우리의 가치 판단은 구태의연합니다.

호로만 그런 문제에 대처하려는 건 낡은 방식입니다. 설득력도 없습니다. 이제 보다 구체적이고 실감나는 기준과 근거를 만들어 들이댈 수 있어야 합니다.

다시 전자팔찌로 돌아가지요. 과학 기술을 직접 인권을 실현하는 데 사용하면 거부 반응이 없습니다. 그런데 기존의 다른 수단을 대체하면서 간접적으로 인권 신장에도 효과가 있을 경우엔 거부 반응이 금방 나타납니다. 어쨌든 전자팔찌가 결과적으로 인권침해가 전혀 없는 방식으로 사용될 수 있다 하더라도, 현실로는 대다수의 국민들이 납득할 수 있을 때까지 기다리는 수밖에 없다고 생각합니다.

천정배 그것과 관련한 중요한 문제가 또 있긴 합니다. 바로 국가 권력에 대한 신뢰와 불신의 문제입니다. 참여정부든 미래의 더 발전된 정부든, 국가 권력에는 긍정적 측면과 부정적 측면이 공존합니다. 정책을 결정할 때 신뢰와 불신 사이에서 균형점을 찾는 일이 더 중요합니다. 옳고 그름을 떠나서 해결해야 할 과제인 것 같아요.

사회 방향을 조금 바꾸어서 이야기를 더 해볼까요? 어느 시사 프로그램을 보니 개인이 하루에 감시카메라(CC-TV)를 자각하는 회수가 평균 15회 정도라더군요. 실제로 추적해보니 한 사람이 하루에 140회 찍힌 경우가 있더군요. 야구장에 구경 갔다가 텔레비전 카메라에 찍힌 경우는 이제 어디 가서 불평을 털어놓지도 못할 지경이 됐습니다. 프라이버시 문제를 어떻게 생각하십니까?

천정배 누구에게나 심각한 현실입니다만, 그만큼 어려운 문제이기도 합니다. 주로 초상권이나 성명권의 영역이 되겠습니다만.

차병직 프라이버시권이란 말은 미국에서 시작됐지요. 더 구체적으로는 혼자 있을 권리(rights to be alone)에서 출발한 개념이고요. 프라이버시권이란 그 속성상 처음엔 부자들이 요구한 권리였다고 할 수 있겠어요. 고급 저택이 모여 있는 동네를 떠올리면 금방 이해가 됩니다. 타인들의 접근을 꺼려하는 습성을 권리화하는 것이지요. 가진 게 없는 사람들은 '혼자 있을 공간' 자체가 존재하지 않으니 프라이버시가 어디 있겠어요. 하지만 이젠 그런 프라이버시권의 권리가 모든 계층의 사람에게 확장된 것 같습니다. 본인이 원하지 않을 때 본인과 관련한 정보는 물론 이미지나 표지를 침해당하기 싫다는 것인데, 본질적으로 개인의 인격과 관련됩니다. 독일 등에서는 프라이버시란 말 대신 인격권이라는 권리 개념이 발달했지요. 아직도 영어로는 정확히 거기에 대응하는 어휘가 없는 것 같아요. 인격권과 프라이버시는 구체적 내용과 범위, 법이론 등이 서로 겹치기도 하지만 조금씩 달라요. 또 우리는 헌법에서 사생활의 비밀이나 보호라는 말을 쓰기도 하죠. 어쨌든, 용어에 구애받을 필요 없이 구체적 상황에서 문제를 발견하고 해결을 도모할 수는 있겠습니다.

초상권만 하더라도 그에 대한 관념이나 인식이 몇 년 전과 지금은 판이하게 다릅니다. 재미있는 예를 하나 들지요. 제가 대학원 다닐 때 형사법 전공자 대여섯 명이 지하철을 타고 인천 야구장에 간 적이 있었습니다. 프로야구 롯데 자이언츠의 원정 경기를 구경 갔는데, 우리는 모두 연고에 관계없이 롯데 4번 타자 김용희를 응원하러 거기까지 갔어요. 혹시 김용희가 홈런이라도 칠까 해서 좌측 외야석에 자리를 잡았지요. 그런데 일행 중 한 사람이 담배를 피우는데 고개를 뒤로 돌려 연기를 뿜는 거예요. 왜 그러느냐고 물었더니,

고향 어른들이 자기가 담배 피우는 걸 모르고 계신데 혹시 텔레비전 스포츠 뉴스 카메라에 찍힐지 몰라 그런다는 대답이었어요. 그때만 하더라도 초상권에 대한 권리의식이 거의 없었던 거죠.

물론 경기장에서 찍힌 자신의 얼굴에 대해 초상권을 주장할 순 없겠지만, 당시엔 아무도 초상권이란 어휘를 입에 올려보지 못했을 정도로 현실의 권리 관념은 없었습니다. 그러나 요즘은 누구나 자신의 프라이버시 권리에 대해 모두 민감하지요. 조금만 기분 나쁜 일을 당해도 아는 변호사가 있으면 금방 전화해볼 정도니까요.

천정배 과학 기술이 발달할수록 문제는 더 복잡해질 것입니다. 개인 권리의 침해 가능성은 더 커지겠지요. 항상 두 가지 측면이 상충하겠습니다. 생활의 편리함과 사생활 비밀의 침해. 요즘은 핸드폰만 들고 다녀도 위치 추적이 가능하잖아요. 편리한 점이 있는 반면 악용의 가능성도 큽니다.

사회 요즘은 RFRD라는 것도 화제가 되고 있지요?

천정배 RFRD 또는 RFID(Radio Frequency Identification)라고 부르지요. 우리말로는 무선주파수 식별, 전파 식별이라고 번역하면 되겠습니다. 무선주파수 식별은 작은 칩을 필요한 곳에 부착하여 정보를 인식하는 장치입니다. 지금 많이 사용하고 있는 마그네틱이나 바코드에 비해 장점이 있다고 하지요. 신용카드나 은행 통장에 부착한 마그네틱테이프나 상품에 붙인 바코드는 쉽게 손상되고 시간이 지나면 인식률이 떨어집니다. 그런데 RFID는 주파수 대역을 이용해 무선 방식으로 각종 정보를 주고받을 수 있어 편리한 모양입니다. 거기에 필요한 칩은 몇 밀리미터 정도에 불과하기 때문에 물건이나 인체에도 쉽게 심을 수 있나봐요. 그러면 사람이든 물건이든 어디에 있어도 위치 추적이 가능하게 되죠.

차병직 RFID의 이용 예는 다양한 것 같아요. 슈퍼 정육점의 수입한 쇠고기에 칩을 붙여두면, 소비자가 핸드폰을 들고 그 매장에 들어서는 순간 원산지 정보 등이 화면에 뜨게 할 수 있다는 겁니다. 또 의류에 부착한 뒤 세탁기에 넣으면 세탁물이 직접 세탁기에 세탁 방법과 세제 선택을 요구할 수도 있어요. 미국에선 스스로 자신의 몸에 칩을 심어줄 것을 요구한 사람들이 있더군요. 플로리다 주의 어느 가족은 의료 목적으로 그런 요청을 했답니다. 신체에 이상이 생기면 보호자나 의사가 바로 알 수 있게 하는 거죠. 그런가 하면 브라질의 어떤 공무원은 납치의 위험 때문에 칩 부착을 희망하기도 했다지요.

천정배 구체적으로 법무부 업무와 관련된 것 중에도 프라이버시의 문제가 깔려 있습니다. 현재 미국과 비자 면제 프로그램에 대해 논의 중입니다. 그런데 미국 정부가 우리에게 요구한 내용 중의 하나가 무엇인가 하면, 우리더러 생체 인식이 가능한 여권을 만들라는 겁니다. 그렇게 되면 편하긴 할 테지요. 비즈니스맨들은 특히 편할 수 있습니다. 출입국 절차가 간소해져서 속도가 아주 빨라질 테니까요. 그런 매력 때문에 일부에선 동의하기도 했답니다.

차병직 경우에 따라선 끔찍하기도 합니다. 우리나라 사람들이 미국에 입국만 하면 어디서 뭘 하는지 훤하게 파악되겠지요.

천정배 교도소에서 재소자의 동태 파악을 위해 감시카메라를 설치하고 있는데, 이것도 재소자의 인권침해 가능성이 있습니다. 재소자에게도 극히 제한된 것이지만 사생활이 있으니까요. 예를 들면 자살 방지를 위해 감시카메라를 켠다고 합시다. 자살하지 못하게 하는 것이 목적이라면 24시간 감시해야 하죠.

어떤 상황에서건 기계는 유용하고 범죄나 사고 예방에 일정한 효과가 있습니다만, 항상 다른 가치를 훼손하는 반대의 면이 있습니다. 도청도 마찬가지 아니겠습니까? 국가적 안보를 위해 필요하면서도 남용 가능성 또한 분명합니다. 어떻게 조화시키느냐가 항상 우리가 찾아 헤매는 결론입니다.

차병직 일본 도쿄의 교통 사정은 서울보다 더 복잡하지요. 하지만 도쿄는 물론 일본 전역을 여행하는 데 직접 운전하는 자동차만큼 편한 게 없습니다. 바로 네비게이션 덕분입니다. 공공건물이나 가게는 물론 개인 주택까지 전화번호만 누르면 끝입니다. 화면에 나타나는 화살표만 따라가면 바로 그 집 대문 앞에 정확히 데려다 줍니다. 좁은 골목길이라도 바로 문 앞까지 말이지요. 유럽이나 미국도 비슷하겠지요. 우리 네비게이터 시장도 확장되고 있는 것 같은데, 프라이버시 문제가 제기되기도 하는 모양입니다.

자, 우리가 결정해야 할 것은 무엇일까요? 단순하게 보면 선택의 문제인가요? 우리의 삶의 형태를 크게 변형시킬 변화를 받아들이면서 집 밖의 생활에선 익명성과 프라이버시를 포기하고 살 것이냐, 아니면 기술의 편리함을 단호히 거부하고 개인적인 가치를 추구할 것이냐.

사회 감시카메라가 자꾸 늘어나는 건 범죄 예방 때문이라고 하는데, 도대체 범죄 예방에 효과가 있긴 한가요? 연쇄살인범 유영철 씨는 강남에선 감시카메라 때문에 범행을 저지르지 못했다고 했습니다만.

천정배 감시가 범죄를 예방하는 건 사실이라고 봐야지요. 범죄는 은밀하게 행해지는 것이니, 철저한 감시를 하게 되면 범죄가 줄어들 수밖에 없을 겁니다. 그러나 범죄 발생의 원인이라는 근본적인 면에서 생각하면, 감시가 범죄를 일시적으로 억제할 순 있겠지만 예방하는 데 효과적일까 하는 의문은 있습니다. 범죄가 반드시 범죄자 개인의 책임이냐는 견해에 귀를 기울이게 되면 감시란 범죄 예방에 별 도움이 되지 않지요.

차병직 범죄에 대한 연구는 끊임없이 계속되고 있습니다만, 범죄도 끊임이 없지요. 범죄원인론에서는 방금 말씀하신 대로 범죄소질론과 범죄환경론 같은 학설들이 있습니다. 범죄인이 되기 쉬운 개인적 소질이 문제냐, 아니면 범죄를 유발하는 사회 환경이 문제냐라는 논쟁이죠. 쉽지 않겠습니다만, 저로서는 사회의 구조와 환경이 더 마음에 걸립니다.

사회 범죄에 관해서는 앞에서 조금 이야기한 부분도 있고, 더 필요하다면 따로 얘기해야 할 것 같습니다. 첨단 기술과 프라이버시에 대한 얘기를 하다보니 너무 길어졌습니다. 마지막으로 인권에 대한 개인적 체험이나 철학 같은 걸 한마디씩 해주시죠.

© 김중만

천정배 세상을 보면서 편견을 가져서는 안 된다는 깨달음을 새삼 얻은 적이 있습니다. 인권을 함께 실현하는 전제 조건 중의 하나가 각자의 마음속에서 편견을 버리는 것이겠지요. 전 원래 봉건적 사고와 행동에 익숙한 사람이었습니다. 그래서 아버지로서 아이들을 대하는 태도도 거기서 벗어날 수 없었지요. 그런데 한순간의 경험이 저를 바꾸어놓았습니다.

제네바에서 열린 세계인권회의에 참석했을 때였습니다. 어느 나라인지 모르겠습니다만 외국 대표 한 사람이 연단에 섰는데, 그 외관이 충격적이었습니다. 남자가 꽁지머리에 귀고리까지 달고 나온 것이었어요. 정장을 하고 그 자리에 앉은 제가 볼 땐 꼴불견이었지요. 예의도 없어 보였고요. 저래 가지고 무슨 인권을 이야기하나 싶을 정도였어요. (웃음) 그런데 저의 그런 편견이 깨진 건 순식간이었습니다. 그 사내는 변호사였는데, 막상 연설을 시작하자 저도 모르게 빠져들기 시작했습니다. 그의 말은 진지하고 사려 깊었으며, 아주 논리 정연했습니다. 다 듣고 난 저는 몹시 놀라고 부끄러웠습니다. 제가 얼마나 편견이 심한 사람이었는지 대오각성한 것이었죠. 그 뒤로 세상을 보는 눈이 달라졌습니다. 첫째 딸아이가 멋을 부리기 시작해도, 둘째 딸아이가 저녁 공연장 좌석 확보를 위해 새벽 5시에 데려다 달라고 해도 전혀 이상하지 않게 된 겁니다.

그 사건 이전의 제 의식이 어땠는지는 말하기 곤란할 지경이죠. 고등학교 시절 전 성적도 1등이었고 모범생이었습니다. 하지만 당시로서는 기존의 판에 박힌 질서를 부정하려는 기세도 있었다고 믿었죠. 무엇보다도 학교에서 선생님들이 시키는 대로 하는 공부가 싫었어요. 공업 시간에 책을 읽는데 "공공시설에 화장실 비율은 남자용과 여자용을 4대1, 소변기와 대변기를 4대3으로 배치한다"는 대목이 눈에 띄었어요. 순간 이 따위 것을 외워야 한다니, 라는 생각이 들더군요. 그래서 그날 이후론 공업책을 펼쳐보지 않았어요. 결국 성적표에는 '양'으로 평가됐어요. 대입 예비고사 직전에야 책을 달달 외워, 그 시험에선 만점을 받았지요. 지금 생각하면 공업 교과서에서 읽은 그 내용의 부당성이나 불합리성에 대해 제대로 깨닫고 있었던 것인지 의심스럽습니다. 결혼 때도 마찬가지였어요. 결혼 전 아내는 교사로 근무하고 있었는데, 저는 결혼하면 아내가 당연히 직장을 그만둬야 한다고 생각했고, 아내는 그 뜻에 따랐습니다. 지나고 나서 되짚어보니, 아차 싶었지요. 역시 꽁지머리의 외국 변호사를 본 이후의 일입니다만. 전 결혼을 앞두고 아내가 학교를 그만둘 것인지에 대해 아내의 의견을 단 한 번도 들은 적이 없었습니다. 뿐만 아니라 아내의 일은 아내가 결정할 문제라는 사실조차 깨닫지 못했던 것이죠.

차병직 좋은 말씀입니다. 정말 인권이란 헌법이나 형사소송 절차의 규정에 있는 게 아닙니다. 우리 생활 속에 스며 있으면서 우리가 찾아내야 하는 것이 진정한 인권의 모습인지 모릅니다. 편견에 대한 유사한 경험은 저도 많습니다. 아마도 우리는 계급이 없는 사회에 살고 있다는 그릇된 교육과 정치 선전 때문에, 실제로 계급이 없는 사회에 살고 있다고 착각을 하는 사람들이 많은 것 같습니다. 그래서 다른 계층의 사람들을 이해할 수 없고, 거기서 온갖 편견과 오해가 생기고, 그것이 차별과 불평등으로 나타나지요. 그렇게 보면 요즘은 정말 많이 변했습니다. 어린 학생들에게 물어보십시오, 우리 사회에 계급이 있냐고요. 제가 실제로 초등학생들에게 물었더니 당연히 있는 것 아니냐고 반문하더군요. 아이들 스스로 계급 사회

속에 살며 직접 느끼고 있는데 모를 리가 없지요. 그러니 역시 알
수 없는 건 정치가들입니다.

　저 역시 제가 속해 있는 세계에서 다른 쪽을 엿보며 살아온 셈입
니다. 법률 서적에서 얻은 얼마간의 지식과 변호사 자격 하나로 제
법 세상을 안다고 생각했지요. 물론 착각이었습니다. 다행히 현실
의 구석진 곳의 삶을 보면서 조금씩 정신이 들었다고 할 수 있습니
다. 앞서 말씀드린 대로 박원순이나 서준식의 활동에 곁다리로 끼
여 다니면서 경험한 일, 민변이나 참여연대 말석에서 체험한 느낌
이 저를 철들게 만들었죠. 예를 들면, 해마다 민가협[7]에서 여는 행
사인 '하루감옥체험'에서 만난 조점순 씨 같은 사람이 제겐 천장관
님의 꽁지머리 변호사와 같은 역할을 해준 셈입니다. 거의 10년도
더 된 것 같습니다만, 명동성당 앞에 공중전화 부스처럼 만든 독방
감옥이었어요. 영화배우 배유정 씨 옆방에 들어가 누웠는데, 조점
순 씨가 나타났어요. 마치 샌드위치맨처럼 30년째 국가보안법 위반
으로 감옥에 갇혀 있던 동생 조상록을 석방하라는 문구가 적힌 패
널을 달고 다녔어요. 그분은 동생이 석방될 때까지 항상 그런 차림
으로 다니며 생활했습니다. 조점순 씨와 얘기하면서 사람의 외형이

----

7 민주화실천가족운동협의회의 약칭으로, 1974년 민청학련 사건을 계기로 결성된
구속자가족협의회를 모태로 하여 1985년 12월에 창설한 모임이다. 민주화 투쟁
으로 구속된 양심수들의 어머니가 중심이 되었지만, 가족의 울타리를 넘어 인권
을 지키는 실천적 단체로 발전하였다. 단체의 목표는 양심수 석방과 인권침해 구
제활동이다. 회원인 어머니들은 1993년 9월 23일부터 지금까지 매주 목요일 양심
수 석방과 국가보안법 폐지를 외치며 머리에 보랏빛 수건을 쓰고 집회를 해오고
있는데, 최근 600회를 돌파했다. 아르헨티나 구속자 어머니들이 행진할 때 사용
했던 보라색 수건은 고난과 희망을 동시에 상징한다.

주는 편견에서 빨리 벗어나야 한다는 깨달음을 얻었습니다.

저는 그런 예보다 다른 얘기를 하나 하고 싶습니다. 최근에 제가 부끄럽게도 청탁에 따라 『인권』이란 거창한 제목으로 얄팍한 문고판 책을 하나 냈습니다. 독일 프랑크푸르트에서 법철학을 공부하고 있는 윤재왕이란 후배에게 한 권 보냈지요. 그랬더니 그 후배에게서 독후감을 겸한 편지가 왔는데, 읽어드리고 싶습니다.

제가 요즘 읽은 인권에 관한 글들은 인권을 도덕적 권리로 근거짓는 문제(원래 도덕은 의무가 우선이라는 반론이 만만치 않습니다), 인권의 보편성에 관한 철학적 논쟁(하버마스가 지나치게 보편주의 논증을 하기 때문에 유럽중심주의라는 비판은 오래전부터 있었습니다) 따위였는데 그 가운데 가장 기억에 남는 건 베를린의 어느 사회학자의 글이었습니다. 인권 의식의 확산에 기여를 한 것은 종교나 철학이 아니라, 매우 쇼킹한 체험들을 일반인에게 알려주는 미디어라는 요지였습니다. 그 글을 읽다가 몇 년 전에 본 브라질 빈민촌 프레바스(Frevas)에 관한 다큐멘터리가 생각이 났습니다. 그곳에서 태어난 아이들은 출생신고가 안 되어 있으니 신분증이 없고, 신분증이 없으니 학교를 못 가고, 학교에 못 가니 글을 못 읽고, 글을 못 읽으니 정치에 참여할 수 없고 당연히 투표권도 없으며, 경제생활이라는 것 자체가 없으니 돈이 없고, 돈이 없으니 병원에 못 가고, 그런 식으로 악순환이 계속됩니다. 프레바스에서 10여 분을 걸어가면 루이뷔통 가게가 있는 도심에 도달합니다. 전통적인 좌파는 그걸 착취의 현장이라고 말하지만, 도대체 착취할 아무것도 없는 세상인지라 전혀 설득력이 없습니다. 프레바스에서 유일하게 제대로 기능을 하는 건 예방주사랍니다. 전염병이 돌면 프레바스 바깥의 사람들까지 모두 죽으니까. 결국 그곳의 인간들은 순전히 몸뚱어리로만 존재하는 셈입니다. 그 면역 체계마저도 예방주사를 맞으면 딱지를 줘서 그걸로 몇 가지 물건을 바꿀 수 있도록 유인해야 돌아갑니다. 대부분 맥주로 바꿔 먹더군요.

80년대 초반에 브라질에 가서 프레바스를 둘러본 니클라스 루만[8]은 어찌나 쇼크를 먹었는지 자신의 이론을 상당 부분 수정하기까지 했습니다. 한 기능 체계에서 배제당하면 끝없이 다른 기능 체계로부터도 소외당하는 도미노 효과가 프레바스의 현실이라는 식으로 설명을 했고, 말년에는 전지구적 소외라는 개념까지 사용하게 됩니다. 그래서인지 루만은 인권을, 사람을 각 기능 체계(경제, 법, 정치 등등)로 포섭하기 위한 사회적 커뮤니케이션이라는 식으로 정의합니다. 다만 모든 포섭은 동시에 소외를 수반한다는 사실을 잊지 않도록 주의를 환기시킵니다. 예를 들어 '보편적 인권'을 선언한 프랑스혁명은 바로 그 순간 프랑스인 이외의 사람들을 배제하는 패러독스가 발생한다는 것이 루만의 지적입니다.

인권의 인플레이션과 디플레이션을 동시에 경험하는 건 20세기 후반에 민주화를 이룬 국가들의 공통점이긴 하지만, 우리나라를 생각하면 프레바스, 배제(소외), 포섭이라는 단어가 전혀 낯설게 느껴지지 않습니다. 헌법 이론적으로는 양극화로부터 이득을 얻는 자들 역시 완전한 의미의 인권과 시민권의 주체라 볼 수 없습니다. 한쪽은 과도하게 통합되어 있고 다른 한쪽은 거의 통합이 되어 있지 않다면, 제대로 조직된 사회가 존재한다고 볼 수 없기 때문입니다. 그래서인지 저

---

8 Niklas Luhmann(1927~1998). 위르겐 하버마스와 함께 독일 사회학의 대표적인 사상가로 꼽힌다. 기능의 분화로 생겨난 사회의 각 체계들은 독특한 자기산출 시스템을 갖는다는 '자기산출체계' 개념으로 유명하다.

는 생명윤리나 안락사 같은 문제를 논의하면서 너무 빨리 인권이나 인간의 존엄을 원용하는 것에 조금은 알레르기가 있습니다. 제게는 인권 또는 인간의 존엄이 여전히 투쟁적 개념이고, 그 실체는 부정의 철학(philosophia negativa)을 통해 접근하는 것이 더 적절하다고 보입니다.

인권에 대한 인식의 확산에 매스미디어가 가장 큰 역할을 한다는 주장이 관심을 끕니다. 한스 요아스라는 사회학자의 주장인데, 지금 그런 테마로 저서를 준비하고 있다고 합니다.

천정배 인권은 이런 것이다 규정하고, 그 규정된 대로의 실체를 찾아다니는 것은 좀 이상적이고 비현실적인 면이 있습니다. 오히려 우리의 삶에 필요한 인권이란, 반인권적 상황의 경험을 교훈 삼아 그 침해 상태를 벗겨내기 위한 실체적 조건을 말하는 게 아닐까요? 그것이 바로 부정의 철학을 통한 인권의 발견 방식일 것입니다.

차병직 특히 그런 점에서 항상 회의를 품게 되는 게 인권의 보편성이란 이념입니다. 보편적 인권이란 이상적 목적이긴 하지만, 현실에선 찾아보기 힘든 허구라고 단언하고 싶어요. 그래서 저는 항상 인권은 무엇이냐는 물음에 대해, 서로가 서로에게 겸손한 자세를 갖는 것이라고 혼자 대답합니다. 그 서로에는 인간뿐만 아니라, 인간의 환경까지 포함됩니다.

시민이 쓴 정치 일지

NGO와 정치

사회 우리 사회에서 NGO는 정말 여러 의미를 가지게 되었습니다. 시민운동의 역사가 그다지 오래되진 않았습니다만 순수한 시민의 힘으로 군부독재에 종지부를 찍는 혁명을 이루어냈습니다. 그런가 하면 국민 경제 생활 운동을 표방한 단체를 시작으로 몇몇 큰 규모의 주요 시민단체가 결성되기 시작했고, 그 단체들이 시민운동 주체로서 NGO의 이미지를 뚜렷하게 부각시키는 데 성공했습니다. 우리 NGO운동의 가장 큰 특징 중 하나는 중앙정치에 적잖은 영향을 미치고 있다는 것인데, 짧은 시간에 큰 힘을 발휘하며 성과를 낸 반면 지속적인 비판의 대상이 되기도 합니다. 이러한 상승 분위기에 따라 근년에는 여러 대학에서 NGO학과를 만들거나, NGO와 관련한 강좌를 개설하였습니다. 어느덧 우리는 NGO의 시대, 그 속에서 현대를 살아가고 있는 셈입니다. 이런 사회적 여건 속에서 우리의 민주주의와 NGO의 관계부터 살펴보기로 하겠습니다.

두 분은 모두 개인적으로 NGO 경험을 갖고 계시기도 합니다. 우선 그 얘기부터 시작하기로 하지요. 어떻게 NGO 활동과 인연을 맺게 됐는지부터 말씀해주십시오.

NGO와의 인연

천정배 아무래도 NGO 활동 역시 제가 빠르겠군요. 민변이 제가 NGO 활동을 시작한 데뷔 무대입니다.

사회 민변은 서울올림픽이 열리던 1988년에 창설됐지만, 그 이전의 정법회가 전신이라고 할 수 있지요. 그때부터 말씀해주시죠.

천정배 정법회는 '정의실천법조인회'의 약칭인데, 처음엔 시국과 관련한 변론을 하는 과정에서 원로급 변호사와 소장 변호사들이 만나면서 자연스럽게 형성된 모임입니다. 구체적으로는 1984년의 망원동 수재 사건[1]과 대우 어패럴 사건[2]이 계기가 됐습니다. 대우 어패럴 사건은 구조 연대 파업 사건이라고도 불렸는데, 한국 노동 운동사에 큰 획을 그은 중요한 의미를 지녔다고 할 수 있지요. 그 사건을 기화로 이전부터 정치적 피고인들을 변호하며 경험을 축적해온 중견 변호사들과 80년대 들어 나타난 소장 변호사들 몇 사람이 결합하여 정법회란 임의 단체를 만들었어요.

정법회는 그때까지 개별적으로 인권 변론을 해오던 변호사들이 하나의 이름 아래 처음으로 모였다는 데 큰 의의가 있습니다. 정법회의 대표적 인물은 역시 이돈명, 조준희, 황인철, 홍성우의 4인방과 작고하신 유현석 변호사 등이었어요. 처음엔 모두 28명이었는데 회원이 조금 늘어 1985년에 회칙을 만들고 정식으로 발족할 땐 33인이었다고 기억합니다. 그 모임은 1987년 6월의 민주화 대투쟁에

---

1 1984년 9월 집중호우로 인해 수문이 붕괴되면서 망원동의 5천여 가구가 침수되자, 시민들이 이 수재를 '천재'가 아닌 '인재'로 여기고 집단소송을 제기해 서울시를 상대로 배상을 받은 사건. 조영래 변호사가 당시 소송을 맡았다.
2 서울사대 출신인 박경회를 비롯해 12명의 대우 어패럴 노동자들이 노동쟁의 과정에서 재물파손, 업무방해 등의 혐의로 구속 기소된 사건. 조영래 변호사는 당시 노동현장으로 들어간 대학생들의 이른바 위장취업이 불러오는 사회적 반향에 주목하여 노동형사사건을 시국형사사건의 중요한 부분으로 이슈화시켰다.

이르기까지 법조계의 울타리를 뛰쳐나와 사회적으로 독특한 역할을 했다고 평가받습니다.

그런데 정법회는 그야말로 이름만 있었고 어떤 조직적인 체계를 갖추었다고 보기는 힘든 면이 있었어요. 말하자면 비조직적이라는 한계를 지녔던 거지요. 그리고 그사이에 정법회 회원 몇 사람과 정법회 밖의 몇 사람이 모여 청법회(청년변호사회)를 결성했어요. 그런데 박정희 사망 이후 전두환 정권이 들어서, 진정한 민주화와 인권 상황의 호전을 기대하기는 여전히 어려운 국면이 계속되었죠. 그리고 1987년 6월항쟁으로 쟁취한 대통령 직선의 결과도 노태우 정권으로 이어졌으니, 불안한 정세는 변함이 없었습니다. 그래서 인권변호사들 사이에서도 이래서는 아무것도 안 되겠다는 위기의식이 생긴 거죠. 느슨한 조직일 수밖에 없었던 정법회를 청법회와 함께 발전적으로 해체하고 보다 조직적이고 진보적인 활동을 목표로 창설한 것이 민변입니다. 시기는 1988년 5월 28일이었고, 창설 멤버는 모두 51명이었습니다. 저는 그때 민변에 가입했습니다.

차병직 민변 성립 과정에 관한 얘기는 황인철 변호사 추모 문집인 『'무죄다'라는 말 한마디』에 정종섭 교수가 쓴 글과 『민변백서』에 박원순 변호사가 쓴 글에 잘 정리되어 있습니다. 그런데 장관께선 정법회나 청법회엔 왜 가입하지 않으셨지요? 그리고 민변 창설 회원으로 시작하셨다가, 나중에 처음으로 상근을 결행하여 화제가 되신 걸로 기억합니다만. 그 얘길 좀 해주시죠.

천정배 제가 변호사가 되기로 결심한 건 군법무관으로 복무하던 때였습니다. 전두환 같은 사람에게 임명장을 받을 수는 없다는 생각에서였지요. 혼자 목포에 내려가 개업할까 생각도 했는데 마침 '김앤장'에서 함께 일하자는 제안이 들어왔어요. 전 새로운 기대감에 부풀어 즉각 받아들였지요. 1981년 김앤장 사무실에서 엄청나게 열심히 일했습니다. 처음 접하는 비즈니스 세계가 흥미로웠고, 저는 그쪽에서 꽤 잘나가는 변호사로 각광 받기 시작했습니다.

그러다 어느 날 제가 하고 있던 일에 회의가 생겼습니다. 느닷없이 대학 친구들과 독서 클럽을 만들어 사회문제에 관심을 갖기 시작했습니다. 그때 조영래 변호사가 윤종현 변호사와 둘이서 '시민 합동'이라고 해서 사무실을 차리고 있었어요. 조영래 변호사는 박인제 변호사와 함께 김앤장 사무실에서 처음 만났지요. 그러곤 결심했죠. 미국 유학 등을 앞두고 비즈니스 변호사로 막 한 단계 도약할 즈음, 저는 조영래 변호사의 권유에 따라 새로 구성한 '남대문 합동법률사무소'의 일원이 됐어요. 그때 두 아이가 여덟 살, 여섯 살로 생활비도 더 들어가게 생겼는데, 수입이 거의 4분의 1로 줄어든 직장으로 옮긴 셈이죠. 하지만 좋았습니다. 조영래, 윤종현 변호사와 노동운동가 박석운 씨가 함께 근무했지요. 그런데 당시 조영래 변호사는 정법회였고 윤종현 변호사는 청법회였어요. 따라서 그 사이에 저까지 끼어들어 나서고 싶지는 않았습니다. 저는 1987년까지 2년 동안 조용히 일만 했지요. 그러다가 제가 최초로 시국 사건 변론을 맡게 됐습니다. 바로 1987년 12월의 구로구청 투표함 사건 때였습니다. 그 사건 때문에 하도 많은 사람들이 구속되다보니 일손이 많이 딸렸겠지요. 박석운 씨가 동대문 경찰서에 한번 가보라고 하더군요. 접견 형식으로 갔는데, 그곳에 가보니까 지금의 김희선 의원과 작고한 김병권 씨가 하나의 수갑에 함께 묶여 있더라고요. 그 장면이 지금도 선명하게 떠오릅니다.

차병직 그 사건이 천장관께서 맡으셨던 최초의 시국 사건 변론으로 알고 있습니다. 구로구청 부정투표함 사건이란 노태우 후보와 김영삼, 김대중 후보가 격돌했던 1987년 대통령선거 때 일어났지요. 저는 그때 군복무 중이었습니다만, 아무튼 투표일인 12월 16일 구로구청의 투표함을 투표 종료 시간 전에 봉인도 하지 않은 채 트럭에 실어 나르는 일이 벌어진 거죠. 그 사태를 주민들이 먼저 발견하고 제지하면서 2박3일 동안 시민과 노동자들이 농성하며 투쟁하다가 대거 구속됐습니다. 그때 동대문 경찰서에서 목격한 그 장면은 천변호사의 앞날에 영향을 미친 상징성을 띠고 있다고 봐도 좋겠습니다. 그런데 남대문 합동은 어떻게 해소됐지요?

천정배 조금 지내다보니 다들 힘들어했습니다. 저도 그랬고요. 저 같은 경우 김앤장이라는 큰 조직에 있다 갑자기 뛰쳐나오고 보니 자유로움을 만끽한 반면 불안감과 불편함도 감수해야 했지요. 그래서 저절로 해소되면서 저는 다시 김앤장에 복귀했습니다.

사회 그러면 다시 월수입도 회복되었겠군요?

천정배 그렇진 않았습니다. 제가 두번째로 김앤장에 들어갔을 땐 처음과 사정이 달랐습니다. 우선 비즈니스 업무를 하지 않고 일반 소송 업무를 하되, 지위도 반독립적이었습니다. 구로구청 부정투표함 사건 다음해에 민변이 창설되면서 제가 가입했고, 김앤장에 근무하면서 임수경 씨 방북 사건, 리영희 교수 사건 등 시국 사건 변론을 본격적으로 시작했지요. 김영무 변호사의 배려 때문에 가능했습니다. 하지만 수입도 거기에 맞는 정도로 줄었어요. 그러니 처음

김앤장에 근무했을 때와는 완전히 달랐습니다.

그러고는 또 3년 정도 뒤에 민변으로 아예 옮기게 된 거죠. 민변으로 사무실을 옮긴 계기는 이렇습니다. 6·29선언 이후 민주화 투쟁을 하던 사람들에겐 갑자기 합법적 공간이 펼쳐진 셈이었습니다. 따라서 새로운 일을 해보자는 의욕들이 생겼죠. 마침 민변도 창설 직후의 비조직적 활동에 대한 반성을 하고 있었고요. 그런 분위기에서 제가 민변 활동을 좀 체계적으로 해봤으면 하는 욕심을 내게 된 것입니다. 경험도 부족하고 해서 불안하긴 했지만, 나름대로 용기를 냈습니다.

사회 그러니까 우리나라에선 최초로 NGO에 상근하신 셈이군요.

차병직 그렇네요. 사실 많은 사람들이, 변호사란 직업을 팽개치고 NGO에 상근한 최초의 사례를 박원순으로 알고 있어요. 그런데 박 변호사가 참여연대 사무처장으로 상근하기 시작한 건 1996년 1월부터예요. 천장관께선 무려 5년이나 빠르군요.

천정배 아닙니다, 반드시 그런 건 아닙니다. 제가 나서서 민변에 상근제를 도입하고, 또 제가 처음으로 근무했지만, 엄밀히 따지자면 반상근이었습니다. 민변 사무실 아래층에 제 사무실을 따로 차려놓기도 했고요. 그러니 최초의 NGO 상근 변호사는 박원순이 맞습니다.

사회 그럼 이제 차변호사께서 말씀하실 차례입니다. NGO와의 인연은 역시 참여연대가 처음이신가요?

©하우성

민변에선 출판홍보위원장을 맡아 잡지 성격의 정기간행물 『이달의 민변』을 펴내는 일에 주력했어요. 그 과정에서 의욕적으로 시도한 사업이 있었는데, 바로 민변 내부에 국가보안법 박물관을 설치해보겠다는 거였어요. 국가보안법은 이 땅에 엄청난 그림자를 드리웠던 괴물이자 상징입니다. 언젠가는 사라져야 할 것이고, 그 흔적의 줄기를 잘 보존하여 교훈으로 삼아야 한다고 생각했죠.

차병직 물론 참여연대 활동은 창설 때부터 시작했습니다. 하지만 민변이 먼저인지 참여연대가 먼저인지는 잘 기억나지 않습니다. 나중에 확인해보겠습니다.[3] 군복무를 마치고 1989년 2월부터 정주식 변호사의 도움으로 혼자 변호사 업무를 시작했습니다. 그러다가 토론회 등 열린 마당에 처음으로 나선 것은 민변 회원 자격으로였습니다. 참여연대의 창설 준비 작업은 저와 관계없이 박원순, 조희연, 서준식, 김기식 같은 사람들이 하고 있었습니다. 준비가 거의 마무리되고 창설기념식만 앞두고 각 활동 센터별로 회원 겸 참여 전문가를 섭외할 때였어요. 박성호 변호사 소개로 문혜진 씨가 저를 찾아왔고, 저는 그 자리에서 사법감시센터 활동에 동참하기로 약속했습니다.

참여연대의 공식 창립일은 1994년 9월 10일입니다. 그런데 이미 공식 활동은 그전부터 하고 있었어요. 창설기념식 열흘쯤 전에 헌법재판소 구성 문제에 관한 공청회를 열기도 했지요. 제가 거기서 발제를 했고, 창설과 동시에 사법감시센터 실행위원으로 일하기 시작했습니다.

사회 그러면 다른 주요 직책은 언제 맡으신 거죠?

차병직 1997년에 협동사무처장이란 직책을 만들었습니다. 그때부터 협동사무처장이었지요. 상근하는 사무처장이 있고, 비상근 임원 중 사무처장 일을 도우면서 전반적인 정책 결정과 관리 업무를

---

3 확인해보니 참여연대 창립보다 2년 앞서 민변에 가입했다.

맡는 직책을 고안한 것인데, 그 명칭이 아주 독창적이죠. 부사무처장 또는 사무차장이란 판에 박힌 명칭보다 친근감도 있지 않습니까? 아마 박원순 변호사의 아이디어였을 겁니다. 그리고 사무처장에서 집행위원장으로 직책을 바꿔 맡고 있던 박변호사가 '아름다운 가게' 일을 시작하면서 집행위원장 자리도 내놓자 제가 그 중책을 억지로 떠맡았는데, 그게 2003년 3월경부터일 겁니다.

천정배 차변호사께선 참여연대에 상근할 생각은 해보지 않으셨나요? 충분히 그럴 기회가 있었을 것 같은데.

차병직 물론 기회도 있었고, 그 기회를 강요당하기도 했습니다. (웃음) 박원순 변호사가 참여연대 사무처장을 그만둘 때 제가 거론됐습니다. 저로서는 과분한 기회였지요. 하지만 전 변호사라는 상업적 직업을 버리고 시민운동에 투신할 의지가 없었습니다. 저로서는 헌신적인 시민운동가와 단체를 곁에서 돕는 역할이 맞다고 생각했습니다. 물론 그런 결정의 이면에는 개인적인 계획에 대한 욕심이 깔려 있었겠지요. 저는 원래 공익적 성격보다는 이기적 성향이 강한 모양입니다. 그래서 인터뷰를 전문으로 하는 권은정 씨가 제 인터뷰 기사 마지막에 쓴 문장을 호의적으로 받아들입니다. "처마 밑의 자유를 위해 잠깐 의무의 마당에서 비를 맞는다"는 격이죠.

사회 그럼 NGO의 본유적 문제를 말하기 전에, 각자 자신의 대표적 NGO 활동을 하나씩 소개해주시죠.

천정배 민변에서는 기본적으로 공안 사건에 대한 변론 활동을 많이 하게 됐습니다. 문익환, 임수경, 리영희, 서경원 사건 등 헤아릴 수 없지요. 그 밖에 학술 기획 간사를 맡기도 했지만, 민변에 상근하면서 제반 업무를 총괄할 땐 정신이 없었지요. 강경대 사건[4]과 강기훈 유서 대필 사건[5]도 그때였습니다.

그다음에 가장 기억에 남는 일은 역시 유엔 인권위원회에 반박보고서를 제출한 것입니다. 반박보고서 내용은 대부분 조용환 변호사의 작품이고, 저는 조금 돕기만 했을 뿐입니다. 법무부에서 만든 정부 인권보고서에 대항해 작성한 반박보고서였으니 지금 감회가 새롭지요. 그러곤 민변과 대한변협(대한변호사협회) 대표로 반박보고서 홍보를 위해 유엔 인권위원회가 열린 제네바로 달려가기도 했지요. 그걸 계기로 유엔 세계인권대회를 위한 한국 민간단체 공동대책위원회의 집행위원장을 맡게 됐습니다. 그 자격으로 방콕에서 열린 세계인권대회 아태 지역 준비회의에서 민간 인권단체 조정위원회의 동북아 대표로 선출되기도 했어요.

그때가 1993년 3월경이었는데 재미있는 기억이 있습니다. 방콕 회의에서 동티모르 대표를 만났는데, 그 사람을 통해 동티모르란 나라도 처음 알게 됐어요. 그 사람이 누구였느냐 하면 호세 라모스 오르타[6]였어요. 여관 같은 조금 누추해 보이는 숙소에서 만났는데

---

4 1991년 당시 명지대생 강경대 씨가 교내 시위 도중 경찰의 진압봉에 머리를 맞아 숨진 사건.

5 1991년 5월 8일 서강대 건물 옥상에서 김기설 씨가 분신자살한 뒤 검찰이 김씨의 동료 강기훈 씨가 김씨의 유서를 대신 써주고 자살을 방조했다며 강씨를 구속한 사건. 검찰의 조작설이 제기된 이 사건은 2006년 진실·화해를 위한 과거사정리위원회에 의해 진상규명 중이다. 한국의 '드레퓌스 사건'으로 불린다.

할아버지처럼 보였어요. 그런데 서로 소개하다보니 나이가 그렇게 많지 않았어요. 저보다 조금 위더군요. 깜짝 놀랐어요. 그 자리에서 라모스 오르타로부터 동티모르 내부 사정도 처음 들었고, 국제인권법에 대한 기본 개념과 국제 인권 기구에 대한 인식도 하게 된 겁니다. 인권에 관한 특별 과외를 받은 셈이지요. 그리고 서울로 돌아와 잊고 있었는데, 1995년 10월이었어요. 오르타가 서울에 왔다는 거예요. 그래서 만나보라고 연락이 왔는데 마침 그때 제가 너무 바빠 틈을 내지 못했어요. 그런데 바로 며칠 뒤 그해 노벨평화상 수상자로 결정됐다는 뉴스가 나오더군요. 아무런 희망도 없이 부평초처럼 떠돌던 노인으로 보였는데 노벨상 수상자로 세상에 알려졌지요.

사회 1993년 빈 회의에 갔을 때는 어땠습니까?

천정배 1993년 6월에 3주간 세계인권대회에 참석했습니다. 우리는 호텔 대신 캠프장에 텐트를 치고 잤습니다. 하지만 오스트리아 정부의 배려로 캠프장 시설이 아주 좋았습니다. 텐트에서 일어나 지원동 건물로 가면 샤워도 마음대로 할 수 있었고, 매점에서 필요한 물품을 구입할 수도 있었어요. 그런데 텐트가 하도 많아 번지처럼 붙어 있는 좌표 번호를 보고 찾아다녀야 했지요. 어느 날 저녁에

6 Jose Ramos-Horta(1948~현재). 동티모르 독립을 위한 정치운동가. 1975년 인도네시아가 동티모르에서 탄압적인 통치를 시작한 이후 동티모르 전체 인구의 약 3분의 1이 기근과 전염병, 전쟁으로 목숨을 잃었고, 이 사태의 해결을 위해 라모스 오르타가 국제적 변호인으로서의 선도적 역할을 했다. 동티모르 분쟁에 대한 정의롭고 평화로운 해결 추구의 노력으로 1996년 노벨평화상을 수상했다.

무심코 제가 묵는 텐트인 줄 알고 들어가 침상에 드러누웠어요. 그런데 앞쪽에 낯선 여자들이 보이는 거예요. 번지수를 잘못 찾아 여성들 텐트에 들어간 거죠. 놀라서 뛰쳐나왔어요. (웃음)

그 실수는 아찔했지만, 나머지는 다 좋았습니다. 다들 열성적이었지요. 저는 그 와중에도 싼 와인을 마음껏 마실 수 있어 더 신났어요. 매일 저녁에 큰 병에 든 와인을 마셨는데, 어느 날엔 아침 식사 때도 마셨어요. 함께 간 조용환 변호사가 기겁하더군요. 나중에 마칠 때쯤 보니 와인 병으로 피라미드를 쌓았더라고요.

차병직 저야 항상 소극적 활동으로 체면치레만 한 편입니다. 민변에선 출판홍보위원장을 맡아 잡지 성격의 정기간행물 『이달의 민변』을 펴내는 일에 주력했어요. 그 과정에서 의욕적으로 시도한 사업이 있었는데, 바로 민변 내부에 국가보안법 박물관을 설치해보겠다는 거였어요. 국가보안법은 이 땅에 엄청난 그림자를 드리웠던 괴물이자 상징입니다. 언젠가는 사라져야 할 것이고, 그 흔적의 줄기를 잘 보존하여 교훈으로 삼아야 한다고 생각했죠. 박물관은 너무 거창한 목표 아니냐고 윤종현 변호사가 핀잔을 주기도 했어요. 그래도 간사까지 채용해서 자료를 수집하고 정리했는데, 결국 용두사미로 끝나고 말았습니다. 그나마 지금 국가보안법자료실이란 이름으로 남아 있어 다행인데, 언젠가 여건이 마련되면 박물관의 형태를 갖출 수 있으리라 기대하고 있습니다.

참여연대에서 겪은 일들은 거의 참여연대 역사와 마찬가지여서 간단히 말씀드리기 힘듭니다. 초기에는 주로 사법감시 활동이 주종이었고, 그 결과의 하나였던 의정부지원 비리 사건[7]은 사법사에 남을 것입니다. 사법개혁이란 말이 일반화된 것도 따지고 보면 사법감시센터의 노력 때문입니다. 대중적으로 많이 알려졌던 소액주주 운동은 초기에 장하성 교수와 박원순 변호사가 경제민주화위원회[8]를 이끌고 해냈지요. 저는 인력이 부족할 때 숫자를 채운 정도인데, 울산 현대중공업 주주총회에 당시 칼럼니스트로 활약 중이던 유시민 장관과 함께 가서 설전을 벌인 기억이 있습니다.

사회 두 분 모두 NGO와는 밀접한 관련을 갖고 계셔서, 거기에 얽힌 얘기만 듣더라도 끝이 없을 것 같습니다. 이쯤에서 NGO의 의미에 대해 한번 생각해보기로 하지요. NGO는 과연 무엇이며, 특히 우리 사회에서 NGO는 어떤 의미를 가지고 있는지요?

차병직 NGO는 이제 완전히 익숙한 일상적 어휘가 되었습니다. 하지만 누구의 입에나 오르내리는 NGO라는 약어가 우리에게 통용된 건 얼마 되지 않습니다. 제가 처음으로 NGO라는 용어를 접한 것은 1994년쯤으로 기억합니다. 민변에서 내던 계간지 『민주사회를 위한 변론』에 실을 박원순 변호사의 원고를 받아 왔는데, 내용 중에 NGO라고 쓰고는 괄호를 달고 비워두었더라고요. 그래서 영어사전을 찾아봤는데, 아무리 뒤져도 그런 단어는 없었어요. 주변 사람들한테 물어봐도 대답이 신통찮았고요. 하는 수 없이 박변호사

---

7 1997년 의정부지원 판사 15명이 변호사 14명에게서 명절 떡값, 휴가비 등의 명목으로 수백만 원을 받은 사건. 이에 대법원이 판사들을 대거 정직 또는 경고 처분하는 등 중징계를 내렸고 나중에 판사 8명이 사표를 냈다. 금품수수 비리와 관련해 현직 판사가 중징계를 받거나 사표를 쓴 것은 이 사건이 처음이었다.
8 나중에 경제개혁센터로 바뀐다.

한테 전화했지요. 그랬더니 "아마 비정부조직이나 민간단체라고 하면 될 거예요"라고 하더군요. 물론 그 이후 사전에는 NGO가 나옵니다. 이미 1945년 유엔 헌장에 NGO라는 어휘가 등장했는데도, 우리 사회에서 일반적으로 사용한 건 90년대 후반부터였던 것 같아요. 그전에 경실련(경제정의실천시민연합)이 창설되면서 시민운동, 시민단체라는 말이 먼저 사용되기 시작했지요.

천정배 그러고 보니 저도 NGO라는 말을 언제부터 듣기 시작했고, 언제부터 사용하기 시작했는지 자신이 없군요. 어쨌든 NGO는 이제 가장 자주 쓰는 외래어 보통명사가 돼버렸습니다. 그런데 '엔지오'라고 표기하지 않고 'NGO'라고 하는 게 좀 거슬리긴 해요.

차병직 맞습니다. 저도 이대출판부에서 교재격으로 『NGO와 법』이란 책을 낸 적이 있는데, 책 제목이 알파벳으로 시작해서 께름칙했습니다.

천정배 우리는 NGO(Non-Governmental Organization)라고 하지만, 일본 같은 데선 NPO(Non Profit Organization, 비영리기구)라는 표현을 더 많이 쓴다고 들었어요. 유사한 표현은 굉장히 많지요. 아마 수십 가지가 될 겁니다. 하지만 포괄적으로 NGO라고 하는 게 우리에겐 이미 익숙해졌습니다.
어쨌든 국가 안팎에 존재하는 여러 형태의 사회에서 정부조직이 아닌 조직을 말한다고 이해하면 되겠습니다. 그런데 그렇게 보면 어떤 사람들은 순수한 형태의 사적 모임만 NGO로 잘못 인식하는 경우도 있는 것 같아요. 학술이나 문화 활동을 목적으로 결성한 단체를 순수한 NGO라고 하는 경향이 있다는 말입니다. '순수 NGO'라는 표현은 '순수하지 않은 NGO'를 전제하고 있는데, 그건 바로 정치적 NGO를 의미하는 것이겠지요. 지금 우리 사회에서 NGO 활동과 관련하여 가장 논란이 많은 부분은 NGO의 정치 활동 아닐까요?

한국의 NGO, 정치를 말한다

차병직 NGO는 순수해야 한다는 말이 좀 이상하게 들립니다만, 아마도 NGO의 비정치성을 뒤집어서 표현한 것이겠죠. 그 역시 정치는 순수하지 못한 것이란 전제가 깔려 있어 이상하긴 마찬가지지만요. 사람들은 보통 NGO는 순수해야 한다고 생각하는 것 같습니다. 그 이유는, 그야말로 자유로운 임의 단체인 NGO가 제대로 역할을 하려면 순수성이라도 인정받아야 하지 않겠느냐는 것 아니겠어요? NGO는 누구나 언제든 설립할 수 있습니다. 따라서 국가나 어떤 제도가 부여하는 특별한 힘이 없지요. 그러니 순수성을 무기로 가질 수밖에 없다는 사회적 의미가 함축돼 있다고 봅니다. 그때 순수성이란 비정치성을 말하기도 합니다. NGO가 정당과 가장 뚜렷하게 구분되는 것이 정치적 목적성일 것입니다. NGO는 정치에 관심을 가질 수도 있지만 간섭만 할 뿐이고, 정당은 정권의 장악을 최고의 목표로 삼는다는 것이지요.

천정배 그런데 NGO 중에는 정치적인 NGO도 있을 수 있겠지요. 사실 우리가 정치적이란 표현을 여러 곳에서 사용하는데, 그 의

©하우성

미의 폭도 탄력성이 크다고 봅니다. 공동체 사회에 관심을 표시하는 일 자체가 바로 정치적인 거지요. 그러니 가장 넓은 의미에서 본다면 개인이나 단체의 거의 모든 언행이 '정치적인 것'에서 벗어날 수 없지 않겠어요?

차병직 전적으로 동감입니다. 순수한 학술 연구나 스포츠 활동을 목적으로 하는 단체도 사회 내에서 유의미한 행동을 개시하면 그것은 정치적이라 할 수 있지요. 하지만 보통 NGO의 요건으로 말하는 비정치성은 달리 해석해야 할 것입니다. NGO의 덕목으로 요구되는 비정치성이란 비당파성으로 이해하면 좋겠습니다. NGO의 주장이나 활동이 특정 정파의 편을 드는 형식이어서는 곤란하다는 말이지요. NGO를 기존의 정당과 분명히 구별하기 위한 목적성도 포함돼 있다고 봐야겠지요. 그런데 시민사회운동의 대표적인 연구자인 레스터 샐러먼 같은 사람은 NGO의 요건으로 공식성, 비정부성, 이윤 배분 금지, 자기 통치성, 자발성, 공익성을 듭니다. 비정치성 대신 비정부성만 내세우고 있지요. 그래서 샐러먼의 요건에 비당파성을 넣어야 한다는 주장도 있지요.

어쨌든 NGO의 성격이나 요건은 엄격하게 일률적으로 정할 수 있는 게 아니라는 점을 인식해야 하지 않을까요? 임의성, 자유성, 다양성이 그 특징인 만큼, NGO의 일반적 성격이나 요건을 미리 정하는 건 무리일 수밖에 없을 겁니다. 그런 점에서 비정치성의 문제도 다각도로 이해해야 하지 않을까 하지요.

천정배 물론 NGO는 비정치적이어야 하지만, 정치적일 수도 있다고 생각합니다. 그런 면에서 NGO의 요건을 절대적인 것으로 정하거나 받아들일 수는 없겠지요. 하지만 정치적 활동을 하는 NGO의 경우 그에 대한 책임을 스스로 져야 할 것입니다. NGO의 정치적 활동의 한계는 정당화(政黨化)가 되겠지요. 적어도 정당과 구분되는 범위 내에서 NGO의 정치적 활동도 보장돼야 할 것입니다. NGO의 정치적 활동이나 정치색에 대한 평가는 시민들의 몫일 테지요. 그러니까 요약해서 말씀드리면 이렇습니다. NGO가 비정치적이어야 한다는 것은 비당파성을 말한다. NGO가 정치적 활동을 하는 것을 금지할 수는 없다. 다만 그런 활동이 바람직한가 하는 것은 전혀 별개의 문제다.

차병직 심지어 NGO의 비정부성이나 비당파성도 경계가 모호해질 때가 있어요. 정부에서 재정 지원을 받는 NGO를 유사 NGO (Quasi-NGO)라고 하는가 하면, 정부가 조직한 NGO(Government-Organized NGO)라는 것도 있을 정도니까요. NGO의 정치적 활동과 관련해서는 제 의견도 천장관께서 결론으로 요약하신 것과 일치합니다. 그래서 우리 주요 NGO들은 실제로 정치운동을 하고 있지요

천정배 바로 그 부분에 관한 현실을 어떻게 이해하고 평가할 것인지가 실제로 중요한 문제가 아닐까요. 참여연대나 경실련은 물론, 환경운동연합이나 여성단체연합 같은 특정 분야의 운동단체들도 정치운동을 아울러 하고 있단 말입니다. 이런 부분을 잘 이해하지 못하는 국민들이 실제로 많습니다. 따라서 이런 현상이 반드시 바람직한지에 대해서는 보다 성찰적인 진단이 필요하다고 봅니다.

차병직 방금 말씀하신 우리나라의 대표격 시민단체라 불리는 NGO들은 한마디로 종합적 시민운동을 표방하고 있습니다. 시민운동 중 한두 분야에 집중하지 않고 여러 부문에 참여하는 운동 형태를 말하지요. 그런데 시민운동이란 우리 사회에서 사회운동의 한 형태로 자리잡은 것입니다. 소위 말하는 신사회운동의 하나로서 말입니다. 사회학계에서는 신사회운동을 구사회운동에 대응해서 부르고 있지요. 구사회운동이란 19세기 초에 노동운동을 시작으로 그 다음 세기로 이어진 농민운동, 민족해방운동, 학생운동 등을 말하지요. 그러다 60년대 말경 유럽과 미국에서 새롭게 등장한 환경운동, 여성운동, 평화운동, 반문화운동 등을 신사회운동이라 부르고요. 물론 그 구분이 명확한 건 아닙니다만 보통은 오늘날의 시민운동을 신사회운동의 한 형태로 분류하는 것 같습니다.

그러면 사회운동이 무엇입니까? 개인의 삶을 기초로 하는 어떤 사회든지 그 사회 내부에는 구조적 모순과 갈등이 있습니다. 그것을 해결하고자 하는 움직임이 사회운동이지요. 그리고 지금의 시민운동은 사회운동의 현대적 한 형태이고요. 어느 사회든 내부적 모순이나 갈등이 없는 곳은 없습니다. 그 해소를 위한 노력은 정치적 의사 표시와 행동을 수반하지 않고서는 불가능할 테지요. 그렇다면 시민운동단체가 정치운동을 하는 일은 어떻게 보면 당연하지 않겠어요?

사회 그런데 시민운동단체가 정치운동을 포함한 종합적 운동을 해야 하는 이유는 무엇이지요? NGO가 정치운동을 할 수 있는 건 당연하다 하더라도, 정치운동은 정치운동을 전문으로 하는 단체가 하면 되지 않느냐는 반론이 있을 수 있습니다. 왜 주요 단체들이,

심지어 환경운동이나 여성운동 전문단체까지 정치운동에 주도적으로 나서느냐는 것이죠. 그래서 흔히 우리 시민운동 형태에 대해 백화점식 또는 문어발식 시민운동이라고 비판하잖습니까?

천정배 백화점식 운동이란 비난은 전적으로 타당할 순 없겠지만, 일면 옳은 지적이기도 하겠지요. 그건 시민운동의 집중성과 관련된 것일까요?

차병직 예, 저는 종합적 시민운동은 그 자체가 잘못됐다기보다는 시민적 정당성의 문제로 해결하면 된다고 봅니다. 마치 우리가 민주적 정당성을 말하듯이 말입니다.

사회 민주적 정당성이라고 하면 구체적으로 무엇을 말할까요? 좀 설명이 필요할 것 같습니다.

천정배 흔히 국민 주권이란 말을 쓰지요. 헌법의 이념 중 하나인데, 대한민국 주권은 국민에게 있고 모든 권력은 국민으로부터 나온다는 원리지요. 하지만 실제로 모든 국민이 직접 통치하지는 못하지 않습니까. 그래서 통치 담당자를 국민 의사에 따라 결정하고, 또 그들에 의한 국가 권력의 행사가 국민의 의사에 의해 정당화되도록 할 필요가 있습니다. 국민 주권 원리는 그런 방식으로 실현된다고 하겠습니다. 따라서 국가 권력의 구성이나 행사는 항상 궁극적으로 주권자인 국민의 의사에 근거함으로써 정당성을 가질 수 있다는 것입니다. 그것이 민주적 정당성이지요. 말하자면 대통령의 권한이 민주적 정당성을 갖는 것은 대통령이 국민의 직접 선거에 의해 뽑혔기 때문이죠. 대법원장이나 대법관은 어떤가요? 비록 국민이 선출하진 않았지만, 국민의 뜻이 반영된 법률에 따른 자격을 가진 사람 중에서 국민이 뽑은 대통령이 임명하므로 간접적이나마 민주적 정당성을 가지는 셈이지요. 그런데 시민적 정당성이란 말은 처음 듣습니다. 의미는 짐작이 됩니다만.

'시민적 정당성'에 근거한 시민운동

차병직 시민적 정당성은 제가 만들어본 개념입니다. 바로 헌법학에서 말하는 민주적 정당성의 개념에서 힌트를 얻었지요. 국가 기관의 구성과 국가 권력의 행사에 민주적 정당성이 필요하다면, 마찬가지로 시민단체의 구성과 활동에도 시민적 정당성이 있어야 한다는 것이죠. 시민적 지지 기반이 없는 NGO는 곤란하다는 것인데, 그 시민적 정당성의 크기에 따라 NGO의 공신력이나 존재 의의가 정해질 겁니다. 시민적 정당성이 빈약하거나 거의 없으면, 그 단체는 존립 기반을 상실하는 것이죠.

천정배 좋은 생각이긴 합니다. 그런데 그 시민적 정당성이란 것을 확인할 수 있는 절차나 방식이 있습니까?

차병직 제가 생각해놓은 것은 물론 있습니다. 4년 전에 책에도 썼습니다만, 우선 특정 NGO의 회원이 아닌 시민의 지지도도 시민적 정당성에 영향을 미칩니다. 잠재적인 회원의 수라고 해도 무방합니다.

천정배 그러니까 백화점식 운동 운운하는 것은 비논리적인 감정적 비난이고, 제대로 비판하려면 시민적 정당성이 갖추어졌느냐 결여되었느냐는 식으로 하라는 것이군요.

차병직 그렇습니다. 구멍가게식 운동이건 전문점식 운동이건 또는 백화점식 운동이건 그 자체의 잘잘못은 없는 거죠. 단지 백화점식 종합적 운동 단체는 전문적이고 집중적인 운동 단체에 비해 시민적 정당성을 획득하기가 어렵다는 것뿐입니다. 예를 든다면 이렇습니다. 사법감시운동에 관심이 있는 구보씨가 사법감시센터 활동에 찬동하여 참여연대 회원으로 가입했는데, 참여연대의 다른 활동 기구에서 행하는 소액주주운동은 영 마음에 들지 않는 경우가 있을 수 있지요. 그러면 구보씨 한 사람의 시민적 정당성은 반감될 수밖에 없습니다. 구보씨 같은 경우는 차라리 사법감시 활동만 전문으로 하는 다른 작은 단체를 찾아 옮길 수도 있는 거죠. 그러면 참여연대의 잠재적인 시민적 정당성은 감소하고, 다른 단체의 잠재적인 시민적 정당성은 증가할 수 있습니다.

사회 시민운동과 관련한 오래된 비판 중에 시민 없는 시민운동이란 것도 있습니다. 여기에 대해서도 언급하고 넘어가야 하지 않을까요?

천정배 사실 시민 없는 시민운동이 어디 있겠습니까. 따지고 보면 단체의 활동가도 시민이니까요. 하지만 NGO들로서는 그 지적에 대한 성찰이 반드시 있어야 할 것입니다. 요즘은 국가 기관이나 정부는 물론 정당 정치에도 일반 국민이 참여하는 시대 아닙니까.

하물며 시민단체에 시민의 자발적인 참여가 없어서는 곤란하겠지요. 일본에서는 지역사회운동이 지역 주민의 적극적 참여로, 그야말로 풀뿌리 시민운동으로 전개되고 있다고 해요. 시민의 자발적 참여를 권유하고 참여율을 높이는 것이 NGO의 과제라고도 할 수 있겠군요.

풀뿌리 시민운동은 서울 중심으로는 힘들겠고, 아무래도 지역별로 이루어질 수밖에 없지 않을까요. 그런데 우리도 각 지방마다 지역에 기반한 NGO들이 많습니다. 단지 언론들이 서울에서 벌어지는 정치운동을 포함한 대형 NGO들의 활동만 부각해서 소개하니까 지역운동이 미미한 것처럼 보일 수도 있겠어요.

차병직 저는 시민운동과 시민 참여의 문제, 아까 표현하신 '시민 없는 시민운동'의 문제도 시민적 정당성으로 해결하고자 합니다. 사실 시민 없는 시민운동은 시민운동이 아닙니다. 그 말은 달리 표현하면, 시민 없는 시민운동은 존재하지 않는다는 거지요. 모든 시민운동에는 시민이 있습니다. 단지 시민 참여가 어느 정도인가가 문제일 뿐이죠.

그리고 시민단체 활동에도 대의제 원리가 부분적으로 작동된다고 봐야 해요. NGO의 회원이 의사 결정에 직접 참여하지 않더라도 회원으로 가입하여 지지하면서 그 구체적 활동은 상근 활동가에게 위임하는 형식을 무시해선 안 되죠. 그러니 '시민 없는 시민운동'이란 비판적 표현은 시민적 정당성이 부족하거나 결여되어 있다는 의미일 뿐입니다. 수사학적 표현으로는 이해할 수 있으나, 악의적 의도는 수용할 수 없습니다.

천정배 사실 시민적 지지도만 따진다면 기존의 정당들도 NGO 를 함부로 비난할 수 없는 입장입니다. 정당에 진정한 당원이 몇 명 이냐고 따지고 들면 곤란해질 수도 있지 않겠습니까? 정당이 제 역 할을 하지 못하면 NGO에 밀리는 경우도 있을 수 있겠지요.

사회 이쯤에서 NGO의 민주주의 제도에 대한 기여 또는 그 속에 서의 역할을 얘기해야 하지 않을까 싶습니다. 그런데 마침 천장관 께서 NGO와 정당을 비교해서 말씀하셨네요. NGO의 정치운동에 관한 이야기를 하다보니 저절로 여기까지 온 것 같습니다. 그래도 NGO와 정당은 구별돼야 하지 않습니까? NGO의 정치운동이 지나 치면 정당 활동의 경계를 침범할 수도 있겠습니다. 일반적인 생각 은 그런 현상은 바람직하지 않다는 것 아닐까요?

차병직 NGO의 설립이 자유롭듯이 NGO의 활동도 자유롭습니 다. 아무런 제한도 있을 수 없습니다. 시민의 여론을 제외하고 말입 니다. 따라서 NGO가 정치운동을 할 것이냐 말 것이냐는 선택의 문 제입니다. 그리고 NGO의 정치 활동이 강화되어 정치 세력화할 수 도 있고, 필요에 따라서는 정당으로 편입될 수도 있는 것 아닙니 까? 다만 거기에 대한 평가가 있을 뿐이지요. 그 평가는 물론 시민 적 정당성입니다.

실제로 2004년 총선을 앞두고 참여연대 내부에서 토론이 벌어진 적이 있습니다. NGO의 정치 세력화가 주제였고, 정대화 교수와 제 가 패널로 나섰습니다. 정교수는 당시 시민사회의 정치 세력화에 대한 이론을 세워 신념으로 밀어붙이고 있었어요. 전 참여연대의 정치적 중립성 고수를 주장했고요. 하지만 토론 자체는 격론 없이

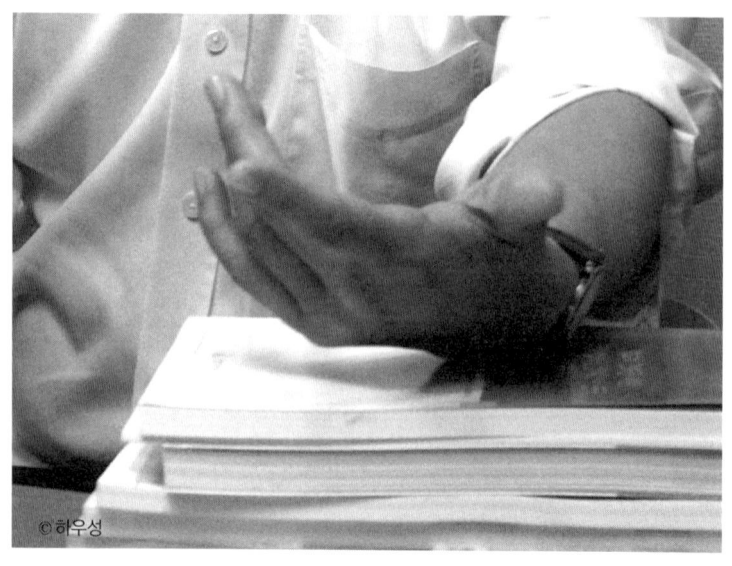

©하우성

가장 기억에 남는 일은 역시 유엔 인권위원회에 반박보고서를 제출한 것입니다. 법무부에서 만든 정부 인권보고서에 대항해 작성한 반박보고서였으니 지금 감회가 새롭지요. 그러곤 민변과 대한변협 대표로 반박보고서 홍보를 위해 유엔 인권위원회가 열린 제네바로 달려가기도 했지요. 그걸 계기로 유엔 세계인권대회를 위한 한국 민간단체 공동대책위원회의 집행위원장을 맡게 됐습니다.

화기애애하게 끝났습니다. 왜냐하면 결론이 명확했기 때문이죠. 첫째, NGO는 얼마든지 정치 세력화할 수 있다. 둘째, 특정 NGO가 정치 세력화할 것이냐 여부는 선택 사항이다. 당시 참여연대는 정치 세력화하는 데 반대했고, 찬성하는 사람들은 참여연대를 떠났습니다.

천정배 우리나라에서 NGO의 정치 활동은 비교적 활발하고 적극적인 것 같습니다. NGO의 감시와 비판에 정부나 정당이 많은 자극을 받고 있지 않습니까. 또 어떤 경우에는 서로 협력하기도 하고요. 물론 지나칠 경우 부작용도 무시할 순 없겠습니다만, 그런 우려 때문에 NGO의 정치운동을 제한하거나 비난할 순 없다고 봅니다.

차병직 우리나라에서 NGO 정치운동의 가장 큰 특징 가운데 하나는 중앙정치에 대한 영향력이 크다는 사실입니다. 실제로 우리만큼 NGO가 정치적 영향력을 행사하는 나라는 찾아보기 어려울 겁니다. 그런 현실 때문에 일부에서는 더욱 NGO의 정치 활동이 과다하다고 단정하고 비난하는 게 아닐까요?

그런 점에서 본다면 NGO의 정치 활동에 대한 비판은 근거가 박약하고 방향도 잘못된 것입니다. NGO의 정치적 영향력이 유달리 큰 이유가 무엇인가를 생각해보면 됩니다. NGO가 활동을 과도하게 하거나 불법행위를 일삼아서 그런가요? 아닙니다. 가장 근본적인 원인은 우리 정치의 불안정성에 있습니다. 그리고 그 불안정성은 정당 정치가 제대로 기능하고 있지 못하는 데서 비롯하는 것이고요. 누가 NGO에 강력한 정치적 힘을 달라고 했습니까? 제도 정치가 취약하니까 NGO의 정치 활동이 먹혀드는 거지요.

사회 우리 정당 정치의 불안정성은 어떤 데서 기인하는 것일까요? 여러 가지 원인이 제시될 수 있겠습니다만, 정치 일선에 계시는 천장관께서 말씀해주시겠습니까?

천정배 그야말로 여러 가지 이유가 있겠습니다. 저는 이런 말씀을 드리고 싶군요. 우리 정치권에서는 정상적인 신인 충원 구조를 갖추고 있지 못하다는 점입니다. 말하자면 정치와 정치인 충원이 단계적으로 이루어지지 않는다는 거죠. 선진국의 경우를 보면 금방 비교가 됩니다. 정치를 원하는 사람은 아주 젊은 시절부터 정치계에 뛰어들어 자신의 경험과 수준에 맞는 역할을 수행합니다. 그러면서 점점 성장하지요. 예를 들면 정치단체 등에서 자원봉사 활동부터 시작해서 지방의회 등으로 진출하고, 그런 경력을 발판으로 중앙정치 무대에 등장하는 식이죠. 아주 개방적이고 체계적이라 할 수 있습니다. 반면에 우리는 어떻습니까? 거의 정반대라고 할 수도 있습니다. 우선 정치 경험이 있으면 그 경력이 오히려 손해로 작용할 때가 많습니다. 그러니 정치가 아닌 다른 영역에서 성공한 사람이 그 유명세를 업고 갑자기 중앙정치 무대에 나타나는 것이죠. 이런 현상은 기존 정치와 정치인에 대한 불신 때문이기도 합니다만, 근본적으로는 정치 불신과 불안정성이 그런 구조를 반복 재생산하고 있다고 봅니다.

차병직 그렇게 본다면 NGO도 괜찮은 정치 훈련장일 수 있습니다. 그런데 NGO의 입장에선 NGO 활동을 정치 무대 진출의 발판으로 삼는 일을 굉장히 우려합니다. 개인의 선택과 결정을 강요할 수는 없지만, 그런 사례들이 잦으면 NGO의 정치적 순수성을 훼손

할 수 있으니까요. 선택은 자유입니다만, 개인의 결정이 NGO의 성향인 것처럼 오인될 수 있기 때문이지요.

천정배 저는 NGO가 제도 정치로 향한 발판 역할을 하는 것에 긍정적입니다. 결코 나쁘지 않다고 봅니다. 따지고 보면 과거 운동권 세력은 NGO적 성격과 정치단체적 성격을 다 지녔지요. 그런데 그동안 운동권에서는 일정한 시차를 두고 계속 정치권으로 진입했단 말입니다. 그 사람들은 재야 운동을 하면서 정치적 훈련을 거친 셈이죠. 재야 운동 자체가 넓은 의미의 정치였으니까요.

차병직 어쨌든 우리의 NGO들이 정치운동을 포기하지 않음으로써, 그리고 그 노력을 정치운동을 통한 사회 변화의 동력으로 삼으면서 민주주의 발전 도모에 큰 역할을 한 것은 부인할 수 없을 겁니다. 범위를 좁혀 말하면, 법치주의 실현에 큰 공헌을 했다고 장담합니다.

천정배 더 구체적으로는 NGO의 입법 운동을 들 수 있겠습니다. 10여 년 전부터 NGO의 입법 운동은 꽤 조직적으로 진행돼온 것 같습니다. 근년에 들어서는 좀 정체된 느낌을 받습니다만, 입법 운동의 활발한 전개 그 자체가 법치주의 실현을 통한 민주주의 심화의 한 형태라고 할 수 있겠지요. NGO의 입법 운동은 두 가지 면에서 큰 의미가 있다고 봅니다. 우선 대의 민주주의 제도 정착에 기여한다는 것입니다. 정당과 의회의 위상과 역할을 강화시키는 기능을 하기 때문이죠. 그리고 참여 민주주의라는 실험을 통해 실질적 민주주의를 실현하게 한다는 것이고요.

차병직 참여 민주주의는 NGO의 정치 관여를 정당화하는 원리라고 생각합니다. 도식적으로 설명하면 아주 간명하죠. 직접 민주주의는 방법론으로나 물리적으로 불가능합니다. 그 대안으로 등장한 대의 민주주의는 장점에도 불구하고 많은 허점을 드러내기 시작했습니다. 따라서 특별한 다른 대안이 없는 한 대의 민주제의 결점을 보완하는 것이 유일한 방책이고, 그 유력한 보완책이 참여 민주주의라는 거죠. 이제 참여의 수준이 문제될 뿐이지, 참여 자체를 부정하는 견해는 찾아볼 수 없을 것입니다. 헌법 이론으로도 국민의 참여 자체가 배제되는 통치 영역은 있을 수 없습니다.

천정배 그런데 NGO 등을 통한 국민의 참여도 헌법이나 제도상으로 한계는 있습니다. 입법 참여에 한정해서 본다면, 참여 민주주의는 헌법으로 제도화되어 있는 대의 민주주의와 조화를 이루지 않으면 안 된다는 것입니다. 예를 들면, 입법 단계에서 주권자라는 명분으로 국민 개개인이 참여한다든지 하는 직접 민주적 정당성의 직접 투여 방식은 대의 민주주의에 모순될 수 있지요. 참여가 대의 제도를 충실하게 하는 수준이어야 하고, 결코 대체하려 해서는 안 된다는 것입니다.

사회 이제 마지막으로, 우리 NGO 활동과 관련하여 문제점이랄까 앞으로의 과제랄까, 그런 부분에 관해 한마디씩만 해주십시오.

천정배 NGO가 전문화하도록 노력하는 게 중요할 것 같습니다. 전문성이 커지면 그만큼 영향력도 커지고 신뢰도도 높아지는 것 아니겠습니까. 아울러 NGO가 어떤 한 주제를 가지고 끈질기게 물고 늘어져 해결하는 모습을 보여주기를 바랍니다. 당장 큰 주목을 받지 못하는 이슈라도, 어느 단체가 또는 한 활동가가 평생에 걸쳐 한 문제를 추적한다든가 하는 집요함을 기대해봅니다.

차병직 NGO도 때에 따라 운동 방식이 바뀌어야 할 필요가 있습니다. 사회에 아무런 영향력을 미치지 못할 때는 다소 과장된 표현이 허용되지만, 큰 영향력을 행사할 정도의 힘을 가진 때에는 신중해야 합니다. 어떤 경우에든 가장 필요한 덕목은 겸손이라고 확신합니다. 그리고 다양성이 공존하는 가운데 바람직한 수준의 사회통합을 위해 기여할 수 있는 방법이 무엇인지 고민해볼 필요도 있다고 생각합니다.

법창한담

이런 법 저런 생각

사회 잠시 화제를 돌려볼까요? 이런 얘기를 들은 적이 있습니다. 야외 텐트 속에서 섹스를 하는 것은 괜찮지만, 차 속에서는 안 된다더군요. 성을 바라보는 법의 기준에는 항상 의문이 많았는데, 도대체 그 경우에는 왜 그렇죠?

천정배 글쎄요, 저도 처음 듣는 얘긴데요. 텐트나 차를 구별해서 처벌 기준으로 삼는 건 아니겠지요. 아마 그건 이런 얘기인 것 같습니다. 텐트 속에서 벌어지는 일은 밖에서 볼 수 없으니 괜찮지만, 마치 방 안에서처럼 말입니다. 차 속에서 일어나는 일은 차창을 통해 밖의 사람이 볼 수 있으니 음란 행위로 처벌받을 수도 있다는 말이겠죠. 음란 행위의 요건 중 하나가 '공연성(公然性)'이거든요.

차병직 법에 대한 그런 속설과 오해는 꽤 많은 편인 것 같습니다. 저는 이런 얘기를 들은 적이 있어요. 사람을 칼로 찌를 때 칼날이 엄지 쪽으로 나오게 잡느냐 새끼손가락 쪽으로 나오게 잡느냐에 따라 양형이 달라진다고요. 저에게 그 얘기가 맞는지를 묻더군요. 칼을 잡는 모양새에 따라 달라지는 건 첫번째가 폼이고, 두번째는 힘의 강도겠지요. 실제로 그것 때문에 양형이 달라지는 일은 없을 겁니다. 하지만 구체적 정황에 따라 고의냐 과실이냐를 따질 때 칼을 쥔 자세가 행위자의 의도를 추정하는 데 참고가 될 수는 있겠지요. 그런 아주 미묘한 상황이 과장되고 일반화되어 속설로 나도는 모양이에요.

천정배 가장 전형적인 예는 교도소의 재판 아닌가요? 감방 안에 가면 미결수들에 대해 미리 선고해서 형량을 알려주는 사람이 있다고 하잖아요. 족집게 같다고들 하지요. 하지만 실제로는 그리 정확하지 못할 거예요. 법에 대해서 사람들은 오해도 많이 하고, 그만큼 관심도 많이 가지고 있는 것 같습니다.

차병직 감방 안에서 온갖 법률 상담을 해주는 사람이 있다고 듣긴 했습니다. 변호사보다 낫다고들 하더군요. 그런데 실제로 들어보면 엉터리가 많아요. 서양 유머 중에 이런 게 있어요. 변호사는 두 부류로 나뉜대요. 법을 많이 아는 변호사와 판사를 많이 아는 변호사. 법은 모르고 판사만 잘 아는 변호사보다야 감옥 안의 판관이 나을 수는 있겠습니다만.

사회 듣고 보니 괜히 엉뚱한 소릴 끄집어낸 것 같군요. 거기서 느끼는 것도 있긴 합니다. 보통 사람들이 법에 대해 관심은 많으나 실제로는 법률 상식이 매우 부정확하다는 느낌이에요. 그리고 법의 내용이나 기준이란 것이 평범한 사람들의 상식과 거리가 있는 경우도 꽤 많은 것 같고요. 처음에 얘기가 나온 음란성의 기준만 해도 그렇지 않은가요?

차병직 음란물을 사회적으로 분류하는 일과 법률적으로 분류하는 방식에는 큰 차이가 있지요. 사회적인 구분은 미학적 또는 실용적 기준에 따라 가치를 평가하고 비평하는 작업입니다. 여론의 동향을 주시하기도 하고요. 따라서 큰 문제가 없습니다. 하지만 법적 판단은 놀랍습니다. 음란물로 규정되는 순간 관련자는 감옥으로 끌려가고 고유의 예술성이나 의도와 무관하게 작품은 금지 대상으로 선언됩니다. 사회적 파장이 매우 큽니다. 따라서 법으로 음란물을 판단하는 일은 매우 신중해야 합니다. 자신이 없으면 일단 허용하는 것이 옳다고 봅니다.

천정배 하지만 음란성 여부가 법적 판단의 대상이 되면 어떻습니까? 음란성 여부를 가리는 데 자신이 없어할 판사는 아무도 없을 것 같은데요? 검사도 마찬가지일 테고요. 자신이 없다는 겸손한 태도는 자칫 자신의 무능이나 업무 태만으로 비쳐질까 해서도 숨길 거예요. 사소한 비극은 그런 데서 출발하기도 하지요.

차병직 맞습니다. 그래서 미국 연방대법원에서도 음란성의 기준에 대해 말이 많았지요. 대법원 판사 중 윌리엄 브레넌[1]이나 바이런 화이트[2]는 발기를 기준으로 삼기도 했지요. 매력적인 반대론자 윌리엄 더글러스[3]는 어떤 음란물도 수정 헌법 제1조 표현의 자유의

---

1 William Joseph Brennan(1906~1997). 공화당의 아이젠하워 대통령에 의해 미국 연방대법원 판사로 임명돼 1956년부터 근무했다. 펜실베이니아 대학에서 경영학을 공부하고 하버드 대학 로스쿨에 들어갔다. 하버드 재학 중에 당시 최고의 헌법학자로 꼽혔던 펠릭스 프랑크워터 교수와 열띤 논쟁을 벌이기도 했는데, 그 스승과 제자는 훗날 연방대법원에서 함께 재판했다. 주로 윌리엄 더글러스의 편에 서서 함께 진보적 견해를 피력했다.

2 Byron Raymond White(1917~2002). 콜로라도의 가난한 사탕수수 농부의 아들로 태어났으나 어릴 때부터 만능이었다. 콜로라도 대학을 줄곧 장학생으로 마치면서도 농구, 야구, 미식축구 선수로 활약했다. 졸업 후엔 돈 때문에 피츠버그에 입단하여 그해 미식축구 신인왕에 올랐다. 그러고는 다음해 돌연 은퇴, 영국 옥스퍼드로 유학하여 존 F. 케네디를 만나고, 2차 세계대전에 참전한 다음 예일 대학

© 권혁재

보호를 받는다고 못박기도 했고요. 그러자 포터 스튜어트[4]가 말했지요. 음란물은 뭐라고 정의하기에는 자신이 없지만, 일단 보면 안다고요.

천정배 판사가 아는 것에 일반 시민과 그 시대가 동의하느냐가 문제입니다. 오히려 한승헌 변호사께서 내뱉은 한마디가 더 풍자적

로스쿨에 입학했다. 운동에 대한 미련 때문에 다시 프로선수로 복귀한 후 1940년 한 해에 하프백으로서 514야드를 전진하는 등 활약을 펼친 끝에 명예의 전당에 헌액됐다. 그리고 케네디에 의해 법무부장관으로 발탁됐다가, 1962년부터 연방대법원 판사로 일했다. 평소 소수자의 권리를 지키기 위해 노력했으나 한때 보수적 판결로 논란을 일으키기도 했다. 법사상가라고 할 수는 없으나 소신 있는 법관이었다고 볼 수 있다.

3 William Orville Douglas(1898~1980). 미네소타에서 농부의 아들로 태어나, 어려서 소아마비를 앓았으나 정열적인 삶을 놓치지 않았다. 컬럼비아 대학 로스쿨 출신으로 잠깐 변호사 생활을 한 뒤 모교 교수가 됐고, 1929년부터 예일 대학 로스쿨로 옮겼다. 루스벨트 대통령에게 발탁되어 1939년부터 연방대법원 판사로 임명됐는데, 그로부터 무려 36년 7개월 동안 맹활약하였다. 최장수 연방대법원 판사로 재임한 동안 1200여 편의 판결문을 썼으며, 수많은 저서를 남기는 경이적인 능력을 보였다. 투철한 민권 옹호자였던 그는 곧잘 소수 의견을 주장하여 '위대한 소수 의견자'로 불린다. 세 번의 이혼과 네 번의 결혼을 거치면서 법사상에 관한 책뿐만 아니라 『낯선 땅 정든 사람』 『저 높은 히말라야 너머』 『말레이 북쪽』 『나의 원시림』 등의 여행기를 쓰기도 했다. 미국 법조 역사에서 가장 매력적인 인물 중의 한 사람이다.

4 Potter Stewart(1915~1985). 공화당의 아이젠하워 대통령이 임명하여 1958년부터 1981년까지 연방대법원 판사를 지냈다. 예일 대학 로스쿨에서 공부했고, 신시내티 시의 부시장을 역임하기도 했다. 얼 워렌이 연방대법원장으로 있을 때 스튜어트는 법에 따라 판결한다는 자신의 원칙에 따라 진보 다수파의 헌법 해석에 반대했다. 비교적 존경받고 다른 사람과 잘 어울리며 판결문 잘 쓰는 유능한 판사로 평가됐다.

이고 날카로운 맛이 있습니다. 우리 판사들은 판결문을 통해 음란물을 다음과 같이 점잖게 정의합니다. "사람의 성욕을 자극하고 흥분시켜 일반인의 건전한 성적 도의심을 해치는 것." 그런데 이 정의에서처럼 성적 흥분을 일으키는 게 음란성의 첫번째 요건이라면, 남자는 여자에게 여자는 남자에게 음란물일 수밖에 없지 않느냐는 거지요.

차병직 어쨌든 법적 언어는 교묘한 데가 있습니다. 어떤 전문 분야도 그 안으로 끌어들여 재단을 하고 정의를 내리고야 말지요. 법률가들이 다른 분야에는 무식해도 법률 언어만 잘 구사하면 전문가 노릇을 하는 이유가 거기에 있지요. 법의 언어는 나름대로 자기완결성을 갖추고 있기 때문에, 그 테두리를 벗어나지 않는 한 모든 영역의 사람들에게 호령하며 제왕 노릇을 하는 거죠.

법 언어의 문제점을 짚다

사회 그러고 보면 기능적 의미에서 법률 용어도 한번 따져봐야 할 것 같습니다. 이야기를 진행하다보니 법률 용어가 자주 등장하기도 하고요. 특히 구체적 사건이나 소송 제도와 관련해서는 전문용어의 구사가 심합니다. 문제는 저도 알아들을 수 없다는 겁니다. 법률 용어나 문장이 쉬운 한글로 표현되지 않은 바탕에는 기본적으로 문맹자나 저학력자를 배제하려는 태도가 깔려 있지 않나 하는 생각까지 들 지경입니다. 법전의 내용이 읽기 어렵다는 걸 발견할 때마다, 기득권의 정치적 고려가 포함돼 있다고 느낍니다. 천장관께선 장관 재임 중에 이런 문제를 어떻게 해결해봤으면 하는 생각을 하신 적이 없으십니까?

천정배 법률 용어에 문제가 있다는 점에 대해선 전적으로 동감입니다. 당연히 평범한 사람들이 쉽게 읽고 이해할 수 있는 법이어야 합니다. 만약 그렇지 못하다면 그것이 바로 비민주적 요소의 하나지요. 물론 특권층 또는 기득권층의 이해관계가 반영된 결과라고 의심받을 수도 있겠습니다. 그래서 법률 용어의 순화는 정부와 국회에서 계속 노력하고 있고, 법제처에서도 꾸준히 작업하여 꽤 많은 변화가 있었습니다. 하지만 쉬운 한글화 작업에는 한계가 많습니다. 예를 들면 어려운 한자를 한글로 바꾼다든지, 띄어쓰기를 무시하던 법의 이름도 띄어 쓰도록 한다든지 하는 작업은 이미 시작한 지 오랩니다. 그런데 순수 우리말을 고집하여 용어를 변경하는 데는 어려운 점이 있는 것 같습니다.

지금은 일반 사람들이 거의 사용하지 않는 어려운 한자어나 일본식 한자어는 거의 다 고쳐가고 있는 것 같지요? 나머지 우리가 일반적으로 사용하는 한자어나 많은 의미를 특별히 함축하고 있는 한자어는 굳이 순수 우리말로 바꾸려고 할 필요가 있는지 의문입니다. 이런 경우도 있습니다. 우리가 가입한 어떤 국제 조약에 따르는 의무를 이행하기 위해 국내법을 만들 필요가 생깁니다. 국제 조약은 영어로 쓰여 있고 영미법의 개념을 토대로 표현돼 있는데, 그것을 우리 식으로 풀어내 법률을 만들려니 어떻겠습니까? 우리말을 그대로 사용하면 명확성이 떨어지거나 구체적 의미를 송두리째 전달하는 데 실패하는 경우가 발생합니다.

차병직 법률 용어의 한글화 문제는 한계가 있음에도 불구하고 꾸준히 진행돼온 것 같습니다. 말씀하신 대로 난해한 한자어는 거의 사라져가고 있습니다. 일반적인 한자어의 사용까지 모두 한글화한다는 건 불가능할 것이고요. 그 밖에 용어 자체의 전문성 때문에 일반인들이 이해하기 어려운 것이 있는데, 그런 경우는 다른 분야에서도 마찬가지인 것 같습니다.

현실적인 문제는 한자어 용어보다 한자의 사용입니다. 지금은 대부분의 서적이나 법률은 한글로 표기되어 있습니다. 그러나 아직 주요 어휘를 한자로 표기하는 교과서나 법률이 있습니다. 그럴 경우 법과대학 학생들이 교과서나 법률을 제대로 읽어내지 못하는 경우가 많습니다. 이화여대에선 법과대학 신입생들에게 일정 기간 과외 교육으로 한자를 가르치더군요. 제가 아는 헌법 교수 한 사람은 개별적으로 한자 용어를 연습시키는 걸 봤고요. 왜 고등학교 문과의 수학 교육 과정에서 미적분을 빼버린 뒤, 서울대 경제학과에선 여름방학을 이용해 1학년들에게 미적분을 가르쳤다고 하잖아요. 이런 현실도 약간은 기형이지요.

1948년에 한글 전용에 관한 법률이란 게 제정되어 작년까지 시행됐습니다. 그 내용이야 대한민국 공용문서는 한글로 쓴다는 것이었지요. 그러다 2005년 7월 말경부터 국어기본법이 발효하면서 그 법은 폐지됐고요. 국어기본법에선 "공문서는 한글로 작성하되, 대통령령이 정하는 경우엔 괄호 안에 한자나 다른 외국 문자를 쓸 수 있다"고 규정하고 있지요. 법률도 그렇고 저도 개인적으로 한글전용주의자라 할 수 있습니다. 따라서 모든 법률은 우선 한자를 모르는 사람도 읽을 수는 있어야 합니다. 다만, 법학을 공부하려는 사람은 한자를 익히는 것이 유리하겠지요.

사회 법률 용어의 한글화 작업은 반드시 국어 연구와 병행해서 해야 할 것입니다. 사실 법률 용어뿐만 아니라 법률 문장도 논란의 대상 아닌가요?

차병직 구체적으로 얘기하는 게 좋겠죠? 혹시 장관께선 검사들의 얼굴이라 할 수 있는 공소장의 문장에 대해 깊이 생각해본 적이 있으신가요? 가장 좋은 예가, 요즈음은 좀 구경하기 힘들어졌습니다만, 국가보안법 위반 사건의 공소장이 되겠습니다. 수십 페이지에서 수백 페이지에까지 이르는 공소장 문장은 그야말로 난삽하기 짝이 없습니다. 뭔가 변혁이 있어야 할 것입니다. 판결문은 과거와 좀 달라지긴 했지만, 전체적으로 보면 여전하다고 평할 수 있겠습니다.

천정배 공소장 이야기를 하시니, 제가 검사 시보 할 때 생각이 나네요. 검사실에 배치가 된 첫날 처음으로 불기소장을 작성했습니다. 그때 참고한 것이 일종의 검사 실무에 관한 서적이었는데, 거기에 실린 불기소 이유와 공소장의 모범 문례는 정말 시대에 뒤떨어진 것이었습니다. 당시 시보에 불과한 저로서는 마음대로 쓸 수가 없으니 하는 수 없이 그 양식과 문례를 보고 작성했지요. 하지만 제가 써놓고 봐도 무슨 내용인지 금방 이해하기 어려웠을 뿐만 아니라 문장 자체가 영 마음에 들지 않았습니다.

차병직 제가 사법연수원 다닐 때도 모의 사건 기록을 읽고 판결문을 작성하는 일이 가장 큰 비중을 차지했습니다. 정해진 양식과 문틀에 따라 하루 종일 낑낑대며 만들어 제출하면, 며칠 뒤 담당 교수가 붉은 펜으로 일일이 첨삭해서 돌려주었죠. 그런데 그게 지겨웠는지, 어느 날 전 과감하게 파격을 시도했습니다. 민사 판결문이었는데, 일반적인 형식을 버리고 모든 문장을 아주 짧게 잘라서 썼지요. 당시 지도교수는 정년퇴임하신 윤재식 전 대법관이셨죠. 결과가 기대됐는데, 다음 시간에 제가 쓴 판결문을 받아보니 내용에 관한 지적만 있더라고요. 문장에 대해서는 당시로서는 대책이 없었는지 일언반구 평가가 없었습니다. 야심찬 저의 반항적 시도는 흐지부지되고 말았지요.

판결문이나 공소장뿐만 아니라 그에 따른 변호사들의 서면, 법률의 문장 등도 일반적으로 보면 문제투성이입니다. 일반적으로 그렇다는 말은, 법조계 내에서는 별다른 불편 없이 잘 통용되고 있다는 것이지요. 단락의 구분 없이 온갖 접속사와 어미변화로 끝없이 이어가는 문장, 하릴없는 만연체의 향연, 겹조사의 남발 그리고 비틀어 만든 듯한 수동형 등이 법조계에선 익숙하게 읽히는 현실입니다.

한승헌 변호사께서 사석에서 재미있는 말씀을 하셨어요. 헌법에 이렇게 되어 있잖아요. 예를 들면 제12조 제2항은 "모든 국민은 고문을 받지 아니하며, 형사상 자기에게 불리한 진술을 강요당하지 아니한다"라는 것이지요. 그렇다면 우리 국민은 모두 수사 기관으로부터 고문을 받지 않을 의무가 있는 것이냐는 거예요. 만약 어느 수사관이 어느 피의자를 고문했다면, 고문을 당하지 말아야 할 사람이 고문을 당했으니 바로 그 피의자가 헌법 위반 행위를 한 것이라는 역설이죠. 문장력의 부재 또는 부족은 사실을 제대로 표현하지 못하는 결과를 초래하고 맙니다. 법률 문화의 수준을 나타내기도 하겠지요.

사회 우리의 법 언어에 문제가 있다면 법제도나 재판에도 미치는 영향이 있을 것 같습니다. 법 언어는 법 영역의 안팎을 소통시키는 도구 역할을 하는 것이니까 말이죠. 법률 용어 문제도 결국 우리의 근대법 수용사와 관련이 있겠죠?

차병직 당연합니다. 아주 재미있는 사료 중에 이런 게 눈에 띕니다. 1882년 12월, 그러니까 고종 때 우리나라에 들어온 독일의 법률가 묄렌도르프가 중국 명나라 대명률을 기초로 만든 형벌법을 두고 이런 말을 했습니다. "중국의 명대에서 유래하는 야만적인 고법(古法)은 개화된 새 법으로 대체돼야 한다. 새 법은 종래처럼 한문으로 엮지 말고 민중이 알 수 있도록 순전히 한글로 엮어야 한다." 그럼에도 불구하고 120년이 지나도록 아직 완전히 해결하고 있지 못하는 게 우리 법문화의 일각인지 모르지요.

천정배 우리 법제의 역사를 따져보면 어떻습니까. 보통 고조선 때의 팔조금법부터 얘기합니까? 부여 시대에도 관습법은 존재했고, 문자로 된 율령 체계는 고구려 소수림왕 때 처음 이루어진 것으로 전하고 있지만 내용은 알 수 없습니다. 그리고 신라, 고려, 조선에 이르기까지, 구한말 근대 국가의 법체계를 받아들이기 전까지는 완전한 한문 문화권에서 한자로 쓴 법률이었기 때문에 그 영향이 계속 이어졌다고 하겠습니다.

차병직 그런데 갑오경장을 전후한 개화 시기에 보통 사람들이 쉽게 이해하고 받아들일 수 있는 어휘와 내용으로 만들 기회를 우리 스스로 조성하지 못한 결과가 지금 법률 용어의 현실 아닐까요?

천정배 그럴 수도 있겠습니다. 한국의 근대법 수용사라고 할까요. 법제와 법학의 역사를 훑어봐도 그렇습니다. 방금 말씀하신 갑오경장을 전후로 한 개화기에 일본을 통해 서양 법체계를 조금씩 소개받기 시작했습니다. 아까 묄렌도르프가 1882년 말경에 고종을 알현했다고 하셨는데, 그 다음해 박문국에서 발행한 『한성순보』가 새로운 문물과 제도를 소개하는 기능을 했겠지요. 그러다 1895년 재판소구성법이 제정되면서 근대 재판제도가 처음 생겼습니다. 그 다음은 일제 식민지 시대였고, 광복과 함께 미군정 아래서의 사법제도가 운영됐습니다. 거기까지만 보더라도 정상적 사법 구성과 운영을 기대할 수 있는 상황이 아니었다는 건 쉽게 짐작할 수 있겠습니다. 갑오개혁이란 것도 따지고 보면 일본 세력을 배경에 둔 개화파들에 의해 시도된 것이었는데, 바로 이은 한일합방으로 사법제도 운영이 완전히 일본에 의해 이루어지게 됐습니다. 그러니 우리 근대 사법은 출발점부터 일본의 영향을 받아, 자발적인 창조성과 고유의 특유성을 발휘하지 못했다고 볼 수 있겠어요. 용어도 그렇고요. 미군정 아래서의 사법체계도 비슷한 한계 내에서 재구성된 것이나 다름없습니다.

정부 수립 이후에도 크게 나아질 기회는 없었습니다. 이승만 반공독재 정권이 사법부를 장악했고, 그 뒤에는 계속 군사독재 정권이 민주화의 진전을 늦추었습니다. 유일한 기회가 있었다면 4·19혁명 직후였습니다. 사법제도와 관련해서도 여러 개혁안이 제시되었는데, 결국 5·16군사쿠데타로 모든 게 물거품이 됐지요. 그러니 지금까지도 계속 사법개혁이 국가적 과제로 대두되고 있지 않습니까.

차병직 구스타프 라드브루흐[5]가 1948년에 쓴 『법철학 입문』에 보면, 로마법을 수용한 독일법이 다시 널리 극동의 한국에까지 전파된 사실을 언급하고 있습니다. 라드브루흐는 한국에 온 적이 한 번도 없지만, 그의 친구인 후고 진츠하이머[6]의 제자 중 한 사람인 에른스트 프랭켈[7]을 통해 사정을 들었다고 해요. 프랭켈은 1945년부터 1950년까지 한국의 미군정 법률고문으로 활동했거든요.

법학이든 법제도든 순수하게 자생적이고 고유한 형태는 없겠지요. 어떤 식으로든 다른 문화나 전통의 영향을 받는 것이 자연스러운 현상입니다. 하지만 우리의 근대법과 근대법 제도 수용 과정이

---

5 Gustav Lambert Radbruch(1878~1949). 20세기 최고의 법철학자이자 형법학자로 꼽히는 인물로, 뮌헨, 라이프치히, 베를린 같은 대도시에서 공부했다. 그래서 훗날 자서전에서 "조그마한 대학이 부여할 수 있는 여러 가지 이익을 놓쳐버렸다"고 썼다. 법무부장관을 지내기도 하였으나, 대부분 대학에서 연구하고 가르치고 쓰는 데 일생을 바쳤다. 나치 시대에는 믿을 수 없는 학자로 찍혀 대학에서 추방됐다가 1945년 복귀했다. 그의 법철학은 신칸트 철학을 기초로 한 상대주의였으며, 민주주의에 깊은 이론적 근거를 제공했다. 그가 쓴 많은 법철학 저서는 물론 자서전 『마음의 길』도 번역돼 있다.

6 Hugo Sinzheimer(1875~1945). 뮌헨, 베를린, 프라이부르크, 마르부르크 대학 등에서 법학과 경제학을 공부했다. 저술 활동은 1903년 프랑크푸르트에서 변호사 업무를 하면서부터 함께 시작했는데, 주로 노동 문제에 관한 것이었다. 바이마르 헌법 심의에 참여하고 1920년부터 프랑크푸르트 대학의 명예교수로 있었으나, 나치에 의해 추방당했다. 네덜란드로 피신해 암스테르담 대학 교수로 취임하면서 「법에서 인간의 문제」라는 제목으로 기념 강연을 했으며, 그 도시에서 사망했다.

7 Ernst Fränkel(1898~1975). 쾰른에서 태어나 1차 세계대전에 참전하고 프랑크푸르트 대학에서 법학을 전공했다. 거기서 진츠하이머를 지도교수로 박사학위를 받았다. 1927년 변호사 활동을 하면서 논문을 쓰기 시작했다. 히틀러가 집권하자 반나치운동을 하다 1939년에 미국으로 망명했다. 1945년에 주한미군정청 법률고문으로 서울에 와서 한국전쟁을 겪은 후, 그 체험을 토대로 『한국, 국제법의 전환점인가』라는 책을 썼다.

역사의 소용돌이 속에서 여러 곡절을 겪는 통에, 자발적 의지를 그 법과 제도에 제대로 투영하지 못한 것은 사실로 인정해야 할 것입니다. 그런 점을 명확히 인식한다면, 법과 제도의 개혁에 다들 적극적인 관심을 보일 수 있을 것입니다.

천정배 구체적으로 보면 재미있는 사건들도 많았지요. 4·19 직후 쏟아져나온 사법개혁안 중에는 최근까지 거론되고 있는 것들도 있습니다. 대법원장과 대법관을 법관들로 구성된 선거인단이 뽑기로 한 혁신적 제도는 법안까지 통과됐지만 결국 시행하지 못하고 말았습니다. 또 검찰총장의 임기를 정하고 선거로 선출하자는 안이 나오기도 했어요.

"불의의 하수인이 되느니 차라리 법을 어겨라"

사회 우리의 법과 제도에는 아직 정비할 요소가 남아 있고, 그 운용에는 더 많은 노력이 필요하다는 말씀으로 들립니다. 그것과 아울러 국민들의 준법 태도도 많이 거론되는 것 같습니다. 일반적인 준법의 요구는 어느 시대 어느 국가에서나 상존하는 것이겠지요. 그런데 그것이 역동적인 사회에서는 불복종 운동의 형태로 나타나기도 합니다. 우리 사회에서의 시민불복종에 대해 간단히 얘기해보고 넘어가겠습니다. 시민불복종이 무엇입니까?

천정배 시민불복종은 법에 대한 불복종입니다. 그러나 단순히 법을 지키지 않는 행위를 말하는 것은 아니지요. 사회적인 목적 달성을 위해 고의로 행하는 신중한 위법 행위라고 할 수 있습니다. 또는 개인적인 신념이나 사회적 정의에 어긋난다고 믿는 국가의 조치에 대해 위법을 무릅쓰고 하는 비폭력 저항 행위라고 할 수도 있고요. 시민불복종은 지역에서 집단으로 일어날 수도 있지만, 요즘은 시민운동의 수단으로 이용되는 걸 볼 수 있습니다. 아무튼 그 목적은 정부의 정책이나 법률에 어떤 변화를 가져오려는 것입니다.

차병직 우리 사회 일부에선 시민불복종을 질서 위반 행위로 간주하고 무조건 비판하는 경향이 있습니다. 물론 그것은 근본적으로 시민불복종을 잘못 이해하는 데서 비롯되기도 하고, 또 한편으로는 시민불복종과 보통의 법 위반 행위를 구별하지 못하는 데서 나타나기도 합니다. 예컨대 집회를 하느라고 도로 일부를 점거해서 주말의 교통 혼란을 일으키는 행위는 시민불복종이 아니라 부분적인 법률 위반 행위입니다. 물론 그로 인한 혼란 역시 우리 사회의 민주주의의 비용으로 생각할 줄 알아야 합니다. 시민불복종은 진지한 목적을 가지고 오직 그 달성을 위해 처벌을 감수하고 법을 위반하는 행위니까, 사실은 숭고함이 깃들어 있습니다.

천정배 시민불복종도 엄격한 개념은 아니지요. 그 요건으로 공익성이니 비폭력성이니 여러 가지를 들고 있지만 반드시 엄격하게 해석할 것도 아니고요. 사실 그중에서는 가장 상징적인 것이 처벌 감수 자세라고 하겠습니다. 처벌을 각오하고 나서는 행위니 어쩌겠습니까. 따라서 시민불복종 역시 결국은 그 사회에서 다수가 어떻게 평가하느냐가 가장 중요하다고 생각합니다.

정당한 시민불복종은 건강한 국가와 사회를 위해서도 반드시 필요하지요. 하지만 시민불복종을 내세운 사소한 질서 교란 행위나 이기적 목적 달성을 위한 투쟁은 엄벌해야 할 것입니다.

차병직 언뜻 보면 시민불복종은 그 자체가 법치주의를 훼손하는 것처럼 보이지만, 사실은 시민불복종 정신이 살아 있어야 실질적 법치주의를 실현할 수 있습니다. 우선 악법에도 종류가 있거든요. 절차를 지켜가면서 개정해야 할 악법은 개정이 될 때까지는 지켜야 하지요. 하지만 도저히 참을 수 없는 악법은 즉시 거부돼야 합니다. 정책도 마찬가지고요. 그러니 지킬 수 없는 법인데도 불구하고 입법자나 정부가 고치기 위해 자발적으로 움직이지 않으면, 시민이 그 법을 어기며 나서지 않을 수 없는 것이지요.

에리히 프롬은 불복종하는 능력이야말로 인류 문명의 종말을 막을 수 있는 모든 것이라고 했습니다. 인간이 쉽게 복종할 줄 알면서도 불복종하기는 어려워하는 이유가, 복종하는 동안에는 안전하게 보호받고 있다고 느끼기 때문이라고 하죠.

천정배 에덴동산의 이야기도 마찬가지죠. 애당초 아담과 이브는 인간이라기보다는 자연의 한 부분이나 다름없었습니다. 그런데 명령에 불복종하는 순간 변화가 시작된 것입니다. 그래서 인류 역사는 불복종 행위에서 시작됐다고 하잖아요.

차병직 하지만 대부분 불복종은 나쁜 것으로 인식하고 있지요. 프롬의 글도 시작이 그렇잖아요. 수세기 동안에 걸쳐 왕, 신부, 봉건 영주, 기업주, 부모 들은 "복종은 선이고 불복종은 악"이라고 주장해왔다는 거지요.

천정배 시민불복종으로 인정할 수 있는 행위의 형사처벌은 가장 현실적인 문제입니다. 시민불복종이 형사처벌의 감경 또는 면제 대상이라면 그 요건도 엄격히 따져야 할 것입니다. 하지만 그렇게 따질 수는 없지요. 그럼에도 집단적 항의 표시 행위로 실정법을 위반한 다음 법정에 서서는 무죄 투쟁을 하는 경우도 봅니다. 그건 분명 잘못된 것 같아요. 물론 사법부를 전혀 신뢰할 수 없는 객관적 정황이 있다거나, 재판의 법 왜곡 조짐이 명백하다면 재판도 거부할 수는 있겠습니다만, 무죄 투쟁은 그 행위 자체가 정당화될 수 없을뿐더러 전제된 불복종 행위 자체의 정당성도 의심하게 만듭니다.

차병직 형법 이론이나 법철학 이론으로 시민불복종 행위의 불처벌 가능성을 거론하기도 합니다. 그런 시도는 이론적 논의로서는 가능하나 현실에서는 불필요하다고 생각합니다. 시민불복종 역시 시민적 정당성의 평가가 가장 핵심이라고 봅니다. 그 행위가 사회 내에서 얼마나 지지를 얻는가, 어느 정도 시민적 정당성을 가지는가가 중요하다는 것입니다. 시민불복종을 표상하는 여러 요건을 잘 갖추면 시민적 정당성도 더 높아지겠지요.

그리고 시민불복종은 처벌을 무릅쓰고 법을 위반하는 행위이기 때문에, 애당초 무죄를 구걸하거나 선처를 호소할 필요가 없는 것이죠. 시민불복종에 대한 평가의 정도가 실제로 구체적 사건에서 양형의 참작 요소로 고려되는 건 전혀 별개의 문제로 보아도 무방한 것 아닌가요?

천정배 시민불복종은 상징성이 강한 현실적 수단이라고나 할까요. 어쨌든 시민불복종을 얘기할 땐 미국의 헨리 데이비드 소로[8]부터 시작하지요. 물론 그 이전에도 더 조직적이고 정형적인 시민불복종 사례가 많이 있었겠지만, 소로의 일화가 아무래도 상징성이 더 있어 내세우기에 좋았던 모양입니다. 소로가 그 유명한 콩코드 부근의 월든 숲속에 들어가 오두막집 생활을 할 때 수선 맡긴 구두를 찾으러 나섰다가 체포됐지요. 미국의 멕시코 전쟁 등에 항의해서 인두세를 몇 년 동안 내지 않았기 때문이에요. 그래서 감옥에 들어갔다 나왔는데, 훗날 그 경험을 토대로 「시민 정부에 대한 저항」이란 짧은 글을 썼습니다. "법의 불의가 당신으로 하여금 다른 사람에게 불의를 행하는 하수인이 되라고 요구한다면, 분명히 말하는데, 그 법을 어겨라"라고 했습니다. 그런데 다음 세기에 간디가 남아프리카공화국의 감옥에서 그 글을 읽고 영향을 받은 것으로 알려져 확고히 시민불복종 역사에서 지위를 굳힌 것 같더군요. 시민불복종의 생생한 모습을 실감나게 전하는 사례는 마틴 루터 킹이 지휘한 흑백차별 철폐운동이겠고요.

차병직 소로의 행동은 상징적이란 말씀에 동의합니다. 따지고 보

---

8 Henry David Thoreau(1817~1862). 초절주의 철학자 랜프 월도 에머슨이 열네 살의 나이로 하버드 대학에 입학하던 해에 소로가 콩코드에서 태어났고, 에머슨이 콩코드에 정착하려 할 즈음 소로도 하버드 대학에 들어갔다. 엘렌이란 여성에게 청혼했다 거절당한 뒤 "천국에서 가정을 찾느니 지옥에서 독신으로 지내는 게 낫겠다"며 자연의 독신자를 자처했고, 일생의 대부분을 자연을 관찰하면서 보냈다. 1845년 7월 월든 숲의 호숫가에 오두막을 짓고 2년 2개월 동안 살았다. 그때 쓴 일기가 『월든』으로 알려져 있다. 그리고 인두세를 내지 않아 체포된 단 하루의 경험을 토대로 시민불복종에 대한 글을 썼다. "법률이 보호해주는 사람은 예절바른 사람, 즉 보수주의자다. 다시 말해 길들여진 사람이다."

© 김중만

면 소로의 감옥 체험이란 고작 하룻밤에 불과한 거죠. 그것도 친척이 즉시 세금을 대신 납부해서 바로 석방돼야 하는데, 스테이플스라는 세금징수원이 이미 집에 들어가 쉬고 있는 통에 다음날 오전에야 석방될 수 있었답니다. 소로는 행동가라기보다는 사색가 정도였겠지요. 오히려 실천가로는 그 동네에 같이 살았던 아모스 브론슨 올컷[9]을 꼽을 수 있지 않나 싶어요. 『작은 아씨들』을 쓴 루이자 메이 올컷의 아버지죠. 어쨌든 소로는 그 사소한 체험을 바탕으로 멋있고 힘있는 글을 써서 엄청난 반향을 일으켰다고 하겠어요. 최소한 정치적 의사 표현 자유의 강력한 한 형식을 관념화했다는 데 의미를 찾을 수는 있겠습니다.

천정배 서구의 그러한 역사적 사건과 관계없이, 동서고금을 막론하고 정당한 저항은 있었습니다. 지금의 법치주의적 체계에서 보면, 가장 큰 저항은 헌법 질서 자체를 바꾸는 저항권의 행사입니다. 그것이 성공하면 혁명이 되지요. 그렇지 않고 기존 헌법의 질서 내에서 구체적 정책이나 법률에 반대하여 준법을 거부하는 것이 시민 불복종이라 이해하면 쉽겠습니다. 그런 면에서 서양의 영향과 무관하게 우리에게도 여러 사례가 있지요?

---

9 Amis Bronson Alcot(1799~1888). 에머슨이 좌장격으로 자리잡고 소로가 도우고 있던 콩코드에서 그들과 어울렸으므로, 초절주의파 철학자의 일원이라 할 수 있다. 아이들을 가르쳤으므로 교사이기도 했다. 그리고 새로운 공동체 생활을 시도한 개혁운동가였다. 소로가 기관지염으로 사망했을 때, 콩코드에 휴교령을 내려 학생들이 장례식에 참석할 수 있도록 했다.

차병직 물론입니다. 멀리 갈 것도 없이 현대사에서도 찾아볼 수 있습니다. 우리 사회에선 흔히 1986년 국민들 사이에서 벌어졌던 'KBS 시청료납부 거부운동'[10]이나, 1999년 분당 시민들의 '도로통행료납부 거부운동'[11] 등을 들기도 합니다. 하지만 우리에겐 세계적으로 알려진 대표적 시민불복종 운동이 있었지요. 바로 2000년에 있었던 총선연대의 '낙천·낙선 운동'[12]입니다. 그 운동은 처음

---

10 1986년 농촌의 실상에 대한 한국방송공사의 왜곡 보도에 분노한 전북 완주군의 한 농민이 시청료 납부를 거부하면서 시작됐다. 이 운동은 금방 확산되어 4년여 동안 국민의 절반 가까이 참여한 것으로 추산될 정도였다. 당시 헌정 사상 유례를 찾아볼 수 없었던 새로운 형태의 정치 투쟁으로 평가됐는데, 결국 1987년 말 언론기본법의 폐지, 방송법 제정, 한국방송공사법 개정이라는 성과를 낳았다.

11 1999년 서울-판교 사이의 고속도로가 개통되어 통행료를 징수하려 하자 분당 거주자들이 반발했다. 출퇴근부터 일상생활에 필요한 짧은 거리의 자동차 통행을 하는 데 일률적으로 통행료를 징수하는 것은 부당하다는 이유였다. 분당 시민들이 유료도로법에 의한 통행료 부과의 무효를 주장하는 소송을 제기한 뒤 통행료 납부 거부를 결의하자 주민들과 한국도로공사 직원들 사이에 몸싸움이 벌어졌다. 이 영향으로 전국 각지에서 단거리 구간의 고속도로 통행료납부 거부운동이 일어나기도 했다. 급기야 국회의원 107명이 발의하여 15킬로미터 이내 구간의 고속도로 통행에 대해 통행료를 없애는 개정안이 제출되었으나 통과되지 않았다.

12 2000년 총선을 앞두고 전국의 시민단체들이 후보자 자질을 사전 점검하여 공천되어서는 안 될 후보와 당선되어서는 안 될 후보의 명단을 발표하고, 선거 기간 중에 전국을 순회하며 낙선 후보자에게 투표하지 말 것을 호소한 대규모 운동이다. 이 운동은 처음에 참여연대를 중심으로 제안되고 시작했는데, 국민들의 정치 개혁에 대한 열망 때문에 전국적인 반향을 일으켰고, 전국에서 약 1천여 개의 NGO들이 합세했다. 그러나 그 운동 방식과 내용의 일부가 당시 공직자선거 및 부정선거 방지법에 위반되었고, 운동 주역들은 법정에서 시민불복종임을 주장했다. 이 운동은 한국의 정치사나 사회운동사에 큰 획을 그은 사건으로 평가될 뿐만 아니라, 해외에서도 비상한 관심을 보였다.

부터 선거법을 위반하면서 거행하려고 한 것은 아니었습니다만, 정치 개혁을 위한 운동을 총선의 후보자 검증에 연결시켜 하다보니 저절로 부분적 위법 행위가 발생한 것입니다. 어쨌든 규모나 결과나 사회적 관심과 영향력 모든 면에서 역사에 기록될 만한 시민 행동이었습니다. 나중에 행동을 주도했던 7명이 선거법 위반으로 기소되어 대법원까지 가서 모두 벌금형이 확정됐습니다. 변론 과정이나 판결문에도 시민불복종이란 어휘가 등장합니다. 보수적인 단체나 언론에서는 그 운동을 아주 이념 편향적인 법치주의 훼손 행위쯤으로 폄하하지만, 그 역동성과 의미는 우리 사회에서 높이 평가됐을 뿐만 아니라 그 역사성 역시 길이 기록될 것입니다.

천정배 자신의 주장을 관철하기 위해 무조건 법 위반 행위를 일삼고 정당성을 주장하는 일은 정말 곤란합니다. 하지만 요건을 갖추어 불가피하게 전개하는 시민불복종 행위를 함부로 범죄행위로만 취급해서도 안 됩니다. 시민불복종 행위도 의견이 서로 다른 개인과 집단 사이의 통합적 이해 소통을 매개하는 역할을 할 수 있어야 할 것입니다.

한미 FTA와 법률 시장 개방

사회 이제 마지막으로 시야를 국제 무대로 돌려보기로 하겠습니다. 우리 법률 시장도 시장 개방의 압력을 버티지 못할 것입니다. 곧 미국에서 우리 법률 시장을 독점하려 달려들지 모르는 일이지요. 만약에 우리 변호사들이 할 일이 없어지게 되면 어떡하죠? 바로 법률 시장 개방 이야기입니다. 한미 FTA(자유무역협정)에 법률 시장도 협의 대상에 포함돼 있습니다. 만약 개방된다면 어떻게 될까요?

차병직 우선 개방의 내용, 즉 범위가 가장 중요할 것입니다. 보통 방안으로 제시되는 것은 크게 세 가지로 말할 수 있겠습니다. 첫째, 외국 변호사 사무실의 국내 설립은 허용할 수밖에 없을 것입니다. 단, 구성원의 요건을 어떻게 정할 것이냐가 협의 대상입니다. 둘째는 국내에서 외국 변호사가 할 수 있는 업무의 내용입니다. 보통 그 변호사가 자격을 취득한 나라의 법과 국제법에 대한 자문에 한정하려고 노력합니다. 소송이나 공증, 부동산등기 업무 등은 제한하려합니다. 마지막 쟁점은 외국 변호사 사무실이 국내 변호사와 동업하거나 국내 변호사를 고용할 수 있느냐란 문젭니다. 이것도 금지해야 한다는 것이 국내 의견이지요?

천정배 법무부에서는 오래전부터 법률 시장 개방에 대비는 해왔습니다. 1999년 7월에 법무부는 법원행정처, 대한변협과 함께 법무 서비스 실무작업반을 구성했습니다. 2000년 12월엔『법무서비스 개방 문제 연구』라는 보고서를 발간했고, 2002년 1월에 법무부 국제법무과장을 반장으로 재경부, 외교통상부, 산업자원부 관계자들을 모아 법률 서비스 협상대책반을 구성했지요. 그리고 2003년 2월에 법률 시장 1차 개방안을 외교통상부에 보냈는데, 그 주된 내용이 방금 차변호사께서 말씀하신 세 가지입니다. 그 뒤도 2004년 9월부터 법률 서비스 경쟁력 강화를 위한 태스크포스 팀을 운영하고 있고, 법무부 홈페이지에 '법률시장개방대비' 란을 신설했습니다.

차병직 법률 시장이 완전히 개방된다 하더라도 외국 법률가를 판사나 검사로 임용할 수는 없을 테니, 결국 변호사 업무와 그 수요자인 국민들 사이에서 생길 문제를 점검해야 합니다. 법률 시장 개방으로 일어날 수 있는 가장 극단적 사례는 국내의 모든 법인이나 조합 형태의 변호사 사무실을 미국이 차지해버리는 것입니다. 아마 프랑스가 그렇다고 하지요. 방법은 간단합니다. 미국 로펌이 국내 지사를 설립한 다음 지금 평균 보수의 두세 배를 제시하여 유능하고 필요한 변호사를 모조리 스카우트하는 것이지요. 그래서 우리가 제시하는 협상안에 외국 변호사 사무실의 국내 변호사 고용·동업 금지 조항이 들어 있는 것입니다.

미국 변호사 또는 다른 나라 변호사가 국내에서 소송을 못하게 하는 문제는, 언뜻 생각하면 언어의 장벽이 있으므로 무관하리라 보입니다. 그런데 일설에 의하면 캘리포니아 주만 하더라도 우리말을 자유롭게 구사하는 한인 미국 변호사가 5천 명은 된다더군요. 그들이 몰려오게 된다면 국내 시장을 두고 쟁탈전이 벌어질까요?

천정배 일본은 1986년에 이미 외국 변호사 법률사무취급에 관한 특별조치법이란 걸 제정했지요. 그에 따라 우리 협상안처럼 외국 변호사에게 자격취득국의 법과 국제법에 대한 자문을 허용하면서, 일본 변호사와 동업하거나 일본 변호사를 고용할 수는 없게 했습니다. 그러던 것이 1994년이 되어 섭외사건[13] 등 특정 사건에 한해 일

---

13 자국 영토 내에서 자국 또는 자국민과 외국 또는 외국인 사이에 발생한 사건을 통틀어 이르는 용어다.

본 변호사와의 제휴를 허용하게 되고, 2004년 4월에 이르러서는 동업이나 고용을 완전 허용하고 있습니다. 그러니 우리도 훗날에는 전면 개방을 하지 않을 수 없을 것입니다.

차병직 법률 시장이 열려 미국 변호사 사무실이 들어서고, 미국 변호사들이 업무를 시작하면 어떻게 될까요? 물론 미국 변호사 사무실이라 해도 거기에 고용된 한국 변호사들이 인원수로는 주된 구성원이 될 것이고, 또 고객들과 직접 접촉하게 되겠죠. 그렇다면 솔직히 단기적이나 중기적으로는 일반 국민들에게 돌아갈 불이익이란 거의 예상되는 게 없습니다. 오히려 법률 서비스의 질이 향상될 수는 있겠지요.

그러나 이 점을 생각해봐야 합니다. 개방이 된다 하더라도 유럽과 달리 우리나라에 얼마나 많은 미국 변호사 사무실이 들어올까 하는 것입니다. 그리고 들어온다 하더라도 그들이 일반 시민이 당사자가 되는 소송까지 송두리째 잠식하려 할까라는 점입니다. 미국 로펌이 노린다면 아마 대기업을 고객으로 하는 시장 정도가 아닐까요? 그리고 적당한 규모의 국내 법무법인을 흡수 합병하겠지요. 그래서 몇 년 전 우리나라의 유수한 대형 사무실을 운영하는 원로 변호사 한 분이 이런 말씀을 하시더군요. 법률 시장 개방 얘기가 나오고 난 뒤 우수한 사법연수생들의 취향이 달라졌다는 겁니다. 과거에는 랭킹 순위대로 대형 사무실을 선호했는데, 근년에 들어와선 그보다 약간 아래쪽의 사무실을 택한다는 거지요. 그 이유는, 이미 나름대로 규모와 경쟁력을 갖추고 있는 대형 사무실은 어렵게 버티며 외국 사무실과 경쟁하겠지만, 그 약간 아랫급의 사무실은 유력한 외국 사무실에 흡수 합병될 것이기 때문이라더군요. 미국 변호사 사무실을 선호한다는 거죠.

또 달리 생각해볼까요. 최악의 상황을 상정하면, 장기적으로 우리나라에서 법률을 공부하는 사람들은 결국 미국의 법률회사에서 일하게 되는 것으로 귀착될 수 있겠지요. 그럴 경우 우리 고유의 법률 문화라는 것이 왜곡될 가능성은 있습니다. 하지만 다른 한편으로 보면 그건 지금과 비교해도 근본적으로 별 차이가 없는 정도의 문제가 될 수 있지 않을까요? 지금 변호사들도 여건만 되면 다들 미국 가서 공부하거나 특별히 소용도 없는 미국 변호사 자격까지 얻어 오려고 하니까요.

사회 법률 시장에 한해서는 한미 FTA를 통해 개방이 되더라도 큰 영향이 없다는 말씀이신가요?

차병직 냉소적인 의미까지 포함해서 단답형으로 대답한다면, 그렇습니다.

천정배 글쎄요, 사실 전 걱정이 됩니다. 농민들한테 어떤 효과와 영향이 있을까 예측하기 힘든데, 우리 법조계에 국제 경쟁력이 있느냐는 더 염려스러울 수밖에 없지요. 점진적인 개방을 통해서 우리 법조인들이 경쟁력을 키워가면서 대비하면 극단적으로 우리 법률 시장이 미국이나 다른 나라에 먹히는 일은 일어나지 않으리라 생각합니다.

우리 법조는 그동안 과점적 지위를 누려왔습니다. 그런 한편, 우리나라 법조인들은 굉장히 우수한 사람들입니다. 극히 우수한 인재들이 사회적 필요보다 더 많이 몰려 있는 곳이 법조계라고 할 수도 있는데, 그런 법조계가 국제적 경쟁력을 확보하지 못한다는 건 말이 안 되죠. 개방은 피할 수 없겠습니다. 그렇다면, 점진적으로만 개방이 이루어진다면 우리 내부에서 충분히 경쟁력을 확보할 것입니다. 아울러 국민들은 더 양질의 법률 서비스를 받을 수 있겠지요.

사회 한미 FTA와 관련해 여론을 살펴보면 한 가지 재미있는 현상이 있습니다. 대부분의 분야에 대해 반대 의견이 많지만, 유독 법률 시장과 금융 시장에 대해서는 개방 찬성 의견이 많습니다. 특히 법률 시장의 경우에는 그동안 법조계가 쌓아왔던 장벽, 독과점적 구조 때문에 개방의 목소리가 높아진 게 아닌가 싶습니다. 그동안 법률 시장이란 게 얼마나 경직돼 있었습니까. 이번 기회에 법조계도 반성을 많이 해야 할 것 같습니다.

아프락사스의 술잔

법과대학 후배들에게

사회 누구에게나 청춘 시절에는 데미안의 고민이 있습니다. 우리는 그 시기에 고등학교를 거쳐 대학에 입학합니다. 청소년기를 벗어나 성년이 되는 즈음에 입학하는 대학은 고교 시절의 속박에서 벗어나는 정신적 해방의 공간으로 받아들여지기도 합니다. 법과대학도 그중의 하나지요. 하지만 법과대학 학생들은 나름대로 남다른 꿈을 가지고 시작합니다. 그 꿈은 청춘에 어울리게 아름다울지 모르나, 꿈을 실현하기 위한 과정은 고통스럽습니다.

두 분은 법과대학을 다녔고, 사법시험이라는 고시도 무사히 통과해서 법률가가 되었습니다. 그리고 법률가로서의 전문성을 바탕으로 정치와 시민운동이란 다른 영역의 일을 맡고 있기도 합니다. 이제 법조계의 선배로서 미래의 법률가인 법과대학 학생들에게 들려주실 말씀이 궁금합니다. "왜 법과대학을 택했습니까?"는 아주 진부한 질문의 하나입니다. 따라서 여기서 그 질문은 하고 싶지 않습니다. 하지만 많은 후배들이 궁금해할지 모르니, 그 질문에 대한 대답을 포함해서 법과대학에 입학하던 때를 떠올려 얘기해주시기 바랍니다. 어느 분께서 시작하시겠습니까?

차병직 천장관께서 먼저 하셔야죠.

천정배 아닙니다. 전 좀 오래돼서 잘 기억이 날 것 같지 않으니 차변호사께서 먼저 하시죠. 오래된 얘기를 하니까 갑자기 생각나는 게 있군요. 한승헌 변호사께선 사람들이 연세를 여쭈어보면 이렇게 대답하셨답니다. "잘 모르겠어. 내가 태어난 지가 하도 오래된데다, 또 그게(나이) 해마다 바뀌니 잘 기억을 할 수가 없어"라고요. 저도 오래돼서 그런지 한참 생각해야 될 것 같아요. (웃음)

차병직 하지만 시간 순서대로 하는 게 편할 것 같습니다. 이 대화를 듣거나 읽을 사람도 역사적 순서를 선호할 것이 분명합니다. 다른 이유도 하나 더 있습니다. 얼마나 화려한 전력이 펼쳐지는가 제가 먼저 들어야 할 것 같습니다. 그래야 거기에 맞춰 제 얘기를 좀 부풀리죠. 균형을 맞추기 위해서요. 어차피 그냥 그대로 해선 비교가 되지 않을 테니까요. (웃음)

사회 본론으로 들어가기 전에 엉뚱한 변론 대결이 펼쳐지고 있군요. 제가 중간 판결을 하겠습니다. 연장자이신 천장관께서 먼저 하십시오.

천정배 '중간 판결'은 꽤 어렵고 전문적인 민사소송 용어인데 적절히 구사하시는군요. 어쨌든 다시 옛날 얘길 시작하지요. 저는 목포중학교에 입학하면서 암태도란 작은 섬을 탈출하였습니다. 섬에서도 줄곧 공부 잘한다는 칭찬은 받았지요. 목포 생활에 적응하면서 문학의 꿈을 키웠습니다. 목포예술제에 나가 상을 받고 하다보니 그 꿈은 제법 굳어져갔어요. 하지만 2학년 때 전남 학술경시대회에서 1등을 하고부터 점점 공부 우선의 분위기에 젖어들어버렸어요. 그러니 법과대학도 별 생각 없이 당연히 그래야 하는 것처럼 선택했어요.

수석 입학까지 하다보니 서울대학교 법과대학 재학 초기에는 상

헤겔은 이렇게 썼지요. "여기가 로도스 섬이다. 여기에서 춤추어라. 여기 장미꽃이 피어 있다. 여기에서 춤추어라." 환상의 나라, 허구의 나라, 불가능의 나라에 닿기 위해 헛되이 시간과 정력을 낭비하지 말라는 메시지였습니다. 우리가 발을 딛고 선 바로 여기, 지상에 확실히 존재하는 현실의 땅에서, 비록 불만족스럽더라도 최선의 성과를 이루도록 노력하라는 격려였지요.

당히 자신감에 차 있었습니다. 한동안 손을 뻗기만 하면 모든 걸 다얻을 수 있을 듯 의기양양했지요. 그리고 법과대학에선 나름대로탐구적인 학문을 하고 싶었습니다. 그런데 시간이 지날수록 조금씩불만이 쌓이기 시작했습니다. 불만은 크게 두 가지였어요. 첫째는,법학에 대한 흥미가 떨어져버린 겁니다. 애당초 기대했던 것과는달랐습니다. 법률은 고리타분하고 적성에 맞지 않다고 느꼈지요.그리고 사회에 대한 기여도도 낮고 기여 방법도 마땅치 않다고 판단했습니다. 또 고시 제도처럼 공부만으로 무언가를 해결한다는 게옳지 않다는 생각이 들었습니다. 경제학이나 철학 같은 공부가 하고 싶어 진로를 변경하려고 고민도 많이 했습니다. 제가 어떤 결정을 내려도 부모님들은 반대하지 않으실 분들이었지만, 결국 용기부족으로 그 울타리 속에 머물러버렸습니다.

둘째는 당시 정치 상황과 관련된 불만이었습니다. 1학년 때 유신이 선포됐지요. 그 상황에서 헌법이니 헌법학이 도대체 무슨 소용있으며 법률이 어떤 가치를 지니나 하는 생각을 하게 됐죠. 그런데또 생각만 그랬지 행동으로 나서지는 못했어요. 학생운동에 나선친구들에 대해선 열렬한 지지를 보내고, 진심에서 우러나온 경의를표시했습니다. 일종의 동반적 지지자였지요. 그 밖에 술 마시고 논기억이 대부분입니다. 다른 공부를 많이 못한 건 후회되는 부분입니다.

차병직 수석 부분만 제외하고는 거의 비슷한 것 같군요. 저는 고등학교부터 유학을 시작했어요. 그때 울산에서 시외버스로 세 시간쯤 가면 닿는 진주에서 고등학교를 다녔습니다. 제가 다닌 진주고는 상봉동동에 있었는데, 상봉서동에 있는 진주여고 정문 바로 앞

우체통이 놓인 구멍가게 집에서 3년 동안 하숙했어요. 거기 사시던 당숙모께서 그 집을 정했기에 입학 때 들어가서 졸업 때 나왔지요. 대체로 제 기억에 남은 고교 시절은 지루하고 따분했습니다. 3년이란 기간이 정해졌기에 참고 다녔지, 그렇지 않았으면 그만둘 수도 있었다고 생각합니다.

고려대학교 법과대학은 재수를 끝낼 무렵의 제 성적에 맞았기 때문에 선택했습니다. 역시 부모님으로부터 아무런 간섭을 받지 않고 스스로 정한 결과였어요. 고교 재학 시절 내내 철학이나 어문학을 전공할 생각이었는데, 원서 낼 때 마음을 바꿨지요. 또 법과대학이란 데를 졸업하면 전공에 관계없이 무엇이든 할 수 있다는 판단도 있었어요. 합격자들을 상대로 면접이 있었는데, 제 면접관은 돌아가신 남흥우 교수와 심재우 교수 두 분이셨어요. 두 분 모두 형법이었지요. 심선생께서 한두 가지 물으셨는데, 왜 법학과를 지망했느냐는 질문에 참 한심한 답변을 한 기억이 있습니다. 얼른 떠오르는 게 없으니 천편일률적으로 정의 운운하고 만 것이었죠.

그래도 입학식은 생각납니다. 근사한 본관 앞 잔디밭에서 했는데, 지금도 김상협 총장이 한 입학식사의 내용을 기억합니다. 김상협 선생은 연설가로 유명하기도 했지만, 그때 입학식사의 내용이 머릿속에 쏙 들어왔어요. 제목이 '여기에서 춤추어라'였습니다. "여기 자유 정의 진리의 전당이 있다, 여기에서 춤추어라. 여기 민족주체 민간주체의 석탑의 광장이 있다, 여기에서 춤추어라. 여기 지성과 야성, 한국과 세계의 캠퍼스가 있다, 여기에서 춤추어라." 그 웅변은 3월의 날씨만큼이나 명징했고, 경험이 부족하던 시절의 저는 그 말을 진실로 받아들였습니다. 물론 그 식사는 헤겔의 『법철학』서설에 나오는 구절을 패러디한 것이었습니다. 헤겔은 이렇게 썼지요. "여기가 로도스 섬이다, 여기에서 춤추어라. 여기 장미꽃이 피어 있다, 여기에서 춤추어라."[1] 환상의 나라, 허구의 나라, 불가능의 나라에 닿기 위해 헛되이 시간과 정력을 낭비하지 말라는 메시지였습니다. 우리가 발을 딛고 선 바로 여기, 지상에 확실히 존재하는 현실의 땅에서, 비록 불만족스럽더라도 최선의 성과를 이루도록 노력하라는 격려였지요.

하지만 입학 때의 흥분과 의지는 오래가지 못했어요. 막연한 불안감을 버스 토큰처럼 지니고 관성에 따라 시간을 보냈죠. 그러다 2학년 땐가, 영문과나 독문과로 전과할 것인가를 두고 무척 고민했어요. 결국 전과는 포기하고 선택 가능한 학점의 수강 신청을 영문과로 했지요. 당시 영문과에는 대외적으로 유명한 교수들이 포진하고 있었습니다. 김우창, 김종길(김치규), 강봉식, 정종화, 노희엽 교수의 강의를 들었어요. 심지어 김진만 교수의 초기영문학 시간에까지 들어가 『베오울프』니 『켄터베리 이야기』 따위를 읽었습니다. 그 사이에 박정희가 사망하고 전두환 군사 정권이 들어섰습니다. 저는 학생들의 시위를 곁에 서서 지켜보며 마음속으로만 응원했습니다. 나중에 열린우리당 부대변인을 한 이명식 선배가 그런 저의 태도를 몹시 못마땅하게 생각했죠. 세월은 그렇게 흘러갔습니다.

---

1 헤겔이 쓴 "여기가 로도스 섬이다, 여기에서 춤추어라"는 이솝 우화에 나오는 이야기를 인용한 것이다. 어떤 거짓말쟁이가 떠들어대기를, 로도스 섬에 있을 때 굉장히 멀리 뛸 수 있었다고 자랑했다. 로도스에 가면 증인도 있다고 과시했다. 그러자 옆에서 듣고 있던 사람들이 이렇게 말했다. "그 말이 진실이라면 증인은 필요 없지. 여기가 바로 로도스라고 생각하고 뛰어보는 것이 좋겠네."

사회 정말 비슷하군요. 법과대학은 스스로 선택했으되, 성적에 따라 정해진 것이고, 법과대학 생활은 그저 그랬고, 한때 전과를 생각했으며, 학생운동엔 지지만 하고 행동하진 않았다는 점들이 말입니다. 하지만 그래서야 희망에 부풀어 있는 법과대학 신입생들이나 법률가를 꿈꾸면서 공부하고 있는 고교생들에게 무슨 도움이 되겠습니까. 그래도 우수한 학생들은 계속 법과대학을 선택할 것입니다. 그 이유가 무엇일까요?

천정배 법학이란 학문은 다른 학문에 비해 범용성이 있습니다. 법학은 학문의 분과 중에서도 아주 긴 역사를 가진 전문 영역으로 자신의 자리를 확고하게 구축하고 있지요. 방대한 민법에서부터 형사법에 이르기까지, 실체법에서 절차법에 이르기까지, 또 기본법에서 특별법에 이르기까지 그 체계와 범위도 이제 아득할 정도입니다. 그리고 그 모든 개별법 위에 국민의 기본적 권리와 국가 권력을 규정하는 헌법이 있습니다. 헌법은 오히려 민법이나 형법 같은 기본법보다 후에 생긴 것이죠.

그런데 법학 공부라고 해서 그 많은 법조문을 다 읽거나 해석하는 건 아니죠. 법률은 텍스트의 일부가 될 뿐입니다. 구체적 법률이 작동하는 체계와 원리를 이론으로 습득하지요. 그러면서 아울러 법 형성의 역사, 법 이면에 깔린 사상과 철학, 법을 둘러싼 사회적 현상과 정책 등을 탐구합니다. 적어도 법과대학 커리큘럼의 정신은 그렇지요. 따라서 법과대학을 마치고 나온 사람은 두루 쓰임새가 있게 됩니다. 국가 기구나 사회 제도가 작동하는 시스템에 대해 기본적 이해를 하게 되고, 분쟁적 문제 해결의 방법을 강구할 능력이 생기고, 부가적으로 논리적 사고를 할 수 있게 되겠죠. 적어도 그런 인물을 만들어내는 것이 법과대학의 설립 취지이자 의무지요. 현실이 어떠하냐는 전혀 별개의 문제지만요.

차병직 법학의 학문성은 그 역사성 때문에도 함부로 부정하긴 어렵겠지요. 하지만 아무리 학문성을 지니고 있다 하더라도 법학은 현실에서 기능적 학문으로 더 힘을 발휘하고 있습니다. 심하게 말하면 기술적 지식에 불과하지요. 그런 인식이나 현상은 법과대학의 교육과 사법시험 제도 때문일 것입니다.

그러다보니 법과대학을 선호하는 가장 큰 이유는 법률가라는 직업이 경제적 안정을 보장하기 때문이었을 겁니다. 가장 전통적이고 확실한 이유지요. 그것도 아무 조건 없이 시험만 합격하면 일정한 신분과 지위가 확보된다고 믿었으니까요. 법과대학이 인기 있는 이유는 학문의 본질이나 내용과는 무관하다고 단언합니다. 돈과 권력 때문이지요. 정의 실현은 위장된 명분이겠지요. 이런 자명한 사실을 증명할 수 있는 사례도 부지기수입니다. 제가 즐겨 드는 예는 간디입니다. 간디가 왜 변호사가 됐습니까? 인도에서 대학 입학 자격 시험에 합격한 뒤 학비가 많이 드는 봄베이(뭄바이) 쪽은 포기하고 바우나가르의 사말다스 대학에 들어갔어요. 그런데 실력 부족으로 지지부진했지요. 집으로 돌아와 있는데 친척의 권유로 영국행을 결심합니다. 영국으로 가서 변호사 자격을 따면 시간도 더 적게 걸리고 가족도 부양할 수 있다고 생각했죠. 간디가 영국으로 가서 변호사가 된 동기는 돈 때문이었습니다. 가끔 위대한 일은 그렇게 시작되곤 하지요.

법률가의 초상, 어제와 오늘

천정배 종전의 판에 박은 듯한 법과대학생의 초상은 어떤 것이었습니까. 신학도가 성경을 끼고 다니듯 법전을 들고 다니지요. 그러면서도 뭔가 꾀죄죄한 인상을 주었습니다. 세련되지 못했다는 의미지요. 읽고 생각하는 것은 모두 남들이 잘 모르는 법률 용어에 집중돼 있습니다. 그러다보니 일반 토론적 대화에는 잘 끼어들지도 못합니다. 철학적 깊이도, 역사적 안목도, 경제적 감각이나 문학적 감수성도 부족합니다. 그렇다고 외국어 실력이 뛰어난 것도 아닙니다. 그러면서도 늘 무언가에 쫓기는 듯합니다. 그런 것이 과거 법대생의 몽타주였다고 할 수 있는데, 그 부정적 이미지는 모두 고시 제도에서 비롯됐다고 보입니다. 모든 게 사법시험에만 집중되다보니 법과대학의 교육도 그렇고 법대생 자신의 삶도 그 방향으로 내몰려 간 것이죠. 이상적이고 정상적인 관점에서 보면 모두 조금씩 뒤틀려 있거나 어긋나 있는데, 또 그 모든 것이 사법시험에 합격하는 순간 일거에 해결된다는 것이 법대생이자 고시생인 젊은이들 삶의 구조를 더 왜곡시켰다고 볼 수 있습니다.

그런데 요즘 법과대학과 법대생은 꽤 달라진 것 같습니다. 그 이유 중 하나는 사법시험 합격자 수가 대폭 늘어났다는 것이고, 또 로스쿨 도입이 가시화되면서 생긴 분위기의 변화도 들 수 있겠습니다.

차병직 방금 지적하신 내용은 단편적 문제가 아니라 아주 복합적이고 근원적인 문제라고 봅니다. 법과대학의 교육, 사법시험 제도, 사법연수원 제도, 법관 임용 방식 그리고 법조일원화 문제가 모두 긴밀히 견련되어 있다는 것입니다. 여기서 긴 말씀을 드리기는 어

© 김중만

렵겠습니다만, 그래서 나온 것 중의 하나가 로스쿨이었습니다.

그런 제도적인 문제는 앞에서도 잠깐 언급했으니까, 저는 다른 얘길 했으면 합니다. 법률가들이나 법과대학 학생은 전문성과 일반성에 대해 깊이 생각해봐야 합니다. 법학은 전문적인 학문의 한 분야고, 법률가는 전문가입니다. 그런데 법률가를 일반적인 의미의 지식인이라고 할 수 있을까요? 좀 자신이 없어집니다. 전문적 지식인이라고 부르는 데는 지장이 없겠지만, 그냥 지식인이라고 표현하기엔 뭔가 부족한 것처럼 느껴지지 않습니까? 법률가들에게 그런 인상을 받는 것은, 법률가들이 전문 지식을 갖췄을망정 관련 분야에 대한 폭넓은 지식과 교양 그리고 역사와 사회 현실에 대한 인식은 갖추지 못했다고 보기 때문입니다.

천정배 바로 그런 점 때문에 결코 바람직스럽지 못한 법대생의 초상이 나타난 모양입니다. 법대생의 과제란 오직 사법시험 합격이라는 경쟁을 통과하는 일이기 때문에 그런 현상이 일어나겠지요. 단순히 과제에 그치면 그나마 다행입니다. 마치 인생의 목표인 양하고 덤벼들면 곤란하지요.

차병직 그런 사법시험의 부담으로 인한 법과대학 학생의 문제는 일반적 교양과 지식의 획득에 실패하는 데만 한정되는 게 아닙니다. 그야말로 사법시험 통과에 필요한 공부만 기술적으로 하니까, 법률가로서의 전문성 획득을 위한 공부에도 문제가 있어요.

천정배 법대생의 문제만은 아닙니다. 요즘 많은 비법대생들이 사법시험에 합격하여 법률가가 되고 있지 않습니까. 정말 시험공부만

해서 법률가가 되는 것이지요. 물론 사법연수원에서 심화된 법률 교육을 받긴 합니다만, 여러 가지 문제가 복합돼 있지요. 이것을 해결할 수 있는 방안으로 이야기된 것이 로스쿨입니다. 로스쿨 제도에 대한 논란은 잘 알고 있고 또 잘못 운용될 경우 부작용도 우려됩니다. 하지만 인간의 다양한 측면에 대한 이해가 법률가의 의무라면, 어떤 형식으로든 로스쿨은 필요하다고 생각합니다.

사회 그러면 법과대학생의 초상은 그렇다 치고, 그런 법과대학 시절을 거쳐 법률가 직역으로 진입하는 데 성공한 이후의 모습은 어떨까요? 간디의 가족들이 예상했던 대로 모든 가족의 경제적 문제를 해결할 정도로 안정된 생활 속에서 주변의 부러움과 사회의 존경을 한 몸에 받게 되나요?

천정배 검은 것을 희게 또는 흰 것을 검게 만들 수 있는 사람은 화가와 변호사란 말이 있지요. 조너선 스위프트가 신랄한 정치풍자 소설 『걸리버 여행기』에서 퍼부은 독설을 보면 법률가상 역시 상당히 회의적입니다. 변호사란 "보수 때문에 어릴 때부터 흰 것을 검다고, 검은 것을 희다고 수없이 많은 낱말로 증명하는 기술을 배우는 사람들"이라고 했어요. "어릴 때부터 허위로 변론하도록 훈련된 변호사들은 올바른 일을 맡게 될 경우 오히려 자신의 자질을 잘 발휘하지 못한다"고까지 했지요. 그래서 소송에서 가장 확실하게 이길 수 있는 방법은 두 배의 수임료로 상대방 변호사를 매수하는 것이랍니다. 물론 이런 표현은 현실을 과장하여 풍자적으로 묘사한 것입니다만, 법률가에 대한 일반인의 인상이 어떠한가 알려주는 한 대목입니다. 서양이나 동양이나, 과거나 현재나 큰 차이가 없을 수도 있다는 점까지 명심해야 할 것입니다.

　물론 스위프트가 변호사들만 욕한 건 아닙니다. 판사는 이렇게 꼬집어놓았습니다. "그들은 늙거나 게으름에 탁월한 변호사들 가운데 선출된다. 진리와 평등에 대하여 편견을 가지고 있기 때문에 허위와 위증과 억압에 찬성해야 하는 치명적인 운명에 놓여 있다. 그들은 자신의 천성이나 직책에 맞지 않는 일을 하여 재능을 망치기보다는 오히려 정의를 지키는 쪽이 주는 막대한 뇌물을 거절한다." 법조인들이 집단으로 스위프트를 명예훼손으로 고소하지 않는다면 두 가지 이유 중에 하나 때문일 것 같습니다. 사실이라고 생각하든지, 아니면 잠언으로 받아들이든지.

차병직　풍자적인 작품으로 유명한 오노레 도미에[2]의 판화도 재미있습니다. 두 변호사가 법정 대기실에서 웃으며 얘기를 나누고 있습니다. "오늘 나는 당신이 두 주일 전에 내게 논박했던 방법으로 도전하겠소." "그렇다면 나는 당신이 그때 방어하던 방법으로 맞서겠소." 변호사들의 대의명분은 의뢰인의 이익밖에 없다는 역설이 담겨 있지요. 도미에의 판화에는 제목 대신 간단한 설명이 달려 있습니다. 검사의 초상 아래에는 이런 글이 적혀 있지요. "승려풍의 얼굴 표정, 하늘을 쳐다보는 눈, 가슴에 손을 얹고 확신에 찬 음흉

---

2 Honoré Victorin Daumier(1808～1879). 프랑스의 화가로, 열네 살 때부터 그림을 그리기 시작하여 시력을 잃을 때까지 정치 풍자화를 그렸다. 주로 공화정에 대한 열정과 민중의 삶에 대한 애정 그리고 평화에 대한 갈구를 표현했다. "만화는 단순히 웃음을 유발하는 장난질이 아니다. 오히려 행복을 추구하면서 고뇌에 허덕이는 인간의 압박된 정신에 별안간 나타나는 통풍구 같은 역할을 하는 것이다" 라고 말했다.

한 미소를 입가에 띠고 있다." "판결을 선고하는 판사, 그는 사람 잡아먹는 귀신이요 사람의 얼굴을 한 이리이자 식인종이지, 이미 재판관이 아니다." 판사들이 아연실색할 만하지요?

도미에는 1832년경부터 법률가를 그리기 시작했는데, 특히 1845년부터 1848년 사이에 서른아홉 점의 석판화 법률가 시리즈를 제작한 일이 있습니다. 나름대로 당시 법률가의 허위를 꼬집었다고 할 수 있을 겁니다.

사회 법률가들에 대해 그렇게 신랄한 풍자를 해대거나, 거기서 그치지 않고 심한 독설을 퍼붓는 경우가 허다한데 그 이유가 무엇일까요?

천정배 법률가라고 하면 판사나 검사도 당연히 포함하지만, 변호사 자격을 가진 사람이라고 하면 되겠어요. 법률적 전문 지식을 갖춘 사람에게 변호사 자격이 주어지고, 변호사 자격이 있는 사람 중에서 판사나 검사를 임용하니까요. 앞으로는 법학 교수도 그렇게 되겠지요. 또 판사나 검사 경력이 있는 사람이, 혹은 법과대학에서 정년퇴직한 사람이 다시 변호사로 돌아갈 수도 있지 않습니까? 그러니 법률가라고 하면 우선 변호사로 대표된다고 해도 큰 무리는 없습니다.

그런데 변호사란 무엇을 하는 직업입니까? 다른 게 아니라 필요한 법률 업무를 대신 해주는 직업입니다. 그리고 그 보수로 비교적 많은 돈을 받지요. 그러다보니 변호사란 직업의 법률가를 움직이는 것은 어떤 정의감보다 의뢰인이 제시하는 보수일 수도 있는 것이죠. 요즘은 법률 서비스란 표현을 쓰죠. 그 수요자인 국민 입장에서 보면 어떻겠습니까. 변호사를 이중적으로 보는 시각이 저절로 생기는 거죠. 도움이 필요할 땐 자신의 이익을 대변하고 지켜줄 것으로 믿고, 그 결과가 사회 정의로 연결된다고 상상합니다. 하지만 그 결과가 기대에 어긋나거나 하면 어떻습니까. 그리고 자신의 이익과 무관할 때 변호사의 모습이 어떻겠습니까. 찰스 디킨스가 지적한 법률가의 속성이 그런 이유 때문이 아닐까요? 바로 이런 겁니다. 법률가란 보다 근본적인 대의의 판단은 유보한 채 법이라는 울타리 안에서 의뢰인을 위해 최대의 서비스를 제공하는 직업인이란 거죠.

셰익스피어가 「헨리 6세」에서 "제일 먼저 해야 할 일이 있다면 그것은 법률가들을 모조리 죽여버리는 것"이라고 한 의도도 비슷하겠지요. 혁명군들의 입장에서 볼 때 법률가들이란 난해한 문장으로 증거를 조작하는 엉터리들이기 때문에 없애버려야 한다고 생각했을 겁니다. 법률가에 대한 그런 비난은 과장된 것이긴 하지만 진실의 일면을 잘 담고 있기도 해요. 디킨스도 변호사 사무실에서 사환으로 2년 정도 일했고, 도미에도 열두 살 때 집달리(지금 우리나라의 집행관)의 심부름꾼 노릇을 했는데, 모두 그 경험에서 받은 인상이 있었을 겁니다.

차병직 그래서 "훌륭한 변호사는 나쁜 이웃이고, 긴 소송은 변호사의 이익"이란 말도 있지요. "소송이란 애당초 당사자를 여위게 하고 변호사를 살찌우지만 또 좋은 변호사는 소송의뢰인을 완전히 궁핍하게는 만들지 않는다"고도 하고요. 한꺼번에 털어먹는 것이 아니라, 의뢰인이 어느 정도 유지해나갈 수 있도록 해야 오랫동안 지속적으로 이익을 챙길 수 있다는 뜻이죠. 그럼에도 불구하고 또 도미에의 판화가 보여주는 것처럼 변호사 일을 돕는 직원들은 '적게 먹고 많이 뛰는' 사람들입니다. 그러니 변호사를 좋게 볼 리가 있겠어요.

돈을 빼앗고 명예만 가지게 한다면 법률가의 품격을 높이는 데 도움이 될까요? 고대 로마에서도 처음엔 법학자와 변호사는 뚜렷이 구별됐습니다. 법학자는 그야말로 명망가로 사회 정의와 같은 이상의 실현을 목표로 하고 법률 문제 자문에 응했지요. 반면 법정에서 변론하는 변호사란 수사학으로 무장한 소피스트적 존재쯤으로 여겼던 것 같아요. 그 두 직역이 나중에 통합되면서 오늘날의 변호사란 직업인의 원형이 탄생했다고 보면 될 거예요. 인쇄 문화가 발달하기 전에는 당연히 말로 할 수밖에 없었겠지요. 그래서 수사학은 원래 변론, 즉 말을 잘하는 방법이었어요. 당시 변호사들은 특히 말이 많았던 모양입니다. 법정에서 한번 입을 열었다 하면 몇 시간씩 변론을 했답니다. 하도 말이 많으니 변론 시간 제한을 위해 모래시계가 등장했는데, 그러자 변호인이 모래시계를 한 번만 더 뒤집어달라고 간청했다는군요.

그런데 로마 공화정 시대의 변호사는 다른 국가 관리들과 마찬가지로 무보수의 명예직이었어요. 공무 수행의 대가로 보수를 기대하는 자체가 품위를 손상한다고 여겼기 때문이죠. 물론 하급 공무원들이야 보수를 받았지만, 권위와 명예를 원하는 사람은 원칙적으로 보수는 없는 걸로 했다고 보면 되겠어요. 그런데 그 전통이 기원전 3세기까진 그럭저럭 유지되다가 그 뒤부터 슬슬 허물어진 모양입니다. 앞으로는 명예를 내세우고 뒤로는 돈을 챙긴 거죠. 그래서 기원전 204년에 호민관이었던 킨키우스 알리멘투스는 변호사에 대한 보수는 무효라는 규정까지 만들었습니다. 변호사에게 지급한 보수는 소송으로 언제든 반환받을 수 있게 했지요. 그래도 변호사에겐

© 김중만

보수가 아닌 형식으로 사례를 하는 게 관행이었다고 해요. 무보수의 원칙이 사실상 형해화되자 클라우디우스 황제 때 변호사 보수의 상한을 정하고, 초과해서 보수를 받은 변호사는 독직죄[3]로 처벌 대상으로 삼았어요.

고대 로마는 긍지에 찬 법률가의 세계였다고 합니다. 조규창 교수의 『로마법』이나 『로마 형법』 같은 저서에서 재미있는 사례들을 읽을 수 있어요. 변호사란 직업은 높은 사회적 성가를 누렸고, 국가 고위직으로 갈 수 있는 교두보였어요. 그리고 공직을 마치면 다시 변호사로 복귀하는 것도 당연했고요. 무보수의 원칙이었지만, 실제로는 상당한 사례를 받았고, 늘 과도한 보수가 문제로 제기됐습니다. 사회 정의와 인간의 도덕을 외치는 법률가도 뒤로는 돈을 챙길 수밖에 없었던 것인데, 최병조 교수의 『로마법 강의』를 보면 사료상 가난한 사람을 위해 내로라하는 변호사가 활동한 예는 거의 찾아볼 수 없다고 합니다. 그래서 변호사는 로마 시민의 선망의 대상이자 불만의 적이었던 거죠. 그 옛날이나 지금이나 비슷하지 않습니까?

천정배 다른 전문 분야도 비슷한 경우가 있겠습니다만, 법률가의 전문성이란 것에는 일종의 함정과도 같은 약점이 있습니다. 법학이나 법이론에는 역사적 관점도 들어 있고, 철학적 의미도 내포돼 있습니다. 현실의 정치적 문제도 긴밀히 견련되어 있지요. 그래서 법사학이나 법철학, 또 법사회학이나 법사상사가 독립한 커리큘럼으로 존재하는 것 아닙니까.

---

3 직권남용죄와 뇌물죄를 포함하는 죄명이다.

그런데 법과대학 학생들이나 고시 준비생들이 그런 공부는 하지 않지요. 않는다기보다 할 겨를이 없어요. 고등학교 때는 대입 준비, 대학 땐 사법시험 준비, 합격해도 사법연수원에서 치열한 경쟁에 시달리지요. 또 법률가가 되면 어느 직종이든 격무에 시달립니다. 잠시도 쉴 틈이 없으니 법률 기초 학문이나 인접 학문은커녕 교양을 쌓기 위한 공부 시간을 가지기가 힘든 거죠. 그러니 법률가라고 하면 분명히 전문가이긴 한데, 그야말로 구체적 사건 해결을 위한 법률 지식이나 법 절차에 관한 규정만 아는 기능적 지식인이에요. 그런 경우에 지성인으로 부를 수는 없는 노릇 아니겠습니까? 물론 모든 법률가가 그렇다는 건 아닙니다만.

　역시 스위프트의 『걸리버 여행기』에서 한 대목을 가져다 보면 마찬가지 얘기가 있습니다. "변호사들의 사회에는 그들만이 사용하는 특별한 암호와 은어가 있다. 그들은 다른 사람들이 알아들을 수 없는 언어를 사용한다. 법률 자체도 그런 언어로 쓰여 있다. 그들은 잘 알아듣기 어려운 용어를 매우 적절하게 사용한다. 그 말들을 가지고 진실과 허위, 옳은 것과 틀린 것에 대한 판단을 혼란스럽게 만드는 것이다." 물론 스위프트의 역설이 지금 우리 법조계의 현실을 그대로 나타내거나 하는 것은 아닙니다만, 반성적으로 경청할 필요가 있지요. 『걸리버 여행기』의 4부가 「말들의 나라 휴이넘 기행」이란 것인데, 그 5장의 마지막 부분은 변호사들이 격분할 만한 내용입니다. "변호사들은 자신의 업무를 제외하고는, 모든 면에서 가장 무식하고 어리석은 사람들이다. 일상적인 대화를 하는 경우에는 가장 비열한 말투를 사용한다. 지식과 학문에서 공인된 적들이며, 다른 문제에 대하여 토론할 때에도 자신의 직업에서와 같이 이성을 악용한다"라고 합니다. 좀 과장된 표현이긴 하지만 정곡을 찌르는 데가 있습니다. 법률 지식으로만 무장한 법률가라면 실제로 그럴 가능성도 있는 것이지요. 그러니 법률가가 지성인다운 전문가로서의 품격을 갖추려면 다른 전문 분야의 지식까지 섭렵해야 합니다. 그래야 인간과 제도의 갈등을 제대로 다룰 수 있지 않겠습니까?

차병직 법률가의 전문 지식은 기능적인 것이 분명합니다. 물론 그런 기능적 작용이 그야말로 기계적 효과를 낳는 데 그친다 하더라도 나름대로 법률 문화의 진전에 기여할 수는 있겠죠. 하지만 기능적인 지식과 역할에 함몰되고 만다면 좀 서글픈 감이 들지 않을 수 없습니다.

작년인가, 김윤식 선생의 『비도 눈도 내리지 않는 시나가와역』이란 책을 읽다 "비평이 무엇인지 모르면서 비평을 해왔단 말이오. 생각하면 등에 식은땀이 납니다"란 구절을 읽고 생각에 잠긴 적이 있습니다. 마침 그 글을 읽은 게 일본의 가루이자와에서였는데, 저녁에 후배 변호사에게 편지를 썼어요. 그 요지를 기억해내면 이렇습니다. 비평가는 비평이 무엇인지 모르면서 한평생 비평을 해왔다는 생각에 이르면 등에 식은땀을 흘린다고 합니다. 그러면 변호사란 직업도 그럴까요? 반드시 그렇지는 않다는 생각이 든다는 겁니다. 변호사란 무엇인가를 진지하게 생각하거나 근본 문제에 대한 해답을 구하려 애를 쓰지 않고 한평생 살아도 특별히 이상할 것이 없다는 거지요. 왜 그럴까요? 변호사란 직업과 평론가란 직업에 차이가 있다면 무엇인가요? 변호사란 직업은 직업 중에서도 삶의 수단에 가까운 것이라고 생각해요. 그렇다면 그렇지 않은 직업은 어떻다는 것일까요? 목적에 가깝다고 여겨지는 직업이 있다는 것이지요. 그런 직업은 삶의 보다 근본 가치에 가까운 것들을 찾아내려고 고민

하는 직업일 것입니다. 그런데 변호사란 직업은 직무를 수행하면서 의식의 긴장과 그 극치라 할 수 있는 극대화가 없어요. 습관적인 반복 행위를 관찰하면, 기껏해야 재판에서 승패의 결과가 어떤 논리적 경로에 의한 것인지 꼼꼼히 따져보는 정도지요. 전자오락도 그 비슷한 면이 있어요.

자, 그렇다면 우리 변호사들도 수단만 가지고 살 게 아니라 목적도 좀 가져보자는 것이지요. 목적이란 단순한 목표가 아니라 근본적 가치를 의미한다는 건 되풀이할 필요가 없겠지요. 그러기 위해서는 직업적 업무에 매달리는 일 외에 개별적 노력이 필요하다는 것입니다. 그런 노력을 통해 겸허한 인간다움을 보여줄 수 있어야 합니다.

전문적 지식과 보편적 지성을 갖춘 법조인

천정배 사실 전문성과 일반성을 고루 갖추는 일은 힘듭니다. 특히 그동안 우리 사회에서 보면 정말 확실한 전문가들이 너무 부족했다는 생각이 들 때가 많이 있었어요. 어느 분야를 두고 말하면, 그야말로 그 분야에 관하여는 확실히 신뢰할 수 있는 정도의 해박한 전문가가 몇 사람이나 있을지 모르겠어요. 그런 독보적이고 거의 완전에 가까운 전문성을 갖춘 사람에게 일반성을 또 갖추라고 한다면 너무 무리일까요? 간혹 불세출의 천재의 경우에는 일반성의 결여가 불가피하거나 용서될 수밖에 없는 상황으로 이해될 때가 있어요. 하지만 그렇지 않은 경우엔 전문성과 함께 일반성을 갖추는 것이 반드시 필요하다고 생각합니다.

차병직 그렇습니다. 그것이 아주 힘들다고 하더라도 말입니다.

사회 흔히 말하는 스페셜리스트가 돼야 하느냐 제너럴리스트가 돼야 하느냐의 문제를 말씀하시는군요. 대체로 변호사 또는 법률가들은 스페셜리스트이기는 하나 제너럴리스트로서의 면모랄까 소양을 갖추지 못하고 있다는 결론에 이르는 것 같습니다. 그렇다면 법률가가 전문적 지식을 갖춘 제너럴리스트가 되려면 어떻게 해야 할까요?

천정배 무엇보다 개인적인 노력에 의하는 수밖에 없다고 봅니다. 사실 그런 일반적 교양이나 전문성을 뒷받침해줄 기초 지식 또는 타 분야 지식은 제도적 교육에서 기대하기가 힘듭니다. 학창 시절이든, 수험 생활 중이든, 전문 직업인이 되어서든 끊임없이 독서를 통해 공부해야 가능하겠지요. 사실 법률가의 하루 생활을 따져봅시다. 변호사든 판사든 검사든 어떻습니까. 주중에는 연일 격무에 시달리고, 가끔은 술에 피로해지지요. 그러다보면 주말은 쉬거나 취미 생활 또는 가족 행사에 이용하기에도 시간이 부족합니다. 그나마 그 주말에 혼자 공부를 할 수 있겠지요. 그렇지만 법률가가 지성인 또는 지식인 소리까지 들으려면 그 정도로는 어림도 없을 것입니다. 적어도 주중에 거의 매일 일정한 시간을 쪼개어 공부하는 습관을 가져야 가능할 것입니다.

차병직 그 말씀을 들으니 떠오르는 사람이 있군요. 환상소설가로 알려진 독일의 E. T. A. 호프만입니다. 모범적인 예라고 할 수는 없겠습니다만 아주 독특한 인물이었죠. 원래 이름은 에른스트 테오도르 빌헬름 호프만이었는데, 모차르트에 대한 경모의 마음에서 빌헬름을 아마데우스로 바꾸었답니다. 그 사람은 사실 쾨니히베르크 대학에서 법률을 공부한 유명한 법관이었습니다. 그런데 낮에는 빈틈없는 법관 생활을 하고, 밤에는 열심히 소설을 쓰는 철저한 이중생활을 했지요. 소설뿐만 아니라 작곡도 하고 그림까지 그렸어요. 왜 그 유명한 이중창 「뱃노래」가 나오는 오펜바흐의 오페라 「호프만 이야기」의 주인공이 바로 그 호프만입니다. 그 정도 해야 하는 걸까요?

어쨌든 스스로 공부해야 한다는 말씀은 전적으로 옳습니다. 제가 고등학생이나 법과대학 신입생들에게 해주고 싶은 말이 있다면 다치바나 다카시의 주장입니다. "여러분은 몸뚱어리는 21세기에 있지만 머리에 든 지식은 모두 19세기 이전의 것이다"라는 말은 의미심장합니다. 요즘은 그래도 교과목 내용이 옛날과 많이 달라졌습니다만, 어쨌든 학교의 제도 교육은 기초에 불과할 뿐 시대의 흐름에 뒤떨어진 낡은것투성이지요. 스스로 하지 않으면 안 됩니다.

사회 그렇다면 미래의 법률가 또는 법학도는 어떤 공부를 해야 할까요? 고른 지식과 교양을 갖춘 법률가가 되기 위한 독학의 커리큘럼을 소개해주시죠.

천정배 법학 이외의 모든 과목이라고 할까요? 공부의 범위에 어디 끝이 있겠습니까. 방법은 둘째로 치고, 그 내용만 두고 말한다면 역사학이나 철학은 역시 기본 중의 기본일 것 같습니다. 그런데 그런 기본적 인문학 공부가 쉽지 않은 것은 대학 교양 과정에서 그렇듯이 통설적 교과서 한두 권으로 다 해결하려 하기 때문입니다. 기본적 학문의 지식을 기본서로 해결할 수는 없는 일이거든요. 기본서는 그야말로 길잡이에 불과한 것이지요. 제대로 공부하려면 거시적인 조망과 미시적인 천착이 어느 정도 균형을 이루어야 합니다. 아무리 비전공자로서의 공부라고 할지라도 말입니다. 그렇게 하려면 주제별로 정평 있는 저서에다 취향에 맞거나 다소 이질적인 저서까지 끼워 한꺼번에 몇 권씩 읽어내야 합니다. 그렇게 몇 차례 시도하다보면 스스로 자신의 지식을 체계화할 수 있을 것입니다. 어디 법률가에게 역사학과 철학만 필요하겠습니까. 요즘 경제학에 대한 지식 없이 무슨 영업을 제대로 할 수 있겠습니까. 폭이 엄청 넓어졌지만 사회학에 대한 관심은 사회 구조의 현상과 문제에 대한 것에서부터 문화의 움직임까지 이해하는 데 도움이 될 것입니다. 그렇게 따지기 시작하면 끝이 없게 되죠.

차병직 제가 강력하게 주장하는 커리큘럼은 자연과학입니다. 자연과학적 지식은 현대의 다양한 산업을 이해하는 데도 도움이 되지만, 세상의 구조나 사건의 인과관계에 대한 근본적 인식을 새롭게 해주는 결정적 역할을 합니다. 현대물리학이나 생물학의 논의를 읽고 있으면 철학보다 더 재미있다는 걸 알게 됩니다. 새로운 세계를 안다는 것은 새로운 논리 체계를 익히는 일입니다. 그것은 같은 문제를 이해하는 데 전혀 다른 방식들이 존재한다는 사실을 비로소 깨닫는 일과 같아요.

과학 지식의 필요성을 강조할 때 제가 단골로 인용하는 게 찰스 퍼시 스노의 말입니다. 바로 제가 태어나던 해인 1959년에 스노가 케임브리지 대학에서 「두 문화와 과학혁명」이란 제목의 강연을 했습니다. 거기서 이런 말을 했지요. "인문학 전공자가 열역학 제2법칙이 무엇인지 모르는 것은, 자연과학 전공자가 셰익스피어가 누군지 모르는 것과 같다." 점심시간이면 케임브리지 대학 교수식당에 노벨상 수상자를 비롯한 거물급들이 진을 치고 앉습니다. 그런데 이쪽 테이블에 앉은 인문학부 학자들과 저쪽 테이블에 자리잡은 자연과학부 교수들은 완전히 다른 세계에 살고 있다는 거죠. 물론 스노 강연의 요지는 과학혁명에 대한 이해를 촉구하는 것이었습니다만, 이 점은 분명히 기억해둘 만한 것입니다. 이과 학생에게 셰익스피어가 누구냐고 물었는데 전혀 모른다면 이상하게 생각할 것입니다. 하지만 문과 학생이 열역학 제2법칙을 모르는 일은 아무렇지도 않게 여긴다는 것이죠. 자연과학의 세계에선 열역학 제2법칙이 셰익스피어 작품보다 더 중요하고 유명한 질문이란 것입니다. 저는 수학자 제이콥 브로노우스키[4]의 과학의 정의를 좋아합니다. "과학이란 자연에 숨겨진 잠재력을 더 잘 활용할 수 있도록 인간의 지식을 계통적으로 조직화하는 작업"이라고 했습니다. 인간 정신의 창조적 행위는 과학과 예술에서 유사성을 띠고 있습니다.

천정배 요즘 학문 사이의 통합적 시도가 많이 일어나고 있는 것 같아요. 통합 학문(interdisciplinary)이니 잡종학(hybrid)이니 하는 말들이 들리잖습니까. 최재천 교수의 스승인 사회생물학자 에드워

---

4 Jacob Bronowsky(1908~1974). 폴란드에서 태어나 영국 케임브리지 대학에서 수학박사가 된 후 미국에 귀화하였다. 인간에 대한 깊은 휴머니즘을 품은 과학자로서 강연과 저술을 통해 과학과 예술과 문학의 관계를 일반인들에게 알리고자 노력했다. 『인간 등정의 발자취』가 대표작이며, 원폭 투하로 잿더미가 된 일본의 나가사키를 방문한 뒤 쓴 『과학과 인간 가치』도 우리말로 번역돼 있다. 그는 "질서는 발견되어야 하고, 깊은 의미에서 창조되어야 한다"고 말했다.

드 윌슨은 '컨실리언스(consilience)'라는 용어를 만들어내기도 한 것 같아요. 아마 그리스어를 어원으로 삼아 만든 말로, (학문 간의) 영역을 자유롭게 넘나든다는 의미를 함축하고 있나봅니다. 그걸 제자인 최재천 교수는 고심 끝에 '통섭(統攝)'이라 번역하고, 이화여대에 통섭학과까지 만들지 않았습니까? 그런 생각들은 모두 학문의 규칙이란 자연에 실재하는 것이 아니라 인위적으로 그어놓은 것에 불과하다는 데서 비롯합니다.

지식 또는 학문 사이의 통합을 시도하는 이유가 무엇인지 한번 생각해볼 필요가 있습니다. 그 이유는 오직 하나가 아닐까요? 어떤 특정한 고유의 학문 체계란 것만으로는 뭔가 해결이 잘 되지 않기 때문일 것입니다. 그래서 학문하는 방식을 바꾸어볼 필요를 자연스럽게 느끼게 된 것 아니겠어요? 애당초 법학은 이런 것이다라고 울타리를 견고하게 쳐놓으면, 항상 그 속에서만 문제 해결의 방법을 찾아 맴돌 뿐이지요. 그 속에서 해결책을 모색할 수 없을 땐 담장을 벗어나는 수밖에 없다는 생각을 쉽게 못하는 것입니다. 그러니 아직 탐구되지 못한 새로운 것을 발견하는 데는 기존의 관념에서 벗어나 기성의 울타리를 뛰어넘는 것이 좋은 방법이지요.

차병직 법학도 알게 모르게 환원주의 사조 속에서 아직 헤어날 계기를 찾지 못하고 있는 게 아닌가 하는 생각이 드는군요. 환원주의란, 사물을 간단한 구성 요소로 나누어 이해하고 난 뒤, 다시 그것들을 합치면 전체를 알 수 있다는 것이지요. 어떤 것이든 그 사물의 실체 또는 사태의 본질을 알고 싶어하는 것이 인간의 호기심이고 학문의 목적입니다. 그런데 뭐든 단순하지가 않고 복합적이다보니 사소한 것조차도 정확히 파악하기가 힘듭니다. 그래서 생각해낸

것이 잘게 쪼개는 방법이었겠지요. 큰 것보다야 작으면 작을수록 일단 실체의 파악이나 이해가 더 쉽다고 보기 때문이죠. 그걸 다시 종합하면 원래의 것이 되니까요. 그래서 법학이나 법률 실무도 분야가 자꾸 잘게 쪼개지고 늘어나지 않습니까? 그게 단순히 사회와 문제의 다양화 때문만은 아닐 겁니다. 전문화란 이름으로 점점 지엽적으로 나누어지는 것이지요.

그런데 그렇게 하면 과연 종합적인 문제가 해결될까요? 처음엔 그렇게 될 것 같지만, 결말은 결코 만만치 않다는 것만 확인하게 되겠죠. 입법이든 분쟁의 해결이든, 미세한 부분의 해결이 곧 전체 시스템의 완결을 보장해주지 못한다는 것은 숱한 경험으로 알고 있지 않습니까. 구체적 타당성이란 것은 개인의 사정과 이해관계로 얽혀 있습니다. 그런가 하면 보편성 또는 일반적 안정성은 전체 질서의 조화와 균형을 위해 필요한 요소입니다. 그 둘의 요구가 한꺼번에 만족스러운 합의점에 잘 도달하지 못하는 것이죠. 자연과학에서도 결국 부분을 합쳐놓은 것이 전체와 크기가 같지 않다고 말합니다. 복잡성 과학의 창발성 개념이란 것은 쪼개놓았던 부분을 모두 합하면 전체보다 더 커진다는 것입니다. 그러니 전문적 지식의 탐구와 일반적 지식의 겸비는 반드시 필요하면서도 쉽지 않은 과제지요.

천정배 그래서 그런 말이 나온 모양이군요. 왜 그런 말이 있잖습니까. 인류의 지식의 총량이 많아질수록 개인이 가지게 될 지식의 양은 더 적어질 수밖에 없다고요. 지식의 분과가 자꾸 쪼개어져 늘어날수록 지식의 양은 더 커지지요. 그것을 합치면 총량이 같아지는 게 아니라 나누기 전보다 커진다는 거예요. 그런데 그 지식은 또 인류의 진보를 위해서는 다음 세대로 계승돼야 하는데, 전체 양이

클수록 개인이 나누어 지닐 지식은 적어진다는 게 문제지요.

차병직 교양은 아는 게 아니라 갖추는 것이란 말도 있지요. 사실 법학이란 학문은 교양보다는 독일어에서 말하는 '생계를 위한 학문 (Brot-wissenschaft)'에 가깝습니다. 교양은 빵을 위한 지식은 아닙니다. 보통 교양이든 부분적 지식이든 활용하기에 따라서는 빵을 얻는 데 도움이 되기도 합니다. 하지만 인간이 빵을 목적으로 삼지 않고 지적으로 되기 위하여 쌓아가는 지식의 총체를 교양이라고도 합니다. 지식이 우리에게 매력적인 것은 그것이 인류의 진보에 비전을 갖게 하기 때문이라고 생각합니다.

사법고시와 로스쿨 제도

사회 다시 법과대학의 문제로 돌아가보겠습니다. 법률가 양성은 사실 법과대학에서부터 시작된다고 해야 옳겠지요. 법률가에게 전문성과 아울러 고른 지식의 겸비가 요구된다면 법과대학의 교육이 그 상당 부분을 짊어져야 하지 않을까요? 그래서 로스쿨을 도입하자는 것 아닌가요?

천정배 대학이 12세기경부터 생겨났습니까? 그런데 법학은 그때부터 있었지요. 법학, 신학, 의학 전문학교의 연합체가 당시의 대학이었습니다. 그 말은 뭐냐 하면, 법률가나 사제나 의사 같은 전문 직업인을 양성하는 학교였다는 것이지요. 그런 대학이 점점 확대되면서 여러 학과가 생겨났는데, 전문 직업인 양성을 목적으로 하지 않는 단과대학은 예과로서의 성격을 가졌다고 볼 수 있습니다. 예과란 다른 직업인이 되기 위한 지식과 교양을 갖추는 곳이라 할 수 있겠지요. 결국 미국에서는 나중에 로스쿨이니 메디컬스쿨이니 하여 법과대학과 의과대학을 예과에 해당하는 학부를 졸업한 사람들을 받는 전문대학원 과정으로 바꾸었어요. 학부를 졸업하고 바로 사회로 진출하는 사람에겐 사회 자체가 본과인 전문 과정에 해당하는 셈이지요. 그러니 대학, 즉 학부의 원래 임무는 졸업 후에 다양한 직업 선택을 할 수 있도록 일반적 지적 능력을 갖추게 해주는 교육장이라 할 수 있습니다. 따라서 미국 로스쿨이 염두에 두고 있는 법률가란, 다양한 학부에서 기초적 지식과 교양을 쌓은 뒤 로스쿨에 들어가 아주 전문적인 지식과 훈련으로 무장한 사람을 말하는 것이겠지요. 거기에 비하면 종래 우리의 법과대학은 문제가 많다는 것 아니겠습니까?

차병직 로스쿨 도입 논의는 벌써 본격적으로 시작한 지 10년이 넘었습니다. 따라서 세부적인 면에서는 많이 정리가 돼 있어 이야기하기에는 편해졌습니다. 우선 로스쿨의 필요성은 기존 법과대학의 교육을 좀 내실 있게 하자는 데서 발견한 것이므로, 더 왈가왈부할 것이 없습니다. 지난 법과대학 교육의 반성에서 출발한 것이니까요. 반복적이고 판에 박힌 강의 방식, 형식적이고 구태의연한 커리큘럼, 그러면서도 사법시험에 대비해서는 정작 신림동 고시학원보다 못한 기능, 국제 경쟁력 시대에 대한 무대책 등을 해결하기 위한 방법으로 제안된 것입니다. 다음으로, 로스쿨의 연한에 대해서도 한동안 말이 많았는데 논의의 핵심은 아니라고 봅니다. 2+4년, 3+3년, 4+2년, 4+3년 등 여러 견해가 제시됐습니다만, 기본적으로 학부를 졸업한 사람들을 법률 전문가로 키우기 위한 법률 교육 기관의 기능만 할 수 있으면 되는 거죠. 그러므로 명칭도 편의상 로스쿨이고, 실제로는 법학 전문대학원이든 뭐든 어떻게 불려도 상관없는 것입니다. 한마디로 요약해서 말하면, 종전 법과대학의 교육 기능 개혁을 위한 새로운 교육기관을 로스쿨이라 한다는 것입니다.

10년이 지난 지금에야 겨우 법안이 마련됐지만 그나마도 실현이 불투명하게 돼버렸어요. 그사이에 우리의 논의를 지켜보던 일본은 뒤늦게 출발하여 전격적으로 절충적인 형태의 로스쿨을 설립해버렸고요. 일본의 로스쿨 운영 결과가 우리에게 꽤 영향을 미칠 것 같아요.

천정배 지금 로스쿨은 법안 통과만 앞두고 있는데, 아직 완전한 합의가 이루어지지 않아 난항을 겪고 있어요. 기본 골격은 우선 전국에 몇 개의 로스쿨만을 한정해서 인가한다는 것이지요. 그런데 그런 방안은 무엇보다 연간 배출 가능한 변호사 수를 염두에 두고 있습니다. 다시 말하면, 매년 배출할 변호사 수의 상한을 정해두고 거기에 맞추어 로스쿨 정원을 정하고, 다시 거기에 따라 로스쿨 수를 결정하겠다는 거예요. 그러니 무리가 생기고 반대가 있을 수밖에 없지요. 결국 로스쿨의 최대 쟁점도 변호사 수가 되고 말았습니다.

로스쿨 제도 도입을 둘러싼 논란은 인정합니다. 하지만 로스쿨이 왜 필요한지 항상 그 점을 생각해야 할 것입니다. 법률가는 인간의 다양한 측면을 이해해야 합니다. 그리고 지식에 대한 탐구 자세를 갖추고 있어야 합니다. 인간을 다룬다는 일은 간단치가 않지 않습니까? 형사사건은 다른 사람의 운명을 좌우합니다. 그런가 하면 민사사건은 재산권의 향방을 결정합니다. 그런데 지금은 재산권이 사람의 인격과 운명에 영향을 미치는 시대 아니겠어요? 인간에 대한 깊고 넓은 이해는 아무리 해도 끝이 없습니다. 그런 면에서 본다면 종전의 법학 교육 방식은 한마디로 시야가 좁다고 할 수밖에 없지요. 법학 교육에도 다양성과 개방성이 요구되고, 거기에 부응하는 개선 방안이 로스쿨일 것입니다.

차병직 로스쿨의 실질적 최대 쟁점이 변호사 수라는 것은 사실입니다. 솔직히 변호사 수의 증가를 막으려는 방어선을 먼저 쳐둔 다음에, 그 범위 내에서 로스쿨을 설계한다는 것은 로스쿨의 본래 성격에 맞지 않습니다. 로스쿨은 개방해야 합니다. 그리고 변호사 수의 제한도 포기해야 합니다. 변호사 자격을 그야말로 자격 제도로 운용해야 옳은데, 쉽게 표현하면 운전면허증처럼 하면 되는 것이죠. 일정한 공인된 기관에서 일정 수준의 법학 교육을 받고, 시험을 통해 일정한 능력만 검증되면 그 수에 관계없이 모두에게 변호사 자격을 부여해야 옳습니다. 그렇게 해서 변호사 자격 소지자를 많이 만드는 것입니다. 그다음에 자격 소지자들 중에서 능력이나 취향이나 기회에 따라 어떤 사람은 변호사가 되고, 어떤 사람은 법관과 검사로 임용되며, 학문 연구에 자질이 있는 사람은 로스쿨 교수가 되는 것이죠. 그리고 변호사 자격을 가진 사람들이 정부 각 부처와 사회 각계각층에 자리를 잡을 수 있게 될 겁니다. 장차 행정고시와 외무고시 그리고 사법시험의 통합도 생각해볼 수 있겠죠. 또 NGO에 가서 근무하는 사람도 자연스럽게 늘어날 것입니다. 그 경우도 종전과는 의미가 다르게 나타납니다. 시민단체에서 상근 변호사를 영입하는 게 아니라, 변호사 자격을 가진 사람이 직업으로 NGO 활동가를 선택하는 것이죠. 그 나머지 모든 유사 법률 업무,

즉 법무사, 세무사, 변리사 또는 공인중개사 업무까지 변호사 자격을 가진 사람이 맡게 된다고 생각하면 어떻습니까? 그런 기반과 분위기가 조성될 때 비로소 진정한 법조일원화도 가능해지리라 생각해요.

사회 변호사 자격을 운전면허에 비유하셨는데, 금방 이해가 돼 좋습니다. 일단 운전할 수 있는 자격의 증명으로 면허를 얻은 다음 각자의 능력과 형편에 따라 선택한 차를 몰라는 것이지요. 물론 운전면허가 있으면서 평생 차를 가져보지 못하는 사람도 있을 테고요. 그런데 변호사나 의사처럼 사람의 권리나 생명과 같은 중요한 가치를 다루는 자격을 운전면허 발급하듯 하면 좀 곤란하지 않을까요?

차병직 언젠가 신문에 그런 내용의 칼럼을 썼더니 방금 말씀하신 것과 똑같은 반론과 비난이 쏟아지더군요. 거기에 대해선 이렇게 반문하고 싶어요. 운전은 사람의 생명을 다루지 않나요? 그리고 운전면허는 필요로 하는 사람이면 아무에게나 주는 것인가요? 안전하게 운전할 수 있는 기술과 법규에 관한 기본 지식을 갖춘 사람에게만 발급하도록 되어 있잖아요. 마찬가지로 변호사 자격도 일정한 요건을 갖춘 사람에겐 모두 주어야 한다는 것입니다. 물론 그것은 원칙이고, 그로 인해 기대하는 법률가의 사회적 분포와 개성적 역할은 이상형의 하나입니다. 부작용도 없을 수 없겠지요.

천정배 어쨌거나 현재 사법시험 제도는 문제가 있습니다. 사법시험의 형식은 자격시험인데, 실제 운용은 엄격한 선발시험으로 하고 있잖아요. 아무리 어려운 시험이라 하더라도, 그 시험 하나만 통과하면 꽤 높은 사회적 신분과 경제적 수익이 탄탄하게 보장된다는 건 곤란합니다. 자격은 자격처럼 쉽게 부여하고, 그다음엔 자격을 가진 사람들끼리 경쟁하도록 맡기는 것이 원칙이겠지요.

로스쿨 도입과 변호사 대량 배출로 인하여 예상되는 혼란은 저도 인정합니다. 우선 로스쿨 과정에서 많은 수업료가 지출되겠지요. 그리고 변호사 자격을 가지고도 일자리를 찾지 못하는 고등실업자가 양성될 수도 있겠고요. 하지만 제대로 된 법학 교육과 법률가 양성이란 큰 목적을 생각한다면, 그런 문제들은 그 목적에 비해 부차적인 것 아닐까요? 비용은 기약 없는 신림동 고시원 생활에도 꽤 들 것입니다. 반면 로스쿨은 연한이 정해져 있고, 장학 제도를 잘 활용할 수 있겠지요. 실업자 문제는 과도기적으로는 혼란스럽겠지만, 점차 직역 확대로 상당 부분 해소될 것이고요.

변호사의 직역 확대에 대해서도 오해가 많은 것 같아요. 우선 변호사 단체에선 직역을 확보한 다음 변호사 수를 늘려야 한다고 주장합니다만, 그건 본말이 전도된 것이라 더 설명할 필요가 없다고 봅니다. 또 기존의 법조 유사 직역 단체에선 자기들의 영역을 침해한다고 주장합니다. 하지만 반드시 그렇게 생각할 것은 아닙니다. 당장은 어느 업무 영역이든 종사자 수가 늘어나면 이익을 침해당한다고 느끼겠지만, 장기적으로 보면 법률적 전문 지식을 갖춘 사람들이 뒤를 이어 그 직무 영역을 수행해나가는 것이므로 어느 모로 보나 긍정적이지요.

그 밖에도 많은 논점들이 있습니다. 변호사 수가 대폭 늘어나도 변호사 사무실 문턱이 낮아지지 않을 것이라는 주장도 만만하지 않아요. 경쟁 때문에 수임료가 더 높아질 거라지요? 하지만 그건 지금 같은 전형적인 과점적 변호사 시장만 염두에 두고 있기 때문일 겁니다. 변호사 수가 늘어나고 약간의 혼란스런 과도기를 벗어나면 안정적으로 정리될 것입니다. 비싼 소송의 수임료는 더 높아지고, 반면 평범한 사람들이나 가난한 소외 계층이 저렴하게 이용할 수 있는 법률 서비스도 충분히 공급될 것으로 믿어요. 또 변호사 수가 많아지면 법조계가 혼탁해진다는 주장도 로스쿨 반대론의 근거 중 하나입니다. 역시 과대 경쟁으로 윤리와 기강이 무너진다는 것이 죠. 이 부분도 제 생각과는 좀 다릅니다. 걱정이 되긴 하지만, 윤리적인 변호사일수록 고객들에게 신뢰를 얻을 것이므로 지금보다 더 심하게 혼란스럽진 않을 거라 봅니다. 법률가의 직업윤리는 확고하게 다져져야 합니다.

차병직 그리고 이런 재미있는 것도 있어요. 지금까지 로스쿨 토론에서 거의 나온 적이 없는 얘기 같은데, 제가 알기로는 미국의 로스쿨 교수들은 다른 단과대학 교수들보다 월급이 훨씬 많다고 해요. 그것도 보통 많은 게 아닌가봐요. 적어도 두세 배에서 최고 다섯 배 정도까지 된다고 해요. 그러니 아주 뛰어난 실력파들을 로스쿨 교수로 채용할 수 있는 거죠. 그런데 우리는 그 부분에 대한 정확한 정보도 없으면서 제대로 알아보려고 하지도 않는 것 같아요. 만약 우리 대학에서 로스쿨 교수들에게만 월급을 많이 주려 하면 난리가 나겠죠? 또 미국의 로스쿨은 학사 행정도 대학본부로부터 어느 정도 독립성을 유지하고 있다고 해요. 그런 점들이 성공 조건의 하나는 아닌지 모르겠어요.

그런데 우리 로스쿨 도입 논쟁에서 가장 이해할 수 없는 부분이 하나 있어요. 바로 로스쿨 교수와 실무 교육에 관한 부분이에요. 대한변협에서는 기본적으로 로스쿨 도입에 반대하면서, 하려거든 제

© 권혁재

대로 하라며 내세운 여러 조건 중의 하나가 로스쿨 교수의 70퍼센트를 실무가로 채용하라는 거였어요. 실무가란 주로 변호사들을 말하는 거지요. 그런데 로스쿨에서 지금 사법연수원에서 하고 있는 실무 교육을 모두 할 필요는 없을 거예요. 그런 실무 교육은 나중에 임용 대상자를 상대로 법원은 법원대로 검찰은 검찰대로 하면 돼요. 로스쿨에서 실무 교육이란 기본법이 아닌 다양한 개별 법체계 교육을 주로 말하는 것이지요. 종전에 교육하지 않았던 통상법, 증권거래법, 저작권 관련법 등 말예요. 판결문이나 공소장이나 소장 쓰는 법은 그야말로 맛보기 정도면 충분하겠지요. 그리고 법학 교육의 개혁이란 원래 의도대로라면, 로스쿨 교수는 단순한 실무가나 실무형 이론가가 아니라 정말 순수 도그마틱(이론)에 정통한 실력파들이 가르쳐야 옳습니다. 흔히 말하는 미국의 문답식 교육이니 토론식 강의니 하는 것은, 정말 학문적 기초와 깊이가 견고해야 제대로 해낼 수 있어요. 그런데 무조건 변호사들을 로스쿨 교수로 채용하라는 요구는 도저히 납득할 수 없습니다.

천정배 어쨌든 로스쿨 법안이 잘 해결돼야 할 텐데 걱정입니다. 지금 돌아가는 사정을 보면 사법제도 개혁추진 위원회의 노력이 수포로 돌아갈 가능성도 전혀 배제할 수 없는 게 아닌가요?

차병직 재미있는 건 로스쿨 도입 논의를 거의 10년 이상 해오다 보니, 그사이에 각 법과대학이 굉장히 좋아졌다는 사실이에요. 좋아졌다는 말은, 인적 물적 시설이 종전에 비해 훨씬 향상됐다는 겁니다. 교수 수가 두 배 이상씩 늘고, 커리큘럼이 다양해지고, 법학 도서관에 세미나실 등 새로운 공간이 많이 생겼어요. 모두 로스쿨이 도입될 경우 인가를 받는 데 탈락하지 않기 위해서 대학마다 집중적 투자를 한 결과지요. 그러다보니 로스쿨은 그 논의 자체만으로도 법과대학을 달라지게 만들었어요.

그런데 또 막상 로스쿨 법안 통과를 마지막 과제로 놓고, 극히 제한된 정원에 몇 개의 로스쿨만 전제하고 있어 여러 불만들이 많아요. 로스쿨에 반대하는 사람은 종전대로 계속 반대하고, 찬성하던 사람들은 완전한 로스쿨이 아니라는 이유로 회의를 품기 시작했어요. 그래서 애당초 로스쿨 도입에 적극적이었던 사람들 중에서 내심 중도반단적 로스쿨 법안에 반대하며 겉으론 의사 표시를 하지 않는 사람들이 많아졌어요. 그렇게 어중간한 로스쿨을 설립하느니, 차라리 그동안 시설을 확충한 법과대학을 그대로 잘 운영하는 게 낫겠다는 생각을 하게 된 거죠.

법률가의 사회적 역할

사회 법과대학의 교육 문제가 로스쿨 논쟁으로 넘어가서 이야기가 길어질 수밖에 없었군요. 이미 정리된 논점들을 전제로 짧게 언급한다는 것도 그 정도였던 것 같습니다. 그러면 다시 법률가의 초상을 더듬어보기로 하지요. 두 분께서는 주로 비판적 관점에서 법조계와 법조인을 말씀하시다보니 뭐랄까, 좀 허망하게 느껴지기도 합니다. 반드시 그런 면만 있는 것은 아닐 텐데 말입니다.

천정배 물론 법률가란 직업에 좋은 면도 있고, 법률가 중에선 훌륭한 분들도 많습니다. 어떤 논란이 벌어지든 매년 우수한 학생들이 법과대학으로 몰려들지 않습니까. 그러니 법과대학으로 오라고, 또는 법률가의 세계에 합류하라고 홍보하고 권유할 필요가 전혀 없단 말입니다. 오지 말라고 해도 오니까요. 그러니 차라리 숨겨지고 가려진 약점과 허점을 드러내는 게 법과대학을 지망하거나 법률가가 되려는 사람에게 더 도움이 되지 않을까요?

차병직 당연합니다. 참여연대의 사법감시센터 활동을 주로 하던 시절에 판사나 검사들에게 이런 얘기를 많이 들었습니다. 좋은 일이나 잘한 일들도 많은데 그런 사례는 왜 널리 소개하지 않고 나쁜 일이나 잘못한 일만 들춰내느냐고요. 전 이렇게 대답했지요. 법관이나 검사와 같은 공직자들은 당연히 잘해야 한다. 잘하는 것은 의무임과 동시에 너무나 자연스러운 것이므로 그걸 굳이 부각시킬 필요는 없다. 따라서 잘못했다고 떠드는 것 외엔 대체로 잘하고 있다고 믿으면 된다고요.

사회 그래도 한 가지씩만이라도 확인해보고 넘어가기로 하지요. 법률가의 사회적 역할이라고 할까요. 법률가가 반드시 필요한 이유가 있을 것입니다. 그리고 그 역할을 제대로 해내기 위한 조건도 있을 테고요.

천정배 우선 변호사나 판사나 검사나 직역에 따라 할 수 있는 역할이 다를 것입니다. 하지만 또 직역을 통틀어, 그리고 법학자까지 포함하여 그 일반적인 활동을 말할 수도 있겠습니다. 우선 법률가는 개인의 자유와 권리를 지켜주는 역할을 맡게 됩니다. 그 의뢰인이 선한 사람이든 악한 사람이든 관계없이 그의 몫을 지켜주는 역할을 하지요. 그래서 "법률가(변호사)는 자신의 의무를 이행하면서 세계에서 오직 한 사람만을 안다. 그 사람은 그의 의뢰인이다"라는 말이 있잖습니까. 법률가가 항상 착하고 정의로운 사람의 편에서만 일하면 좋겠지만, 자유나 권리의 소유와 향유 개념은 일차적으로 가치중립적이라는 데 묘미가 있습니다. 먼저 자유와 권리의 존재를 전제하고 그것을 확인하는 방법을 법률가들에게 의존하지 않을 수 없겠지요. 그다음에 그 자유와 권리가 누구에 의해 어떤 사정에서 누려지는가가 논의될 수 있을 것입니다. 그 차이에 따른 가치를 구별하는 일은 법철학이나 법사회학의 몫이 되겠지요. '한 시민을 속죄양으로 요구하는 대중의 편견으로부터 그 시민을 구해내는 노력'을 하는 법률가를 상상해봅시다. 의욕이 생기지 않습니까?

나아가 법률가는 국가와 사회를 위해 기여하게 됩니다. 근대 국가의 모든 제도란 것은 결국 법제도를 말하는 것 아닙니까. 법률가는 바로 제도를 움직여나가는 데 필수불가결한 역할을 담당하고 있는 것이지요. 그리고 그 의무는 지구를 관통하고, 인간의 삶의 의지가 미치는 한 우주에까지 이릅니다. 국가 사이의 교역, 정치적 의사소통, 분쟁과 전쟁의 해결에도 관여할 수 있어야 하지요.

차병직 그런 의미에서 법률가는 민주주의를 실현하는 견인차가 됩니다. 어떤 영역에서든 법률가로서 전문성을 살려 직무에 충실하면 민주주의의 내포를 심화하는 데 기여하게 되죠. 기업 운영에 법률 수요를 충족시키는 기업 변호사도 그 사례의 하나입니다. 그 자체만으로도 그윽한 매력을 지니고 있습니다. 하지만 보다 능동적이고 새로운 것을 추구하고 남이 하지 않는 일에 관심이 있는 사람은 미지의 분야도 개척할 수 있습니다. 단, 경제적 수익을 보장할 수는 없지만 말입니다. 그중의 하나가 공익 활동이라 할 수 있겠습니다.

프레드 로델[5]이 쓴 『저주받으리라 법률가여』라는 제목이 뜻하는 바가 무엇일까요? 그 책의 제목은 「누가복음」 11장 54절에서 따온 것입니다. 박홍규 교수가 번역한 내용의 한 구절은 더 섬뜩합니다. "부족 시대에는 마술사가 있었고 중세에는 승려가 있었다. 그리고 오늘날에는 법률가가 존재한다. 어느 시대에도 장사의 요령을 익혀 그 지식을 두고두고 소중하게 간직하는 영악한 무리가 있는 법이다." 보통 사람들이 전문 지식과 사회적 지위 때문에 법률가들을 부러워하면서도, 다른 한편으로는 부정적 눈길로 바라보는 이유는 역사적으로 법률가들이 개인적 부의 축적에 관심을 두고 직업을 계급화하려 했기 때문일 것입니다. 그 오명을 떨쳐버리기 위해서도 공익 활동은 필요하겠지요.

하지만 이론적으로도 변호사의 공익적 의무는 밝혀낼 수 있습니다. 기본적으로 변호사를 영리를 목적으로 하는 직업의 하나로만 생각한다면 공익 의무를 발견할 근거는 없습니다. 변호사란 직업의 상업성과 날로 치열해져가는 국제적 경쟁을 고려하면 더 말할 나위가 없지요. 그러나 공익성의 근거는 직업의 전문성이라는 그 속성에 포함돼 있습니다. 제도로 자격을 부여하는 전문 직업은 그 영역이 제한되고 어느 정도 독립성까지 보장돼 있습니다. 일반 사람들은 그 영역의 도움이 필요한 경우 전문 직업인에게 의존할 수밖에

---

5 Fred Rodell(1907~1980). 필라델피아에서 태어나 하버드 대학을 졸업하고 런던 대학에 유학했다. 예일 대학 로스쿨에서 공부한 뒤 출판사에 근무하다가 1936년부터 예일 대학 교수로 자리잡았다. 칼럼니스트로서 필명을 날리기도 한 그의 대표 저서 중 하나가 『저주받으리라 법률가여』다.

없지요. 따라서 전문 직업인은 사회 공동체가 보장해주는 제도적 독점체제의 이익을 향유하는 셈입니다. 그렇기 때문에 변호사와 같은 전문 직업인은 비록 직업적 업무 수행으로 사적 이익을 추구하더라도, 그 행위가 항상 어느 정도 사회가 요구하는 공익과 조화되는 방향이어야 한다는 겁니다. 게다가 법조 전체로 보면 변호사는 판사나 검사와 함께 법치주의를 실현하는 기능의 일부를 담당하고 있습니다.

이렇게 따져보면 더 쉽습니다. 법치주의는 헌법의 이념인 민주주의 원리의 하나입니다. 그런데 현대 국가에서 법체계는 단순한 제도가 아니라 국민 생활의 필수 조건입니다. 법의 테두리를 벗어나서는 정상적인 삶 자체가 불가능하게 되어 있지요. 그 법을 이용하는 데 법률 전문가의 도움이 필요하고, 그 도움을 얻는 데는 비용이 듭니다. 그러니 경제적 빈곤을 이유로 법률적 도움을 받을 수 없는 사람이 있다면 어떻게 해야 합니까? 그 일차적 책임은 국가에 있을 것이나, 일부는 법률가가 직접 부담해야 옳을 것입니다. 그러니 법률가의 자발적 공익 활동은 꽤 아름답고 진지한 의미를 지닙니다.

천정배 법률가의 공익 활동은 법률가들이 가지는 정의감, 도덕 그리고 윤리 의식을 전제합니다. 개정된 우리 변호사법은 변호사의 공익 활동을 의무로 규정하고 있지만, 방금 말씀하신 대로 자발적 공익 활동은 바로 법률가의 직업윤리에서 우러나온다고 볼 수 있지요. 직업윤리는 어느 직업에서나 요구되는 것입니다. 하지만 법률가의 윤리는 그 특성상 공공성을 띠는 것도 사실입니다. 앞으로 변호사 수가 늘어나고 경쟁이 치열해질수록 법조 윤리는 더 강화돼야 하고, 그것만이 법률가가 시민의 신뢰를 잃지 않고 직업적 자부심을 지켜가는 길일 것입니다.

사실 엄격한 법조 윤리의 실천과 확립이란 게 말처럼 쉬운 것만은 아닙니다. 예를 들면, 법관은 업무의 성격상 고독을 각오해야 합니다. 갈수록 윤리적 요구 사항은 더 늘어나지요. 그런데 현실은 법관에게 고독한 자세를 강요하기 어렵단 말입니다. 국제형사재판소 재판관인 송상현 교수 얘기를 들어보면, 그곳의 1심 재판관들과 항소심 재판관들은 극히 형식적 인사 외엔 일절 접촉을 하지 않는다고 해요.

차병직 법조 윤리와 같은 직업윤리는 일반 도덕적 윤리와 구별되는 면이 있습니다. 보통의 도덕률도 당연히 포함되겠지만, 그 직업의 기능적 특성에서 비롯하는 것들이 있지요. 따라서 그 내용은 기술적인 것들이 많습니다. 말하자면 이러이러한 경우에 사건을 수임해도 되는가, 상대방 의뢰인의 전화를 받아도 되는가, 법관은 어떤 경우에 재판을 회피해야 하는가 등이죠. 그런 내용은 일반적인 정신 교육이나 훈화 등과는 완전히 다릅니다. 따라서 읽고 암기해야 하는 것들도 있어요.

사례 위주로 익히는 방법도 도움이 되지요. 몇 년 전인가 변협에서 등록 신청을 하는 변호사들에게 직업윤리에 관한 케이스 문제를 나눠주고 답안을 작성해서 함께 제출하라고 했어요. 그런데 나이든 신청자들은 착실하게 작성했는데, 사법연수원 수료를 앞둔 젊은 신청자들은 여럿이서 같은 내용으로 베껴 내는 바람에 말썽이 일어난 적이 있어요. 그때 사법연수생들은 윤리 시험을 그 따위 형식으로 보는 게 어디 있느냐며 항변했습니다. 하지만 그 경우엔 젊은 변호사들이 잘못한 게 분명합니다. 직업윤리는 한 번이라도 직접 읽고 확인하는 자체가 중요하기 때문이지요. 가만히 생각해보면, 제대로 된 법조 윤리 교육과 훈련은 법과대학의 개별법 강의실에서부터 시작돼야 합니다. 그런 면에서도 로스쿨의 중요성이 부각됩니다.

천정배 무료 법률 구조, 즉 프로보노(Pro Bono)[6] 외에도 법률가가 할 일은 많습니다. 여러 형태의 사회운동에서 법률가의 참여를 기다리고 있지 않습니까. 60년대와 70년대 미국에선 사회 변혁운동에 법률적 기술을 사용할 의도로 젊은 활동가들이 로스쿨로 몰려든 예도 있습니다. 랠프 네이더[7] 같은 사람은 대표적인 사회운동가지요. 따라서 젊은 법학도나 법률가들이 할 일은 전문적 법률 지식과 일반적 교양 그리고 확고한 직업윤리 의식을 갖추는 것입니다. 그리고 사회를 둘러보면 할 일을 저절로 발견하게 될 것입니다.

사회 그럼 일반적 교양과 지식을 갖춘 법률가로 어떤 인물들이 있을까요?

천정배 흔히 미국의 연방대법원판사를 지낸 올리버 홈스[8]를 많이 얘기합니다. 그의 아버지는 의사이면서 시도 쓰고 한 제너럴리

---

6 '공익을 위하여'라는 뜻의 라틴어 'pro bono publico'의 약자로, 공공의 이익을 위해 제공되는 무료봉사를 말한다.

7 Ralph Nader(1937~현재). 미국의 대표적인 공익 변호사로 1960년대부터 소비자운동의 기수로 맹활약해왔다. 레바논 이민자의 아들로 프린스턴 대학을 거쳐 하버드 대학 로스쿨에서 공부했다. 변호사로 활동하면서 자동차 구조의 안전성에 의문을 품고 세계적 기업 GM과 맞서 싸워 이름이 알려지게 됐다. 그 뒤 공익 활동가로 여러 NGO를 만들고 지원했다.

© 권혁재

스트였지만, 대법관 홈스는 법철학자이자 법이론가였습니다. 중국의 근대 사법체계 구축에 공헌한 법률가이자 법사상가였던 존 우(오경웅)와 세대의 차이를 허물고 주고받은 편지는 유명하지요. 갑자기 뚜렷한 인물이 생각나지 않습니다만, 우선 미국 대통령만 봐도 재미있습니다. 모두 훌륭한 법률가나 뛰어난 정치가라고 할 수는 없겠습니다만, 마흔세 명의 대통령 중 무려 스물다섯 명이 법률가였습니다. 그리고 그 밖의 영역에서 활동한 사람들은 헤아릴 수 없을 정도지요.

차병직 세계적으로 법률을 공부하고 다른 길을 택해 성공한 사람들의 열전을 엮으면 몇십 권이 될지 몇백 권이 될지 가늠하기 힘들 겁니다. 미국 연방대법원에는 홈스와 달리 윌리엄 더글러스 같은 매력적인 인간도 있지요. 어디 그뿐이겠습니까. 믿지 못할 능력의 소유자들도 많아요. 대표적인 만능 인간 중의 한 사람이 2002년 4월에 사망한 바이런 화이트일 것입니다. 앞에서도 잠깐 언급했지만

---

8 Oliver Wendell Holmes(1841~1935). 하버드 대학 로스쿨에 진학했을 때 남북전쟁이 터지고 링컨이 지원병을 모집하자 학교를 그만두고 지원병으로 들어갔다. 거기서 세 번 부상당했는데, 한 번은 목에 총상을 입고 쓰러졌다. 의식을 잃기 직전 그는 종이에 자신이 누구인지를 썼고, 그 종잇조각을 평생 지녔다. 변호사로 일하면서 하버드에서 헌법을 강의했고, 로웰 연구소에서 행한 열두 번의 강연 내용은 『보통법』으로 묶었다. 61세 때부터 29년간 연방대법원 판사로 재직했는데, 40킬로미터를 걸어서 출근했고 25년 동안은 단 한 번도 회의에 빠진 적이 없었다. 연방대법원 판사에게 면제된 소득세를 기어이 자진 납부하기도 했다. 미국 사법사에서 위대한 반대론자로 최고의 영예를 누리고 있지만, 개인의 기본권 보장에 대한 노력도 결국 사회 공동체 운영에 유리하기 때문이란 믿음에서 비롯한 것이라는 평가도 있다.

대학 시절 운동선수로 활약하면서도 대학을 수석 졸업했죠. 미식축구선수로 명예의 전당까지 헌액된 후엔 법무부장관을 거쳐 최연소 연방대법원판사로 재직하다 생을 마감했습니다. 몇몇 판결에서 아주 보수적인 의견을 내서 비판받기도 했지만, 미국인의 기본권 신장을 위한 공헌도 큽니다.

천정배 능력 있는 법학자, 훌륭한 법관, 모범적인 법률가는 널리 알려진 인물들만 하더라도 헤아리기 힘들 정도로 많습니다. 게다가 우리가 알지 못하는 작은 나라의 품격 있는 법률가들까지 하면 끝이 없겠지요. 따라서 몇몇 법률가들만 꼽아 화제에 올리는 것은 큰 의미가 없을 수도 있습니다. 자신의 생각대로 인류와 사회에 공헌하는 방향을 모색하며 살다 간 법률가면 어느 누구든 모범으로 삼아도 무방하지 않을까요?

사회 그러면 마지막으로 가장 존경하는 법률가를 한 사람씩만 소개해주시죠.

차병직 저는 허헌[9]을 꼽습니다. 비록 기록으로만 남은 그의 행적을 읽고 난 뒤의 감정이지만, 능력과 기개를 갖춘 인물이었다고 생각합니다. 허헌은 1905년 보성전문이 설립되던 해에 법률 전문학부에 입학하고, 일본 메이지 대학을 잠시 다녀온 뒤 1908년 제1회 조선변호사 시험에 합격했습니다. 마침 당시 일본 변호사법에 맞추어 개정한 융희변호사법에 따라 기존 변호사들이 등록을 다시 했는데, 허헌이 1번이었습니다. 그런데 5개월 만에 법정에서 판사에게 욕설을 퍼부어 정직을 당했어요. 변호사 징계로도 제1호를 기록한 셈이지요. 경술국치 뒤에는 독립선언 33인의 변론을 맡았고, 김병로 등과 공동사무소를 꾸리며 일제에 맞서 무료 변론을 했습니다. 그러다가 동아일보 사장도 좀 하고, 1929년 광주학생 의거 때 진상 조사를 위한 민중대회를 열었다가 실형을 선고받고 결국 변호사 자격을 박탈당했습니다. 무료 변론 시절 가까이 지냈던 박헌영의 영향으로 남로당에 가입했다가, 월북해서는 김일성대학 총장을 끝으로 6·25 전쟁 때 사망했습니다. 파란만장한 생애를 보냈는데, 법률가이면서 정치가, 언론인, 교육자였던 고결한 성품의 소유자였습니다. 우리나라 법조인 명부 등에선 그 이름을 잘 찾아보기 힘듭니다.

천정배 마지막으로 우리가 함께 입에 올려도 좋을 인물은 역시 변호사 조영래입니다. 1965년 서울대 전체 수석으로 법과대학에 입학한 뒤 1학년 때부터 한일회담 반대 시위에 참가했다가 근신 처분

---

9 許憲(1885~1951). 함북 명천 태생으로, 어린 시절 산속에서 만난 호랑이에게 오른손을 물려 이후로는 왼손을 주로 사용했다. 아홉 살에 고아가 된 뒤 블라디보스토크 등지를 다니며 개방적이고 강직한 기개를 길렀다. 이용익의 영향으로 1905년에 개교한 보성전문 법학부에 입학했고, 이어서 일본 메이지 대학에서 유학했다. 1908년에 제1회 조선변호사 시험에 합격한 뒤 민족의 자존심을 잃지 않고 독립을 모색하는 데 변호사란 직업을 이용했다. 법률가로서 훗날 언론계, 정계, 교육계에 뛰어들어 활약했다. 해방 후 서울 용산구 서계동 주민의 대통령 모의선거에서 박헌영, 이승만, 김구, 김일성 등을 누르고 1위를 차지하기도 했다. 독립을 추구하는 방편으로 사회주의를 신봉하여 박헌영과 가까이 지냈고, 그와 함께 월북했다. 북한에서는 남로당 출신이란 점 때문에 상징적으로 이용될 뿐이었고 권력의 핵심에서는 배제됐다. 그의 마지막 직업은 김일성대학 총장이었다. 전쟁이 터지자 정주로 피란 간 학교에 출근하다 홍수로 배가 뒤집혀 익사했다. 남한에 남아 있는 유일한 혈육은 『내가 설 땅은 어디냐』를 쓴 소설가 허근욱이다.

을 받았습니다. 그후에 서울대생 내란음모 사건으로 감옥에 갇히고, 민청학련 사건으로 수배 생활을 거친 끝에, 사법시험 합격 12년 만에 사법연수원을 수료했지요. 변호사가 된 뒤 그의 사상이나 행적을 어찌 한두 마디로 요약할 수 있겠습니까. 부천경찰서 성고문 사건, 망원동 수재 사건, 여성 조기정년제 사건 등을 통해 보여준 용기와 열정은 많은 사람들의 뇌리에 남아 지워지지 않을 것입니다.

요즘 대학생들까지 조영래라는 이름을 알고 얘기한다고 들었습니다. 결코 놀라운 일이 아니지요. 조영래 변호사는 법의 본질이 국민의 자유와 권리를 지켜주고 신장시키는 데 있다고 확신했던 분입니다. 그리고 그 확신을 행동으로 옮겼습니다. 소외된 사람들의 인권을 지켜주는 파수꾼 역할을 자임했습니다. 저는 조영래 변호사와 같은 사무실에서 일을 한 적이 있잖습니까. 곁에서 본 그분의 삶에 대한 인식이나 태도는 매우 실천적이고 현실적이었다고 기억합니다. 지금도 저는 무언가 새로운 결정을 할 때마다 그분을 떠올리곤 합니다.

에필로그

너와 나의 내일

사회 법률가로 시작해서 정치와 시민운동의 길을 선택한 두 분과 함께 여러 이야기를 나누었습니다. 두 분의 개인적 체험 그리고 정신적 훈련과 취향의 궤적을 따라 편하게 시작한 대화였는데, 생각보다 꽤 여러 분야에 걸쳐 다양한 화제를 언급하였습니다. 법률 이야기를 중심으로 우리 생활의 이런저런 문제에서 사회와 국가의 과제까지 훑어본 셈입니다. 듣다보니 정말 우리 자신과 주변의 삶 전체가 법과 제도의 테두리 안에서 이루어지는 것이란 사실을 새삼 깨닫기도 합니다. 두 분의 생각이 비슷해서 그런지 첨예한 논쟁이 벌어지지 않아 긴장감은 덜했습니다. 하지만 근본에서 구체적 문제까지 고루 이야기를 드러내놓긴 했습니다. 수십 시간에 걸친 대화였지만, 구체적인 정책이나 미래의 전망까지 탐색하면서 정리하기엔 턱없이 시간이 부족했습니다. 그 부분은 이 활자화된 대화를 읽고 관심을 가질 젊은이들에게 맡기고, 우연히 만들어진 사랑방의 자리처럼 이 만남을 이쯤에서 접도록 하겠습니다.

마지막 인사말은 어떤 식으로 하는 것이 좋을까요? 후배 법학도들, 미래의 법률가들에게 주는 얘기를 마지막 주제로 삼았으니, 두 분의 사법시험 공부 시절 얘기를 곁들여주시죠. 지금의 사법시험은 곧 사라지거나 어쩌면 전혀 다른 형태의 시험 제도로 바뀔지도 모르니까요.

천정배 대학 입학하고 첫 학기에는 서울의 어머니 친구댁에서 묵었습니다. 그리고 2학기부터 혼자 하숙을 하게 됐는데, 하숙 생활한 달 만에 10월유신이 터져 휴교하고 말았습니다. 그 틈에 정리하는 기분으로 책을 읽고 1차 시험을 쳤는데 용케 합격했어요. 하지만 2차 시험 준비는 전혀 하지 않았기 때문에 그냥 넘어갔지요. 겨울을 넘기고 2학년이 될 무렵 동생이 서울의 신일고등학교에 입학했어요. 그래서 동생 학교와 가까운 수유리에서 함께 하숙했습니다. 그러다가 2학년 말에 외가가 신림동으로 이사를 와서 그리로 옮겼지요. 마침 동숭동 캠퍼스가 신림동으로 이사한다고 해서 더 잘됐다고 생각했어요. 그런데 서울대 캠퍼스 이전 계획이 일 년 지연된다는 발표가 났어요. 그래서 그때부터 꼬박 일 년 동안은 25번 버스를 타고 장거리 통학을 했습니다. 꽤 고생했지요. 그렇게 대학 생활을 보내는 동안 술도 마시고 친구들과 어울려 놀고, 틈틈이 책도 봤지요. 하지만 3학년 말경이 돼서야 비로소 안정이 되고 마음의 여유가 생겼습니다. 먼 거리를 통학하지 않아도 되고 해서 슬슬 사법시험 공부를 본격적으로 생각해보게 된 겁니다.

1975년 2월, 그러니까 4학년 첫 학기를 앞두고 있을 때였어요. 1차 시험을 다시 통과했고, 마침 그때 2차 시험이 한 달 정도 연기가 되어 그 틈에 나름대로 준비해서 처음 2차 시험장에도 나갔어요. 시험 장소는 낙원동에 있던 건국대 2부대학이었습니다. 나흘 동안의 시험 기간 중 이틀째 오전 행정법 시험을 마친 뒤였습니다. 점심시간에 열 명이 당구장으로 몰려갔어요. 그런데 시험 중간에 당구를 치다 그만 거기에 빠져들고 만 거예요. 그 길로 모두 오후 시험을 포기해버렸습니다. 부실한 준비 때문에 자신이 없었던 탓도 있었겠지요. 하지만 그중 한 사람, 양영준 변호사만 당구장을 빠져나가 끝까지 시험을 치렀는데, 합격했습니다. 전 당구도 제대로 칠 줄 모르는 주제에 남아 있다가 일 년을 더 기다려야 했던 거죠.

전 다른 친구들처럼 절이나 학교도서관에 가본 적이 없어요. 고시 공부도 특별히 머리 싸매고 전투하듯이 한 기억도 없습니다. 어떻게 보면 요령이 좋았던 것 같다고 할 수밖에 없습니다. 그래서 사법시험에 합격한 후에도 합격기란 걸 쓰지 않았어요. 별로 쓸 말이 없었기 때문이지요. 시험공부를 하는 후배들에게 굳이 한마디 하라면 이렇게 전하겠습니다. 사법시험은 자격을 얻기 위한 시험입니다. 그 자격 획득 과정을 사회 훈련의 하나라고 생각하십시오.

차병직 저에게도 사법시험 공부와 합격이란 사건은 극히 개인적인 에피소드에 불과하기 때문에 들려드릴 얘기는 못 된다고 생각합니다. 특히 후배들에게 도움이 될 만한 장면이란 더욱 없는 것 같아요. (웃음) 사법시험 공부는 평창동의 고모댁 이층 방에 엎드려서 했습니다. 도서관은 자리잡기가 힘들어 한번도 들어가본 적이 없고요. 시험공부라고 해봤자, 평소보단 열심히 했지만 틈틈이 할 짓은 다해가며 한 벼락공부에 불과하지요. 매일 밤 11시경에 텔레비전에서 프로야구 하이라이트란 걸 했어요. 그 시간만 되면 고모 몰래 아래층으로 내려가 텔레비전을 들고 제 방으로 옮겨 가서 봤어요. 그러다 들통이 났는데, 화가 난 고모께서 일방적으로 수락산 중턱의 작은 암자에 예약을 해버리셨어요. 그런 식이었으니 더 할 말이 뭐가 있겠습니까.

시험공부 이야기보다는 당구 이야기가 더 재미있겠군요. 당구에 빠져 시험을 포기한 고시생들 얘기를 들으니 알퐁스 도데의 단편 「당구 게임」이 떠오릅니다. 프러시아군이 마당까지 쳐들어오는데 프랑스군 장군은 마지막 한 점에 집중하고 있지요. 제가 대학 다닐 땐 '잡기지수(雜技指數)'란 게 유행했어요. 당구 점수를 바둑 급수로 나눈 게 잡기지수였지요. 울산에서 활동하고 있는 곽희열 변호사는 대학 시절 바둑 3급에 당구가 300점으로 잡기지수가 100이었지요. 하루는 신림동 당구장에서 구기동에 사는 저한테 전화를 한 적이 있었습니다. 돈이 떨어진 거죠. 곽변호사가 돈 몇 푼을 빌리러 그 먼 길을 버스를 타고 왔는데 제가 가진 돈이 1500원밖에 되지 않았어요. 그래도 그걸 받아 들고 당구장으로 돌아갔는데, 아직 갚지 않고 있어요. (웃음)

당구 경기는 단순한 것 같아 보이지만, 꽤 상징적인 면도 지니고 있습니다. 우리 삶에서 일어나는 사건도 당구대 위에서 벌어지는 일과 큰 차이가 없을지 모릅니다. 가해자나 피해자, 혹은 목격자가 희고 빨간 상아질의 공이라고 생각해보십시오. 어느 공 하나를 치면 굴러가서 다른 공과 부딪히는 게 명확해 보이지만, 실제로는 그렇지 않습니다. 타점의 위치, 겨냥하는 각도, 타격의 강도와 회전의 속도, 게다가 그날의 습도와 당구대 면의 조건에 따라 여러 색의 공이 마지막에 도달하는 지점은 달라집니다. 포켓볼은 더 복잡하겠지요.

똑같은 힘과 방향으로 공을 친다 해도 결과가 같다는 보장은 없습니다. 물리학과 수학의 세계에서 계산으로는 증명이 가능할지 몰라도 당구대 위에서 그 계산대로 실현해내지는 못합니다. 공을 치는 사람이나 곁에서 구경하는 사람의 마음까지도 공에 영향을 미친다면 더 말할 나위가 없지요. 우리는 진실을 외쳐대지만, 인생의 당구대 위에 진실은 없고 사실만 있는 것 아닐까요? 그 사실은 참과 거짓이 얽히며 만들어낸 것이고요.

천정배 진실이 우리 삶의 현장과는 다른 차원에 존재한다는 말에는 공감합니다. 그것이 정말이라면 좀 서글퍼지는 건 어쩔 수 없겠군요. 특히 진실을 추구하는 사람들에게는 말입니다. 그런데 더 복잡하고 심각한 문제는 다른 데 있는 게 아닌가 싶기도 해요. 우리 삶의 무대 자체가 당구대처럼 평면적이지 않다는 거죠. 훨씬 더 입체적이고 고차원적이지 않습니까. 첨단 정보화 시대의 한 면이 그 것을 증명한다고 봅니다.

당구 게임은 당구공을 치면 당구공이 구르고 회전하고 부딪힌 뒤에 정지함으로써 결과가 나타납니다. 입력과 출력이 같은 유형이죠. 하지만 지금의 세상은 그렇지 않아요. 컴퓨터만 보더라도 그렇습니다. 키보드를 이용해 입력하면 감당할 수 없을 정도의 형태로 정보가 출력됩니다. 우리는 지금 몇 가지 서로 다른 형태의 공간이 겹쳐진 세상에서 살고 있지 않습니까? 그런 세계에서 지난 형식의 진실은 더 찾기 어렵겠지요. 그러니 우리의 가치관이나 규범적 기준이나 제도도 달라져야 할 것입니다. 진실이 달라져야 하거나, 아니면 진실을 추구하는 방식이 달라져야 합니다.

차병직 진실이 달라져야 한다는 말이 담고 있는 의미에는 전적으로 동의합니다. 진실이 달라지면 그 추구 방식도 당연히 달라져야 하겠지요. 하지만 그것이 반드시 과거와 단절된 전혀 새로운 방식을 말하는 것이라면, 저는 그 부분엔 동의할 수 없습니다. 말하자면, 아무리 첨단 과학의 시대가 무궁무진하게 펼쳐지더라도 아날로그 방식도 여전히 효용이 있다는 것입니다. 방금 컴퓨터의 예를 드셨는데, 그것도 달리 이해하는 의견이 있습니다. 키보드로 입력해서 디스플레이로 출력하는 형태는 입출력이 단절돼 있다는 것이지요. 그 과정에 우리는 직접 참여할 수 없습니다. 흔히 구이(GUI)로 부르는 지금의 그래픽 사용자 인터페이스(graphical user interface)

는 스크린과 키보드, 마우스에 구속돼 있지 않습니까? 그 과정에 우리가 살아가는 물리적 공간과 같은 다양한 외부 작용은 전혀 활용되지 않습니다. 그러한 인터페이스는 이미 진화의 종점에 다다랐다는 분석도 있지요. 물리 공간을 사이버 공간에 연결할 수 있는 새 인터페이스의 지평이 열려야 합니다.

당구 이야기를 하다 딴 곳으로 벗어났나요? 상황이 아무리 복합적이고 다차원적이라 할지라도, 그것을 설명하는 상징이나 비유는 더 단순할 수 있습니다. 당구장에서 탁구장으로 장소를 옮겨도 마찬가지 아닐까요? 제가 라켓으로 탁구공을 치면 상대방이 받아 넘깁니다. 입력과 출력의 형태가 같지요. 저나 상대방의 접촉면이 감각과 소통의 범위 안에 있습니다. 그러면서도 공이 움직이는 궤적은 항상 다릅니다. 그것을 볼 수 있도록 만든 사람도 있지요. 우선 탁구대 아래 마이크를 여러 개 설치합니다. 탁구공이 떨어지면 그 위치와 강도를 감지하여 천장에 매단 프로젝터로 하여금 탁구대 위에 물결무늬를 쏘게 하는 것입니다. 그렇게 하고 탁구를 치면 공이 튈 때마다 다양한 그림이 그려지겠죠. 또 이렇게 생각해볼 수도 있어요. 탁구공의 움직임뿐만 아니라 공이 오고 간 횟수도 중요하죠. 그런데 그 횟수가 많다고 더 복잡하고 의미가 있는 것도 아닙니다. 세계를 제패한 정현숙과 이에리사 선수가 연습 때 한 번에 육백 회의 랠리를 했다고 합시다. 그리고 그 시간에 시내 탁구장에선 한 쌍의 연인이 마흔여덟 번의 랠리에 성공하고 기뻐합니다. 이 두 경우를 비교하면 어떨까요? 마흔여덟 번 사이에 오간 교감이 육백 번에 뒤지지 않을 수 있는 것이지요.

핑퐁은 간단하고 단순하지만, 그 사이에 미묘한 복잡함이 얽혀 있습니다. 인간의 삶과 과학 기술의 발달이 아무리 어지러워도, 탁구나 당구 경기의 확대된 변주일 수 있다는 겁니다.

천정배 탁구공을 쳐 넘기는 자세는 포핸드 아니면 백핸드로 단순해 보이지만, 공의 궤적에는 뉴턴 시대의 물리학자들도 계산해내기 어려운 복잡함이 존재한다는 말씀인가요? 생각해보면 법이나 제도의 세계도 다른 실제의 세계에 비하면 단순한 편인 것은 사실입니다. 우리는 법을 만들고, 또 법을 집행하지요. 집행은 법을 위반하는 자에 대한 응징을 생각하면 되겠습니다. 그리고 법이 마땅치 않으면 폐지하거나 개정합니다. 그 작용에서는 아까 말씀하신 대로라면 입력과 출력이 단면적이고 같은 형태입니다. 그런데 그런 단순한 형식의 법이 이루 말로 표현할 수 없이 다양하고 복잡해진 세상의 삶을 담아내야 한다는 것이지요. 결국 그 비유는 단순한 법 규범과 복잡한 실제 생활 사이의 공유 접촉면을 많이 만들어야 한다는 의미군요. 그렇다면 동의할 수 있습니다. 그렇게 따지면 진리를 추구하는 방식이 완전히 달라져야 한다는 처음의 제 말이 전혀 틀린 것 같지는 않습니다만, 어쨌든 그 이야기로 계속 논쟁할 건 아닙니다.

이제 이 대화의 끝을 맺으려 하니 문득 이런 생각이 듭니다. 우리가 처음에 나눈 어린 시절의 일화들이 우리 각자 삶의 입력 부분에 해당할까요? 그렇다면 지금의 결과는 출력의 일부일까요? 점점 난해해지는군요. 문제는 세상이 아무리 다양하고 복잡해진다고 해도 그대로 변화하는 완전한 우리 삶이 될 수는 없다는 점입니다. 제도로 도와야 순기능이 이루어지지요. 그때 비로소 세상이 바뀐다고 할 수 있는 것 아닐까요?

차병직 그렇습니다. 우리가 세상을 바꾸자, 변화시키자 할 때의 변화는 제도의 변경을 포함하는 제안입니다. 법치주의가 결국 그 정도의 수준인 것이지요. 그런 희망의 실현은 의지에 의존할 것입니다. 자신의 생각과 능력을 이웃이나 사회 공동체를 위해 사용하는 노력도 의지에서 출발합니다. 세계는 지혜보다 의지를 더 잘 따른다는 말도 있지 않습니까. 세상을 바꾸고 싶은 의지는 시민사회에서나 정치권에서나 늘 꿈틀거리는 힘의 원천이지요. 천장관께서는 자유의지의 대부분을 국민과 국가를 위한 정치인이 되기 위해 사용하기로 한 것인가요?

천정배 지금은 그렇다고 자신 있게 대답할 수 있겠습니다. 여태까지 저의 삶의 과정을 돌아볼 때 중요한 순간마다 제가 스스로 결정하긴 했지만, 보이지 않는 도움이 많았을 것입니다. 당연히 정치도 제 자신의 선택입니다. 뭔가 제게 주어진 능력이 있다면 그것을 국가와 사회를 위해 사용해보겠다는 원칙적이고 소박한 생각에서 출발한 것입니다. 아마도 변호사로서 활동하면서 얻은 경험과 깨달음에서 비롯한 것일 수 있겠습니다. 많은 보수를 받고 남들에겐 고급스럽게 보이는 전문적 일을 하며 즐겁게 보낼 수도 있었지만, 주변에서 고통 받고 인권을 유린당하는 사람들을 발견하고는 변호사로서의 제 역할도 바꿔보았지요. 변호사로서 법률 지식을 수단으로 일하는 데엔 너무나 한계가 뚜렷한 것 같아, 더 적극적이고 폭넓게 사회와 국가를 위해 일하고 싶어 정치에 뛰어든 것입니다.

그런데 지난 10년을 돌이켜보면 저는 진정한 정치인이 아니었다는 생각이 들어요. 합리적으로만 행하면 뭐든 될 줄 알았는데 그렇지 못했습니다. 합리적인 것이 반드시 합목적적이지도 않다는 경험을 했습니다. 앞으로는 정말 국민을 위한 정치를 하려고 합니다. 그

©김중만

것을 여기서는 세세하게 설명할 필요가 없을 것 같고, 한마디로 요약해서 말씀드릴 수는 있겠습니다. 철저한 대중 정치인으로 살아갈 것입니다. 대중 정치인을 계속 감시하는 시민운동가 역할을 해주실 건가요?

차병직 시민운동단체에서의 경험은 저의 사회적 삶에서 가장 소중한 것입니다. 참여연대가 아니었더라면 사회를 보는 눈을 제대로 뜨지 못했을지 모르지요. 그에 대신할 만한 기회가 주어지지 않았다면, 아마도 신문이나 방송에서 얻는 정보로 세상을 알았을 것입니다. 참여연대는 저로 하여금 그 한계를 훌쩍 뛰어넘게 해주었습니다.

비록 제가 창설 당시부터 지금까지 참여연대 안에서 일정한 기여를 하고 있지만, 시민운동가라는 호칭은 부담스럽습니다. 과장된 표현이기 때문이지요. 넓은 의미에서 시민운동을 돕는 행위도 시민운동가의 역할에 포함되는 것으로 알고 넘어가겠습니다. 말씀드렸다시피 저에게도 참여연대라는 좋은 단체에서 중책을 맡아 상근할 기회가 있었지만 사양했습니다. 제 고유의 일을 병행하고 싶은 욕심 때문이었지요. 그래서 제가 판단하여 정한 범위 내의 일만 도와왔습니다. 대표성을 띤 활동은 상근자에게 맡기는 게 옳다고 생각했고요. 물론 그 정도의 기여는 참여연대라는 단체가 저라는 개인에게 던져준 가르침에 대한 보답에는 못 미치는 최소한의 것이지요.

하지만 그나마도 이젠 정리를 할 생각입니다. 아무리 좋은 역할도 너무 오래 계속되면 바람직하지 않다고 믿습니다. 신진대사는 어디에도 필요한 작용입니다. 12년이나 된 참여연대 임원의 임무는 신선한 다른 분들께 빨리 넘겨드려야 합니다. 그리고 제가 계획한 마음의 암호가 지시하는 작업을 수행하면서, 참여연대를 돕는 일은 더 거리를 두고 계속할 것입니다.

그런데 참여연대를 벗어나 시민운동을 바라보면 다른 것이 보일까요? 객관적 시각을 빙자하여 무용한 가치중립적 사고가 저를 엄습하지 않을까 걱정됩니다.

천정배 그런 걱정도 한번쯤 해보는 것은 유용하겠습니다. 하지만 우리 사회에 새삼 필요한 것은 가치중립적 사고와 기준이 아닐까 생각해요. 빈부의 격차로 인한 사회 양극화가 당면한 문제로 제기되지만, 어떤 의미에서는 그보다 정치적 의사의 양극화 현상이 더 큰 난제라고 봅니다. 모든 의견이 양극단으로 나뉘는 것 같아요. 논리에 관계없이 편이 갈라져 있다는 느낌을 줍니다. 이런 현상은 거의 절망적으로 느껴지지요. 중요한 문제에 대해 토론을 통해 이견이 해소되는 경우를 보지 못했어요. 우리의 지적 풍토가 그런가 하는 의심을 갖게 하는 부분이지요. 정치권이나 지식인 사회나 공통으로 가지고 있는 고질적 문제 같습니다. 얼마든지 합의할 수 있는 부분이 존재하는데도 불구하고, 모든 사태를 정치화하고 말거든요. 균형 감각이 부재한 듯한 사회 현상입니다. 계속 이런 상태가 지속된다면 건강한 중간층이 설 땅이 없게 돼요. 그런 불행으로부터 빨리 벗어나야 하는데, 우선 지식인 사회부터 모범을 보이는 것이 하나의 방법이라 생각합니다.

차병직 바람직한 의미에서 사회적 통합이 절실히 필요한 시기인 것 같습니다. 다양성 가운데 사회적 통합을 유지한다는 것은 극히 어려운 과제입니다만, 그렇다고 포기할 수는 없습니다. 사회적 통합을 화해나 합의로 이해하는 분들이 있는데, 그것과는 전혀 다르지요. 결정적인 순간에 상대방 입장을 이해하고 결과를 비판적으로 수용하는 자세에서 가능한 것입니다.

최근 사회의 일각에선 모든 문제를 헌법으로 돌려 위헌이냐 합헌이냐부터 따지는 일도 흔합니다. 일면 바람직한 것처럼 보이지만, 헌법을 법률화하는 기이한 현상을 초래하기도 합니다. 그런 이해할 수 없는 현상이 불거지는 원인은 정치적으로 해결해야 할 과제를 정치적으로 해결하지 못하기 때문입니다. 따라서 지식인 세계도 자세와 방식을 교정해야 하지만, 환골탈태해야 할 사람들은 정치인입니다. 먼저 나서주시기 바랍니다.

사회 작별의 말은 짧은 게 긴 여운을 남깁니다. 그 순간이 돌아왔습니다. 이 자리에서 일어나면서 마지막 한마디씩을 남겨주십시오.

차병직 은사께서 하신 말씀이 떠오릅니다. "법철학은 삶과 친숙해지기 위한 기획일세." 법은 수단에 불과하지만, 나름대로 가치를 지니고 있기도 해서 멋있게 이해하고 사용할 수도 있습니다. 그 방법을 알아내기 위해서는 우리 모두 창조적인 삶을 목적으로 생각하고 행동해야 할 것입니다.

천정배 원칙을 지키면서도 얼마든지 효율성과 경쟁력을 높일 수 있다는 믿음을 가져야 해요. 그런 의미에서 법치주의가 필요한 것이지요. 그 원칙에 철저하면 국제 경쟁력도 더 강해집니다. 그런 생각을 바탕으로 창조적인 정치를 하도록 노력하겠습니다.

한바탕 걷고 나오니 어떻습니까.

사막에도 풍경이 있더군요.

발바닥이 넓은 낙타만 있는 게 아니라,

낙타풀도 있고 가끔 새도 날아다녀요.

따지고 보면 물이 없는 사막이란 없어요.

단지, 오아시스는 필요할 때 찾기 힘들 뿐이지요.

법의 세계도 다른 생물과 환경에 관심을

가지고 있다는 사실은 새삼스럽지 않습니다.

법은 이미 모든 것에 관심을 가지고 있지 않습니까?

그건 법에 온기가 있기 때문이라기보다,

우리가 법을 그렇게 만들기 때문이지요.

개의 울음소리와 종의 울림이

인간 생활에서 어떤 다른 가치를 지닐까요?

법이든 의미든 결국 우리가 만들어가는 것입니다.

세상을 만들어가는 것과 마찬가지지요.

여기에서 춤추어라

대화가 독서보다 나은 점이 있다면, 눈뿐만 아니라 입과 귀도 동시에 사용한다는 것이다. 접어두었던 감각의 촉수를 두루 펼쳐보는 일은 즐겁다. 그래서 혼자 처박혀 책만 읽는 게 아니라 가끔은 만나서 이야기를 나눈다. 그런 흔쾌함은 항상 우리에게 활력소가 되어준다. 그래서 우리도 만났다. 아이들이 장난감을 통해 세상을 배워나가듯이, 우리는 먼저 주변의 관심사에 대한 의견의 나눔을 통해 이 사회를 다시 보고자 했다. 그 속을 들여다보면 지금 너와 나의 모습이 비치기 때문이다.

처음엔 꽤 치밀한 계획을 세웠다. 열네댓 가지의 큰 주제에 작은 가지까지 섬세하게 미리 다듬어 산뜻하게 진행해보고 싶었다. 하지만 만사가 그렇듯 뜻대로 되지는 않았다. 목적을 가진 대담의 정교한 수행 전략은 각자의 머릿속에서만 맴돌고 있었을 뿐이다. 서로 바쁘다는 핑계로 빈손으로 만났고, 앉자마자 누가 먼저 이야기를 시작하면 그 꼬리를 놓치지 않고 자연스럽게 이어만 갔다. 그렇게 몇 차례 만나 주변의 사물과 고민을 눈과 귀로 마시고 입으로 토해내듯 수십 시간 얘기했다. 그중 일부는 초겨울의 입김처럼 허공으로 사라져버렸으나, 다행히 대강은 남아 이렇게 활자로 박혔다.

원고를 정리하고 있는데 아이들이 켜둔 텔레비전에서 아시안 게임이 한창이었다. 강력한 금메달 후보였던 한국의 남자 핸드볼 팀이 준결승에서 카타르에 어이없이 져서 흥분하는 모습이 방영됐다. 두 명의 쿠웨이트 심판이 도저히 납득할 수 없는 편파 판정으로 경기를 망쳤다. 한 장면이 나오는데 이렇다. 카타르 선수가 공을 드리블하며 공격 라인으로 접근했고, 수비하던 우리 선수는 거의 꼼짝 않고 서 있었다. 슛이 불발하자 카타르 선수의 손이 우리 선수의 어깨에 닿았다고 한국의 파울을 선언했다. 카타르의 패널티드로를 우리 골키퍼가 기가 막히게 막았다. 골키퍼가 쳐낸 볼을 6미터 라인 가까이에 있던 우리 선수가 잡으면서 발끝이 라인이 닿을까봐 조심스레 살폈다. 공을 잡고 잠시 부동자세로 심판을 쳐다봤다. 그 선수의 운동화와 라인 사이에는 적어도 1, 2센티미터의 공간이 보였다. 안심한 우리 선수가 공을 패스하는 바로 그 순간 심판은 또 휘슬을 불었다. 라인크로스를 선언했다.

텔레비전은 코미디 쇼를 보여주는 게 아니라 실제 벌어진 경기를 중계했다. 그러고 보니 그런 촌극이 경기장에서만 벌어지고 있는 게 아니란 것도 금방 알아차리게 됐다. 우리 현실도 따지고 보면 그 모양인 때가 많다. 가끔 국회에서 벌어지는 일을 확인하면 누구나 동의할 것이다. 국가의 규칙이라고 법을 만드는 의원들이 헌법과 법률을 구실삼아 억지를 늘어놓는다. 우리는 엉터리 심판 때문에 쉽게 이길 수 있는 경기를 놓친 선수들처럼 억울하고 분통 터지는 가슴을 달래가며 나날을 보낸다. 정치력으로 풀어야 할 문제를 법리의 궤변으로 흩뜨려놓고, 법을 집행해야 할 곳은 정치의 힘으로 가로막는다. 사정이 이렇다면 법이나 국회나 정치가 무슨 소용 있단 말인가. 우리의 대담은 또 무슨 한가한 잡담이란 말인가.

규범을 만들거나 집행하는 데 욕심을 부리면 횡포가 되고, 그 폭력은 다시 보복으로 반복된다. 하지만 법의 목적은 질서고, 질서를 통해 확보하는 평화가 행복한 삶의 바탕이 된다는 것이 우리의 믿음이다. 우리는 그 소망을 가만히 확인하고 싶었다. 그런 작업을 하기에 천정배 선배는 정말 탁월하게 명석하고 신뢰감을 주는 짝이었다. 얘기를 나누는 시간은 더없이 즐거웠고, 그 기쁨을 다른 사람들과의 대화로 넓히고 싶어 책으로 묶었다.

여름이 오기 전에 시작한 이야기는 가을이 떠나고 난 뒤에야 맺을 수 있었다. 그렇다고 우리의 이야기를 모두 끝낸 것은 결코 아니다. 이것은 보다 넓고 깊은 대화의 첫걸음에 지나지 않는다. 첫번째 결론은 이것이다. 이 땅이 원하는 대로 우리는 몸과 정신을 움직여야 한다. 이상적 세계가 올 때까지 춤을 연기할 필요가 없다. 지금 시작하여 우리가 그런 세상을 만들어야 한다. 조르바가 춤추듯이.

2007년 1월
역삼동 사무실에서

©김중만

첫번째 대화는 여의도의 한 식당에서 이뤄졌다. 둘은 서먹하기라도 한 양 말 꺼내기를 못내 주저했고 서해성은 타박에 가까운 첫 추임새를 넣었다. 분명한 건 상에 올라온 밥을 다 먹었다는 사실이고 그 밥을 먹고 아무도 탈이 없었다는 점이다. 즐거운 대화는 밥맛을 더 하는 법이다. 천정배는 대한민국 제57대 법무부장관으로 일하고 있었고, 차병직은 그때나 지금이나 변호사다. 따라서 모든 대화는 현실정치와 정책을 집행하는 장관과 시민운동을 하고 있는 변호사 사이에 오간 내용이다. 5월의 꽃 좋은 저녁이었다.

두번째 대화는 여의도 한 호텔 커피숍이었다. 대화 주제가 아직 엄격하게 조율되지 못해 경험과 논리가 뒤엉컸다. 천정배 참모진은 장관이 시간이 없으니 간명하게 하자고 졸랐고, 차병직은 이를 무시했다. 대화 끝 무렵에야 앞으로 이어갈 대화가 구체적으로 보이기 시작했다.

세번째 대화를 위해 차병직은 천정배가 사는 집으로 갔다. 안산 구석에 있는 아파트는 생각보다 찾기 어려워서 두어 번 헛돈 뒤 제 길로 들어설 수 있었다. 잘 정돈된 집 안은 차병직 사무실과는 극명한 대조를 이뤘다. 일요일이었고 천정배가 교회에 다녀온 점심 직후부터 대화는 일곱 시간 동안 진행되었다. 저녁은 올리브기름을 두른 전채에 이어 된장찌개가 나왔다. 하우성이 와서 사진을 찍었다. 차병직은 대화를 마친 뒤 서해성을 일산까지 태워주었다. 이날 서해성은 운전면허증을 따서 꼭 빚을 갚겠다고 약조했으나 여태 문제집만 읽고 있다.

네번째 대화도 안산에서 있었다. 술을 마신 것으로는 첫번째였다. 아무도 취하지 않아서 자못 심심한 술자리였다. 서해성은 천정배에게 법무부장관으로서 청탁을 몇 번이나 받아 해결해주었느냐고 물었고 천정배는 단호하게 고개를 저었다. "억울함을 풀어주는 것은 청탁이 아니라 법무부 책임자가 할 일이고 나 개인에게 이익이 돌아올 일은 아무것도 하지 않았다"고 부언했다. 이러니 무슨 술자리가 재미가 있었겠는가. 이날 대화는 술자리 포함해서 여섯 시간 계속되었다.

다섯번째 대화는 강남에 있는 한 호텔 식당에서 있었다. 이미 대화는 무르익어서 주제와 관념과 경험과 이론과 대안에 대한 견해 차이와 합의가 상당 부분 진척되었다. 차병직이 말했다. "젊은 사람들, 특히 법을 공부하는 사람들이 많이 읽었으면 좋겠다는 점에서 책 제목을 '여기가 로도스다, 여기서 춤추어라 — 법을 꿈꾸는 젊은이들에게'로 했으면 한다." 천정배는 고개를 주억거려 동의를 표했다. 처음 붙였던 가제는 '내 수염은 죄가 없다'였다. 이는 천정배가 법을 공부한 두 딸에게 들려준 이야기로, 토머스 모어가 단두대에서 목이 잘릴 때 남긴 말이다. 헨리 8세에게 억울하게 죽어야 하는 그가 자신의 수염을 통해 말한 형벌과 인권에 관한 거룩한 메시지다.

여섯번째 대화는 차병직 사무실, '차씨방'에서 요컨대 숨 막히게 열렸다. '차씨방'은 햇볕도 공기도 잘 통하지 않는 곳인 까닭이다. 그곳에 첫발을 내딛은 천정배의 말은 단 두 글자였다. 허허. 천정배는 그저 웃었다. 대화는 마무리를 향해 치닫고 있었고 천정배의 방문은 대화 상대자에 대한 의례적 성격도 있었다. '차씨방'이 궁금하다면 책 앞에 있는 「'대화'를 위한 독도법」을 찾아보면 되겠다. 아니, 직접 방문하는 게 가장 좋은 방법이기는 하다. 당장은 이 책에 나오는 사진으로 대신하기 바란다.

일곱번째 대화는 사진작가 김중만의 스튜디오에서 사진촬영과 점심을 들면서 진행되었다. 다양한 표정의 사진을 만들기 위해서라도 둘은 대화를 해야 했다. 김중만은 도리어 그를 모델로 찍고 싶을 정도로 독특하게 묶고 엮은 머리를 한 채 카메라 세 대를 이용해 촬영을 했다. 점심을 든 곳은 스튜디오 바로 아래 청요리집이었다.

여덟번째 대화는 다시 '차씨방'에서 있었고, 마지막 대화였다. 대화를 위해 주고받은 전화와 이메일을 빼면 그렇다는 말이다. 방으로 들어서면서 이제 천정배는 웃지 않았고 익숙한 자세로 삐뚜름하게 틀어진 의자에 앉았다. 차병직은 불편하냐고 물었지만 짐짓 어딘지 흥겨워하는 낯이었다. 마치 의자에 마법 주문을 불어넣기라도 한 양. 마지막에 둘은 헤어지는 연인들처럼 다시 서먹하게 수인사를 해서 말(대화) 구경 온 사람들에게 끝내 타박을 들어야 했다.

아홉번째 대화는 책이 출간된 뒤에 나누기로 했다.

.

여기가 로도스다, 여기서 춤추어라
—법을 꿈꾸는 젊은이들에게

ⓒ 천정배, 차병직

초판 발행 │ 2007년 1월 25일

지은이　　│ 천정배·차병직
펴낸이　　│ 정홍수
펴낸곳　　│ (주)도서출판 강
출판등록 │ 2000년 8월 9일(제2000-185호)

주소　　　│ 서울시 마포구 서교동 460-45(우121-841)
전화　　　│ 325-9566~7
팩시밀리 │ 325-8486
전자우편 │ gangpub@hanmail.net

값 13,000원
ISBN 978-89-8218-096-5 03300